깐깐한 기자와 대화하는 법

When the Headline Is You

악성 기사를 어떻게 막을 것인가

깐깐한 기자와
대화하는 법

제프 앤셀 · 제프리 리슨 지음
구세희 옮김

IABC INTERNATIONAL ASSOCIATION
OF BUSINESS COMMUNICATORS

깐깐한 기자와 대화하는 법

1판 1쇄 인쇄 2013년 10월 20일
1판 1쇄 발행 2013년 10월 25일

지은이 제프 앤셀 · 제프리 리슨
옮긴이 구세희
펴낸이 이윤규

펴낸곳 유아이북스
출판등록 2012년 4월 2일
주소 서울시 용산구 효창원로 64길 6
전화 (02) 704-2521
팩스 (02) 715-3536
이메일 uibooks@uibooks.co.kr

ISBN 978-89-98156-12-1 03320

값 14,000원

이 도서의 국립중앙도서관 출판시도서목록 (CIP) 은 서지정보유통지원시스템 홈페이지
(http://seoji.ni.go.kr) 와 국가자료공동목록시스템 (http://www.ni.go.kr/kolisnet) 에서
이용하실 수 있습니다 .(CIP 제어번호 : CIP2013019856)

기자 출신 홍보 전문가가 쓴 최고의 실전 전략

　기업 커뮤니케이션 분야에 20년간 몸담았지만 일반 대중이 요즘처럼 미심쩍은 눈으로 금융 및 기업계를 바라본 적은 없었다. 뉴스와 정보의 세계는 매우 빠르게 움직이고 있다. 실제 움직임보다 소문이 퍼지는 속도가 더 빠를 정도다. 포드사의 전 세계 사내 외 커뮤니케이션 및 홍보 활동을 책임지고 있는 임원으로서 나 역시 언론 매체의 시선을 그 어느 때보다 따갑게 느끼고 있다.

　이런 의미에서 제프 앤셀의 새 책《깐깐한 기자와 대화하는 법》은 기업 홍보와 커뮤니케이션 전문가뿐 아니라 기업, 정부, 혹은 비영리 분야에서 호기심 많은 일반 대중과 더욱 대담해진 언론 매체에 응대하고 있는 사람이라면 반드시 읽어야 할 귀하고 시의적절한 책이라 할 수 있다.

　제프 앤셀은 오늘날 언론 환경에 대처하는 데 필요한 기술이란 바로 적절한 말을 구사하는 능력이라는 사실을 그 누구보다도 강하게 역설한다. 단어와 어구가 곧 성패를 좌우한다는 것이다. 이런 기술은 타고나는 것이 아니다. 배우고 훈련하고 연습해야만 한다. 이것이 바로 이 유익한 책이 핵심을 제대로 파고들었다고 자신 있게 말할 수 있는 이유다. 비슷한 조언을 제공하는 다른 사람들과 달리, 홍보 전문가 및 비즈니스 교육자이기 전에 기자로서 인상적인 활약을 펼쳤던 제프 앤셀은 이론과 실제, 두 가지 측면에서 문제에 접근한다.

말 그대로 오늘날 언론을 장식하고 있는 헤드라인에서 가져온 수많은 실제 사례와 이야기 덕분에 이 책은 독특한 힘과 가치를 자랑한다. 제프는 바람직한 답변과 그렇지 못한 답변이 얼마나 중대한 차이를 만들어 내는지 효과적으로 그리고 자주 들려준다. 이러한 그의 통찰력이야말로 이 책이 커뮤니케이션 전문가가 필요로 하는 것들을 거의 모두 알려 줄 수 있는 이유다.

레이 데이
포드 자동차 커뮤니케이션 총괄 부사장

20년 명성이 무너지는 것은 5분이면 충분하다.

기자들의 질문에 답변하는 건 매우 까다로운 일이다. 언론과의 인터뷰는 언뜻 간단한 일처럼 보이지만 실은 서로를 조종하려는 두 사람이 치열한 머리싸움을 펼치는 특별한 행위라고 할 수 있다. 기자와 대화하는 법을 아는 것은 마치 새로운 언어를 배우는 것과 같고, 이 언어에는 우리가 일상적으로 하는 대화와 닮은 점이 조금도 없다. 이 사실을 믿지 않는다면 그것은 크나큰 실수다. 솔직히 말하는 것만으로도 신뢰를 높일 수 있다고 생각하기 쉽지만 사실 그런 경우는 매우 드물다. 언론의 집요한 시선에 스스로를 노출하기 위해서는 솔직함과 정직성 외에도 필요한 것이 있다. 바로 지식과 훈련 그리고 기자들의 뉴스 작성 방식에 대한 날카로운 이해다.

40년 가까이 이 분야에서 일하면서 언론을 다루는 솜씨를 타고난 사람은 한 명도 만나지 못했다. 기자들이 던지는 까다로운 질문에 답하는 건 기자들 자신에게도 꽤 힘든 일이다. 질문 던지는 일에 숙련된 사람이라면 답변하는 방법 또한 꿰뚫고 있지 않을까?

하지만 현실은 이와 정반대다. 이 사실을 깨달은 것은 워터게이트 사건으로 유명한 기자 칼 번스타인과 함께했던 교육 시간에서였다. 워터게이트 사건에서 파트너였던 밥 우드워드와의 관계가 어땠느냐고 물었는데, 그 전설 같은 기자가 엄청난 실언을 내뱉더니 식은땀을 뻘뻘 흘리는 것이 아닌가. 그날 나는 한 가지 중요한 사실을 배웠다. 질문을 던지는 건 누구나 할 수 있는 일이고, 정작 기술이 필요한 일은 바로 질문에 잘 답하는 것이라는 사실이었다.

그렇다면 수많은 기업 임원과 정계 인사들, 홍보 담당자들이 언론과 상대하기를 그토록 꺼리는 것도 당연한 일이다. 그들이 하는 말 중에서도 언제나 최악의 것만 기사화되기 때문이다. 누군가 인터뷰 내내 모범 답안만을 내놓았다고 치자. 그런 경우라도 단 한 차례만 말실수를 하면 소위 게임 끝이다. 기자에게 입 한번 잘못 뻥긋했다간 오랫동안 이어 오던 선의가 산산조각 나거나, 회사의 주가가 곤두박질치는 것 정도는 우습다. 전설적인 투자자 워렌 버핏도 이렇게 말하지 않았던가.

"명성을 쌓는 데는 20년이 걸리지만 그것을 무너뜨리는 데는 5분이면 충분하다."[1]

예로부터 홍보 전문가와 언론 전문 강사들은 마음에 들지 않는 질문은 무시하고 미리 준비한 메시지만 앵무새처럼 되풀이하라고 가르쳤다. 그 결과 기자와 인터뷰를 하는 사람들은 답변을 회피하거나 무언가 숨기고 있다는 인상을 풍기게 되었다. 커뮤니케이션에 대한 이런 접근법 때문에 일반 대중의 회의와 불신은 사상 최고 수준에 이르렀다. 더 나은 언론 소통가가 되려면 오늘날 언론의 선정주의를 피하는 동시에 적대적인 질문에 정직하게 답하는 법을 배워야 한다. 이 책에서는 솔직하고 담백한 태도로 골치 아픈 문제를 거론하는 요령을 제공하는 한편, 오해를 살 만한 말을 인용하는 위험을 최소화할 방법을 제시한다.

이 책은 모든 유형의 언론 접촉 상황을 헤쳐 나갈 다양한 전략을 제공함으로써 기자와 자주 만나는 사람들, 즉 기업 임원, 홍보 담당자, 기업 커뮤니케이션 전문가들을 돕는 데 목적이 있다. 또한 보이지 않는 곳에서 까다로운 상황에 대처할 미디어 메시지를 준비하는 홍보 전문가나 커뮤니케이션 컨설턴트들에게도 똑같이 도움이 될 것이다. 그 밖에도 커뮤니케이션과 언론학을 공부하는 학생들 역시 실제 사례를 통해 언론의 운영 방식을 이해하고, 설득력 있는 소통가가 되는 데 필요한 핵심 기술을 익힐 수 있을 것이다.

그리고 무분별한 언론 매체로 포화 상태가 된 오늘날의 세계에서 성공을 거두기 위한 핵심 원칙과 유용한 전략에 초점을 맞추었다. 또한 이런 원칙과 전략을 단계별로 작성하여 언론 접촉을 준비하는 과정에 그대로 쓸 수 있게 했다. 이러한 구조를 통해 독자는 가장 힘든 상황에서도 이미지와 평판을 관리하는 데 필요한 기본 지식과 실용적인 도구를 얻게 될 것이다.

1장에서는 뉴스가 어떻게 만들어지고 보도되고 해석되는지 개괄적으로 다루었다. 2장에서는 기자와 처음 만날 때 어떻게 하면 좋을지, 어떻게 하면 흔히 맞닥뜨리는 인터뷰의 함정을 피하고 조직의 이미지를 긍정적으로 바꿀 수 있는지 알려 줄 것이다. 3장에서는 신뢰를 쌓는 핵심 원칙을 설명하고 나쁜 뉴스에 대한 메시지를 작성하는 간단하고도 효과 높은 공식을 소개하겠다. 4장에서는 서로 다른 유형의 언론 메시지를 살펴보고 설득력 있는 답변과 진술의 다양한 예를 보여 주도록 하겠다. 5장에서는 메시지 전달을 최적화해 주는 스피치 테크닉을 심도 있게 다루어 보겠다. 6장에서는 예기치 못한 기자와의 만남처럼 다루기 힘든 상황을 살펴보고, 그러한 상황에 효과적으로 대처하는 전략을 단계적으로 알아보겠다. 마지막으로 7장에서는 홍보 담당자들이 흔히 받는 가장 위험한 질문 스무 가지에 답변하는 구체적인 방법을 알아보도록 하겠다.

이 책 전반에 걸쳐 다음과 같은 다양한 실용 도구들을 소개해 놓았다.

- 언론을 위한 메시지 작성 키트와 견본 및 워크시트
- 중요한 언론 커뮤니케이션의 교훈을 알려 주는 실제 뉴스와 인터뷰 기록
- 핵심 개념에 맥락을 더해 주고 실용적 전략을 제공할 관련 기사
- 효과가 입증된 스피치 요령과 프레젠테이션 기술을 향상해 줄 6단계 메시지 전달 연습법
- 언론의 메시지 작성 과정 전체를 묘사하고 실행 테크닉을 명확히 보여 줄 실제 사례
- 각 장의 끝마다 중요한 개념을 복습하게 도와줄 장별 핵심 내용

이 책은 누구든 각 장을 쉽게 살펴보고 그때마다 손쉽게 필요한 주제와 실용적 정보를 찾아낼 수 있도록 고안되었다. 달리 말해 필요할 때마다 이 장 저 장으로 옮겨 다니며 유용한 부분을 빼내 사용할 수 있다는 뜻이다. 하지만 책 전체를 순서대로 읽는 것도 나름대로 장점이 있다. 각 장이 밀접한 관계를 맺고 있고, 장마다 제시된 테크닉을 순서대로 습득할 때 전반적인 기술 향상에 더욱 도움이 되기 때문이다.

이 책을 어떻게 이용하든 기자와 소통할 때 쓸 수 있는 귀중한 전략과 메시지 작성 공식을 배우게 되길 바란다. 좋거나 나쁜 소식을 전할 때도, 엄청난 언론 위기를 처리할 때도 이 책은 당신의 조직에 주도적이고도 긍정적인 이미지를 만들어 줄 메시지 작성 방법을 제공할 것이다.

차례

PART

1

뉴스란 무엇인가

"내가 뉴스라고 부르는 게 곧 뉴스다."

– 전 방송사 앵커 데이비드 브링클리 –

세계 최초의 신문을 만든 건 기원전 59년 율리우스 카이사르였다. '악타 디우르나(Acta Diurna)', 즉 '매일 벌어지는 일'이라는 뜻의 이 신문은 로마 전역에 벽보로 게시돼 원로원을 감시하는 역할을 했다. 오늘날 언론 매체의 공간은 인터넷으로까지 확장됐지만 기자들은 예나 지금이나 여전히 어떤 문제를 책임질 사람들을 찾고 있다. 텔레비전, 잡지, 신문, 위성 라디오, 인터넷을 통해서 말이다. 이처럼 오늘날에는 누구나, 어디에서나 뉴스를 생산해 정보를 공유한다. 하지만 이런 편리성에는 그만한 대가가 따른다. 취재가 급박하게 진행되는 탓에 잘못된 정보가 전달되고, 사고의 균형 감각과 진실은 숨 가쁜 보도의 틈바구니 속에서 길을 잃고 마는 것이다.

풀리처상을 수상한 기자 데이비드 브로더는 이렇게 말했다.

"당신의 현관으로 배달되는 신문은 지난 24시간 동안 어디선가 들은 일을 엉성하고, 부정확하고, 성급하게 옮겨 놓은 것에 불과하다."[1]

이렇게 부정확하고 일관성 없는 보도의 희생자가 되지 않으려면 언론이 어떻게 움직이는지부터 명확히 이해해야 한다.

이 장에서는 뉴스가 어떻게 만들어지고, 보도되고, 궁극적으로 해석되는지 언론을 가리고 있는 두꺼운 장막 너머를 살짝 들여다볼 것이다.

피를 흘려야 뉴스가 된다

기업의 고위 임원, 정치인, 유명 인사들은 오랫동안 언론의 무신경함과 선정주의를 비난해 왔다. 록밴드 이글스의 돈 헨리는 기자들을 너무나도 경멸한 나머지 외모에만 신경 쓰는 뉴스 앵커들에 대한 노래 '더티 론드리(Dirty Laundry)'를 만들었다.

"5시마다 나오는 금발로 탈색한 머리 텅 빈 여자가 있지. 그녀는 기쁜 듯 눈을 반짝이며 비행기 추락 사건에 대해 이야기하지."[2]

내 경험에 비춰 봐도 헨리의 생각은 그리 틀리지 않았다. 그중에서도 특별히 충격적이었던 일을 생생하게 기억한다. 그날 6시 뉴스 PD는 첫머리로 내보낼 만한 화끈한 소식이 없어 걱정하고 있었다. 그나마 쓸 만한 것은 누군가가 칼에 찔렸다는 소식뿐이었다. 그러던 중 뉴스 시작 30분 전에 담당 편집자가 잔뜩 흥분한 목소리로 좋은 소식이 있다고 소리쳤다. 칼에 찔린 그 사람이 결국 숨졌다는 것이다. 뉴스실에 있던 동료들이 죄다 환호성을 질렀다. 드디어 뉴스 첫머리에 내보낼 게 생겼다는 안도감 때문이었다. 바로 그날 나는 짐을 챙겨 방송국을 떠났다.

그 이후 뉴스 업계는 극적인 변화를 겪었다. 업계를 이끌던 인물들의 이름과 얼굴이 바뀌고, 시대를 주름잡던 신문사가 생겼다가 사라졌으며, 인터넷이란 신기술이 뉴스 미디어의 구조를 모조리 바꿔 놓으면서 언론 세계에 큰 균열이 생겼다. 하지만 그래도 변하지 않는 게 있다. 뉴스의 소재와 뉴스 기사가 만들어지는 방식은 카이사르의 신문 이후로 놀라울 만큼 비슷한 형태를 유지하고 있다.

뉴스란…

무엇이 뉴스의 소재가 되는가? 그 답은 비교적 단순하다. 바로 신문 판매와 광고에 도움이 되는 소식들이다. 독자나 시청자를 놀라게 하고 흥분시키고, 혹은 화를 돋우는 소식이 주를 이루는 것은 바로 이 때문이다. 그러다 보니 오늘날 언론에는 대중의 주의를 분산하거나 유인할 수 있는 각종 추문과 가십이 차고 넘친다. 설사 보도할 뉴스가 부족하다 하더라도 기자는 어디에서든 뉴스거리를 찾아야만 한다. 그러면 뉴스거리를 찾고, 짜고, 만들어 내는 기본적인 '구성 요소'가 무엇인지 함께 알아보자.

갈등　기자가 찾는 건 해결책이 아니라 갈등이다. 해결책은 갈등을 막을 뿐이고, 갈등이야말로 기자들이 돈을 버는 수단이다. 갈등을 다룬 뉴스가 더 주목을 끌고 빨리 퍼진다.

칼럼니스트 윌리엄 라즈베리는 이렇게 말했다.

"우리가 받는 훈련, 귀에 못이 박히도록 듣는 뉴스의 가치, 편집자들에게 받는 피드백, 이 모든 것의 기본 요지는 같다. 문제, 실패, 추문 그리고 무엇보다도 갈등을 찾으라는 것이다."[3]

좋은 뉴스도 여전히 뉴스다

경제가 맥을 못 추고 세계적인 갈등이 계속되는 오늘날에는 좋은 뉴스가 진정한 뉴스라는 사실을 잊기 쉽다. 실종되었던 아이가 무사히 발견되었다든가, 학생들을 위해 헌신하는 선생님, 멸종 위기에서 구해 낸 동식물, 혹은 암 치료법을 찾아낸 이야기 등이 이에 속한다. 잘 몰라서 그렇지, 이런 유형의 반가운 소식들도 가장 최근에 벌어진 살인 사건, 정치인의 큰 실수, 유명 인사의 악성 루머만큼이나 많다.

US 항공 1549편의 예를 들어 보자. 거위 떼 때문에 양쪽 엔진이 모두 고장 난 상태에서 기장 체슬리 설렌버거가 비행기를 허드슨 강에 무사히 긴급 착륙시켜 155명의 생명을 구한 일 말이다. 또 다른 예로 극심한 재정 압박과 수많은 규제를 극복하고 전립샘암 치료제를 찾아낸 소규모 생명 공학 기업 덴드리온 코퍼레이션도 있다.

물론 이런 사연들은 새로운 연쇄 살인범의 출현이나 나이 든 영화배우의 임신 시도 같은 것만큼 대문짝만 하게 다뤄지진 못한다. 그래도 뉴스를 정하는 데 있어 선행과 영웅적인 행동은 언제나 큰 비중을 차지한다.

선악 대결 선과 악의 대결 구도는 뉴스를 쓰고 보도하는 데 사용하는 견본과도 같다. 세계적으로 공통적인 이야기의 주제인 동시에 언어가 생겨난 이래 지금까지 존재하고 있기 때문이다. 성경만 봐도 카인과 아벨,

모세와 파라오 같은 선인과 악인에 관한 이야기가 가득하다. 소설과 영화 역시 선 대 악의 이야기를 기반으로 만들어진다. 기자 입장에서도 선과 악의 대결을 다룬 것들이 기사로 쓰기 쉽다.

승자와 패자 스포츠 섹션부터 칼럼에 이르기까지 점수나 승패의 결과는 무엇보다 중요한 뉴스 소재다. '누가 경기에서 이겼나', '누가 토론에서 졌나', '누가 최고의 흥행 기록을 세웠나', '소득 하락으로 누구의 주가가 폭락했나' 등이 주를 이룬다. 전 영국 총리 토니 블레어의 말을 빌리면 보도의 세계에서 모든 상황은 '승리 아니면 재앙'으로 표현된다. 그는 이렇게 덧붙이기도 했다.

"모든 문제는 재앙이고, 차질이란 곧 갈가리 찢긴 정책이다."[4]

잘못된 의사 결정 이것은 인생에서 피할 수 없는 일이고, 우리 모두 이런 실수를 저지른다. 대부분은 금세 잊히지만 때로는 정말로 잘못된 의사 결정 하나 때문에 신문 1면을 장식하는 일도 생긴다. 앤드루 스피커의 예를 들어 보자. 그는 치료제에 내성을 보이는 전염성 결핵 진단을 받고도 국제선 비행기에 탑승해 다른 승객들을 위험에 빠뜨렸다.

"돌이켜보니 올바른 결정은 아니었던 것 같아요."

그가 토크쇼 '굿모닝 아메리카'에 출연해 다이앤 소여에게 한 말이다.

아이러니 아이러니의 유형과 정의는 매우 다양하다. 일반적으로 아이러니란 기대한 것과 실제 결과 사이의 차이를 뜻한다. 또한 불행하고도 놀라운 우연 같은 것을 의미하기도 한다. 술을 마시고 과속을 하다 경찰에 붙잡힌 플로리다 여자 이야기를 예로 들어 보자. 언뜻 그다지 흥미로운 이야기는 아니라는 생각이 들 것이다. 하지만 이 이야기를 뉴스로 만든 것, 즉 숨겨진 아이러니가 무엇이었는지 아는가? 바로 그녀가 경찰에게 음주 단속을 강화하는 방법을 교육하는 강사였다는 점이다.

루머 얼마나 황당하든 루머란 언론의 관심을 끌게 돼 있다. 고등학교를 다닌 사람이라면 누구나 알겠지만 때로 루머는 생명을 지닌 존재처럼 자의로 움직인다. 예를 들어 토론토의 브램턴이라는 교외 지역에 희한한 소문이 돌았다. 새로운 정부 프로젝트에 따라 도시를 떠나 브램턴으로 이사하는 빈민들에게 각각 1만 달러가 지급된다는 것이었다. 정말 황당한 이야기였지만 〈토론토 스타〉라는 신문에서 이 수수께끼의 '프로젝트'에 대해 보도하기까지 했다.

특이하거나 터무니없는 일 사람은 언제나 이상하고, 특이하고, 믿기 힘든 일에 마음을 빼앗기는 경향이 있다. 2004년 9월 21일, AP 통신에 '강아지가 플로리다 남자를 쏘다'라는 헤드라인이 떴다. 트리거라는 이름의 잡종 셰퍼드가 앞발로 방아쇠를 눌러 주인의 팔을 쐈다는 것이다. 그것도 주인이 트리거의 형제자매 세 마리를 죽인 뒤 벌어진 일이었다. 그날 세상에는 다른 많은 일들이 벌어졌을 테지만 어딜 가나 트리거의 이야기가 1면을 장식했다. 동물을 사랑하는 사람이 많기 때문일까? 물론 그럴 수 있다. 하지만 인정할 것은 인정하자. 주인을 총으로 쏜 개의 이야기는 날이면 날마다 접하는 것이 아니다.

매기와 롤링 스톤스

뉴스거리를 알아보는 법을 배우는 초보 기자 시절에는 근무 중 겪는 다양한 경험만큼 유익한 것도 없다. 하지만 때로는 경험 부족으로 기회를 놓칠 때도 있는 법이다. 1970년대 말 어느 날 저녁, 뉴스실에서 일하던 도중 익명의 전화를 한 통 받았다. 당시 캐나다 총리인 피에르 트뤼도의 아내 매기 트뤼도가 토론토의 엘 모캄보 클럽에서 밴드 롤링 스톤스와 파티를 벌이고 있다는 것이었다. 상식상 말이 안 되는 이야기였다. 그래서 바보같이 취재할 생각조차 하지 않았다.

그런데 바로 다음 날, 매기 트뤼도가 바로 그 클럽에서 바로 그 밴드와 춤을 추며 신나게 놀고 있는 사진이 지역 신문에 대서특필됐다. 그 소식은 전 세계로 퍼졌다. 그 제보의 가치를 깨닫고 취재를 했더라면 난 특종을 낚았을 것이다. 그녀가 롤링 스톤스 멤버들을 자기 방으로 데려가 '술을 마시며 주사위 놀이를 하고 마리화나를 피운' 사실을 알아낸 사람이 다른 이가 아닌 내가 됐을 수도 있었다. 분명 퓰리처상을 탈 정도는 아니지만 적어도 특이한 뉴스임은 분명했다. 그날 나는 기자로서 중요한 교훈을 얻었다. 언뜻 정말 황당하게 느껴지는 소식이라도 절대 무시해선 안 된다는 것이었다.

불쾌한 발언 기자들은 유명인의 입에서 나온 불쾌한 발언들을 탐낸다. 2006년, 이스라엘 대통령 모셰 카차브가 여직원 열 명을 성폭행했다는 혐의를 받은 적이 있다. 얼마 지나지 않아 러시아 대통령 블라디미르 푸틴과 이스라엘 총리 에후드 올메르트가 외교 문제로 모스크바에서 만났다. 기자 회견 도중 카차브 사건이 언급되자 푸틴이 농담을 했다.

"그 사람이 그런 일을 할 줄 전혀 몰랐습니다. 우리 모두 놀랐지요. 사실 그가 부러울 따름입니다."

이렇게 부적절한 말이 있을 수 있을까. 하지만 이것도 내 전 고객이 경제 전문 기자에게 했던 말에 비하면 아무것도 아니다. 첨단 IT 기업의 회장인 이 고객은 그 회사의 고위 임원이 직원을 성폭행했다는 주장에 대해 이렇게 대답했다.

"전 그 말을 믿지 않습니다. 솔직히 그 여직원이 그 정도로 예쁘진 않아요."

아는 게 없는 정치인 간단한 질문에 얼어 버리는 정치인은 CNN, MSNBC, FOX 뉴스에 등장할 수밖에 없다. 미국 상원 의원 후보 피트 쿠어스가 경쟁자 밥 셰퍼에게 짧은 질문을 받았다. 캐나다산 쇠고기 수입 금지 조치에 따른 폴 마틴 캐나다 총리의 입장에 대한 질문이었다. 쿠어스는 이렇게 대답했다.

"폴 마틴이 이 문제에 대해 어떤 입장을 취하고 있는지 모르겠습니다. 실은 폴 마틴이 누군지도 잘 모르겠네요."

그러자 셰퍼가 곧장 되쏘았다.

"폴 마틴이 누군지 모르다니, 정말 놀랍고도 실망스럽습니다. 폴 마틴은 우리의 최대 무역 상대국이자 가장 가까운 우방인 캐나다의 총리란 말입니다."

실패에 그친 농담 때로 농담은 본래 의도대로 전달되지 않는 경우가 있다. 상원 의원 존 케리는 캘리포니아 패서디나의 대학생들에게 건넨 농담이 처참히 망가지면서 엄청난 비난에 시달렸다. 결국 그는 2008년 대선

출마를 포기했다. 그가 한 농담은 이랬다.

"교육받은 걸 최대로 활용하려면 열심히 공부해야 합니다. 과제를 충실히 하고, 높은 성적을 받기 위해 노력해야 합니다. 그렇지 않으면 이라크에 처박혀 오도 가도 못하는 신세가 될 거예요."

이 말을 들은 사람들 대부분은 케리가 미국 군인들더러 무식하다고 말했다고 생각했다. 케리는 본래 뜻은 그것이 아니었다고 해명했다. 원래 하려던 말은 "…이라크 전쟁 때문에 빼도 박도 못하는 신세가 될 거예요. 부시 대통령한테 물어보면 압니다"였다고 했지만 때는 늦고 말았다.

술에 취한 음주 단속 강사나 사람을 총으로 쏜 개 이야기만 뉴스가 되는 건 아니다. 하지만 언제나 가장 극적이거나 선정적인 요소로 압축된 이야기가 뉴스 가치가 높다는 것만은 변함이 없다. 편집장들은 보통 개인적인 성향을 넘어 보편적인 평가 기준으로 갖가지 소식 중 중요한 뉴스를 정한다. 바로 뚜렷하고도 주목받을 수 있는 '등장인물'이 있느냐다.

기자는 등장인물을 캐스팅한다

기자들에게 뉴스에서 무엇을 중요하게 여기느냐고 물어보면 대부분이 진실의 추구라고 답한다. 진실을 추구하는 것은 물론 대단히 숭고한 길이다. 기자와 PD, 편집자들은 그 진실을 얻기 위해 등장인물을 캐스팅하고 이들에 맞춰 이야기를 만들어 나간다. 논란과 갈등, 또 감정이 담긴 이야기 말이다. 여기에서 문제는 진실 자체를 해석하는 행위가 상당히 애매할 수 있다는 것이다. 이 장 첫머리에 인용한 브링클리의 말에서 알 수 있듯 누군가가 테러리스트라고 생각하는 사람도 다른 누군가에게는 자유 투사가 될 수 있다. 그렇다면 누가 테러리스트 역할을 맡고 누가 자유 투사 역할을 맡는지는 과연 누가 정한단 말인가?

누가 영웅을 맡고 누가 악당을 맡는지 편집자, PD와 함께 정하는 사람이 바로 기자다. 그들은 저명한 영화감독 스티븐 스필버그처럼 오늘 저녁 뉴스와 내일 아침 신문에 나올 소식 각각에 여러 역할을 나누어 준다. 주연은 물론 영웅과 악당이고 조연은 희생자, 목격자, 생존자, 전문가 그리고 소위 '동네 바보'다. 일반적으로 처음 문제를 일으키는 것은 이 동네 바보고, 때로 이들이 악당 역할을 겸하기도 한다.

캐나다의 〈글로브 앤드 메일〉 2005년 7월 28일자를 보면 1면에 다음과 같은 헤드라인이 나와 있다.

'집주인, 퇴거, 죽어 가는 이의 마지막 소원'

이 기사는 29세 말기 암 환자가 집세 1600달러를 내지 못해 집주인한테 쫓겨난 사연을 다루고 있다. 죽어 가는 세입자에게 동정심이 들지 않느냐는 질문에 집주인은 쌀쌀맞게 대꾸한다.

"내가 그 사람 엄마라도 되나? 왜 먹여 주고 재워 줘야 하는데?"

언뜻 보면 등장인물들의 역할은 아주 명백하다. 암 환자는 선인이자 희생자고, 집주인은 악당이다. 하지만 정말 이게 사실일까? 실은 이 암 환자가 정말로 몹쓸 세입자고, 집주인은 오히려 그동안 집세를 받지 않고 세입자를 봐준 착한 사람은 아닐까?

어떤 등장인물이 어떤 역할을 맡을지 결정하는 데 개인적인 편견이 들어가는 것은 사실이다. 물론 기자들은 스스로 객관적이라 여기며 자신의 편견을 인정하려 하지 않는다. 기자의 역할이란 단순히 진실을 보도하는 것이라고 믿기 때문이다. 나 역시 기자 생활을 하는 동안에는 이에 대해 깊이 생각해 본 적이 없었다. 하지만 지금 곰곰이 생각해 보면 애초에 사건 취재 기자가 된 것부터가 내 편견 때문이 아니었나 싶다. 그리고 그 편견에 불을 지핀 것은 어렸을 적 냉혹한 공장주가 아버지를 무참히 해고하는 것을 지켜보며 느꼈던 분노였다. 나는 기자가 됨으로써 소위 잘난 사람들을 만나 비판하고 그들에게 책임을 물을 수 있게 됐다. 내게 있어 영웅은 노동 계층이었고, 악당은 정치인, 고용주, 집주인이었다.

때로 언론은 누군가를 영웅으로 만들었다가 동네 바보로 만들기도 한다. 2008년 공화당 대선 후보 지명을 위한 상원 의원 존 매케인의 선거 운동은 거의 희망이 없는 것처럼 보였다가 삽시간에 분위기가 전환됐다. 매케인은 곧 언론의 총애를 받게 됐다. 하지만 그가 공화당 후보 지명을 받기 직전에 사건이 터졌다. 〈뉴욕 타임스〉의 엘리자베스 버밀러가 매케인이 서른 살이나 어린 여성 로비스트와 부적절한 관계를 맺었다는 기사를 터뜨린 것이다. 확실한 증거는 없었고 오직 익명의 소식통만 난무하는 추측성 기사였다. 매케인의 지지자라고 할 수 없는 보수 성향의 논평가 러시 림보마저 당시 상황에 대해 이렇게 평했다.

"언론에 좌지우지되는 것은 당신을 파멸시킬 수도 있는 대상에게 몸을 내맡기는 것이나 다름없다."

이러니 사람들이 기자를 두려워하는 것도 당연한 일 아닌가?

기자들을 위한 변명

기자들이 받는 스트레스는 이만저만한 게 아니다. 편집자와 PD는 기자가 어제 얼마나 훌륭한 기사를 썼는지에는 신경 쓰지 않는다. 중요한 것은 그 기자가 오늘 새로 써 내는 기사기 때문이다.

신문 기사를 쓰는 건 물론, 인터넷에 글을 올리고, 음성 기사를 정리하고, 비디오카메라까지 들고 다니는 캐나다 기자 친타 픽슬리의 말을 빌리면 오늘날 기자들이 직면하고 있는 압박은 그 어느 때보다도 심각하다.

"기사 마감이 끝없이 이어진다. 음성 기사 하나를 마감하고 나면 인터넷 기사가, 그걸 끝내고 나면 웹사이트에 동영상을 올려야 한다. 말도 못하게 바쁘다."

픽슬리는 인터넷과 동영상의 사용으로 뉴스 보도가 더 다급한 일이 되었다고 덧붙인다.

"이제 사람들은 전혀 다른 방식으로 기사를 보도하고 있다. 예전 기자들과 똑같은 마감 시간에 맞춰 일할 수 없다. 보도 속도가 엄청나게 빨라져 기자들의 업무 방식을 바꿔 놓았다. 인터넷에 새 기사를 올리고 나면 바로 이어 내일 자 신문에 실을 완전히 다른 기사를 써야 한다."

일부 기자는 교묘한 방법을 찾았다. 정보를 단순 짜깁기해 보도하는 식이다. 덕분에 더욱 빠르게 기사를 써 낼 수 있게 돼 언론사 입장에서도 끊임없이 뉴스를 내보내는 게 가능해졌다.

하지만 이런 사실을 인정할 기자는 거의 없다. 그걸 인정한다면 기사의 결론이나 인터뷰 내용에 대해 미리 속단한 채로 글을 쓴다는 사실마저 인정하는 꼴이 되기 때문이다. 하지만 미리 정해 둔 공식과 견본 덕분에 기사 작성에 걸리는 시간이 줄어들고 마감 스트레스를 조금 더 잘 극복하게 된 것만은 사실이다.

새로운 스트레스, 소셜 미디어

소셜 미디어는 정보, 의견, 경험의 공유와 소통을 더욱 손쉽게 만들어 주는 수단이다.

글을 포스팅하고 방문자들이 의견을 달 수 있게 한 웹사이트인 블로그, 수많은 사용자들이 어떤 주제에 대해 온라인으로 토론을 벌이는 포럼, 짧은 글로 다른 사용자들과 소통하게 해 주는 무료 마이크로 블로그 서비스 페이스북과 트위터 같은 것들이 여기에 속한다. 마이스페이스, 테크노라티, digg.com, 이 밖에도 무수히 생겨나고 있는 다른 소셜 미디어 도구들도 이용자들에게 선택의 폭을 넓혀 주고 있다.

사실 소셜 미디어는 사람들을 즐겁게 해 주거나, 옛 친구들과 소식을 전하게 해 주는 도구 이상의 역할을 한다. 기자, 기업, 정부, 뉴스메이커들도 이를 통해 아주 강력한 소통 방법을 찾았다.

일반적인 소셜 미디어 중에서도 블로그는 기자들에게 매우 중요한 자원이다. 〈PR 위크 매거진〉에 따르면 취재 도중 일반인 블로그를 검색하는 기자가 전체의 29퍼센트, 기업 블로그를 검색하는 기자가 25퍼센트, 소셜 네트워크를 쓰는 기자도 24퍼센트나 된다고 한다.[5]

게다가 소셜 네트워크는 하루 24시간, 1주일 내내 업데이트된다. 전 〈타임 매거진〉 소속으로 현재 IT 전문 블로그 테크크런치에 기고하는 에릭 숀펠트는 이런 신속성이 진실을 밝혀내는 새로운 길을 제시해 줬다고 믿는다. 그는 때로 모든 사실을 파악하기 전에 기사를 온라인에 올리고 그 반응을 살핀다고 한다.

"정보 일부를 올리고 나면 대개 더 큰 진실이 따라온다. 더 자세한 정보를 가진 사람이 연락을 해 오거나 댓글로 직접 정보를 제공하기도 한다."[6]

정보와 뉴스를 퍼뜨리는 수단으로 소셜 미디어를 이용하는 사람들은 전문 기자들뿐만이 아니다. 무료로 기사를 보도하고 온라인 세상과 나누는 '네티즌 기자들'이 얼마나 폭발적으로 늘어났는지 보면 알 것이다.

10년 전, 기업들은 관심이 있는 사람이라면 누구나 온라인에 접속해 기업과 직접 소통할 수 있음을 깨닫고 쾌재를 불렀다. 하지만 오늘날의 기업은 사정이 조금 달라졌다. 온라인에서 거론되는 이야기를 통제할 수 없는 지경에 이른 것이다. 마찬가지로 신문사와 방송국을 위해 글을 쓰던 전통적 의미의 기자들도 입지가 예전만 못해졌다. 더 이상 정보와 뉴스를 제공하는 유일한 조달자가 아니기 때문이다.

"이젠 우리 모두가 기자다."[7]

블로거의 선구자 매트 드러지의 말이다.

이제 일반 대중, 소비자, 비평가, 당신의 경쟁자들이 온라인에서 당신 기업에 대해 이야기하고 있다. 블로그 세상의 모니터라 할 수 있는 〈더 블로그 헤럴드〉에 따르면 매초마다 새로운 블로그가 만들어지고 있다. '블로거'나 다른 비슷한 웹사이트에서 무료 계정을 만드는 데는 불과 몇 분이면 충분하다. 그 즉시 블로그 출판인, 기자, 불매 운동가, 혹은 비평가가 될 수도 있다. 온라인에서의 힘의 균형이 기업과 언론 재벌에서 일반인으로 옮겨지고 있는 것이다.

한번 생각해 보자. 2006년 트위터가 만들어지고 3년 동안 사소한 일에서 중요한 일에 이르기까지 약 700만이나 되는 사람들이 정기적으로 트윗을 하고 정보를 나누었다.

한국의 경우 신문 기자 출신 오연호가 만든 〈오마이뉴스〉에 7만 명 이

상의 사람들이 기사를 제공하고 있다. 이 사이트는 매일 평균 조회 수 250만 회를 자랑한다.

BBC와 〈타임 매거진〉에서는 이러한 네티즌 언론 모델이 곧 언론계의 미래가 될 것이라고 예측했다. 밴쿠버의 네티즌 언론 기업 NowPublic.com은 2007년 〈타임 매거진〉에서 선정한 최고 웹사이트 50위 안에 들었으며, 미국 워싱턴 DC에만 5000명을 포함해 전 세계에 수만 명의 네티즌 기자를 두고 있다.

그렇다면 트위터와 블로그를 사용하고 온라인 토론방에서 열띤 논쟁을 펼치는 사람들이 결국 훈련받은 전문 기자들을 대체하게 될 것인가? 모두가 그리 생각하는 것은 아니다. 미주리 대학교 언론학 교수인 톰 맥페일은 블로거들을 "루머와 '카더라 통신'을 퍼뜨리는 가짜 기자들"[8]이라 칭했다. 반면 정치 전문 기자 글렌 그린월드는 조금 우호적인 반응을 내놓았다.

"그들은 이제 대안적인 목소리가 됐다. 인터넷 덕분에 이제 사람들은 각자의 플랫폼을 만들고, 비슷한 생각을 지닌 사람들을 끌어들일 수 있다. 불만을 품거나 성난 네티즌들이 수십만 명씩 모일 곳이 생겼단 얘기다."[9]

블로거의 영향력에 대한 시각은 다를 수 있지만 몇 가지 명백한 점은 있다. 소셜 미디어는 스쳐 지나는 유행이 아니고, 블로거와 소셜 미디어 지지자들은 언론사에 더 빠르고 투명한 뉴스를 요구할 것이며, 뉴스 관련 기술이 얼마나 발달하든 기존 언론은 사라지지 않을 것이라는 점이다.

"신문에 난 500자 기사든, 트윗이든, 블로그 포스팅이든 상관없다. 이들 모두가 직면한 기본 과제는 언제나 똑같다. 바로 중요한 정보를 찾아내는 것이다."[10]

〈글로브 앤드 메일〉의 편집장 존 스택하우스의 말이다.

많은 것이 잘못될 수 있다

특종을 노리는 전문 기자는 물론이고 네티즌 기자, 블로거들의 수가
급속히 늘어남에 따라 기업 임원과 홍보 담당자들이 더욱 경계해야 할 게
생겼다. 바로 조직의 명성에 가해지는 위협이다. 위기관리 전문가이자《위
기를 겪고 더 강해지고 나아지는 기업Why Some Companies Emerge Stronger and
Better from a Crisis》의 저자 이언 미트로프는 이렇게 말했다.

"사실상 모든 조직은 적어도 한 번 이상의 중대한 위기를 겪는다."[11]

신문을 한번 펼쳐 보기만 해도 이 말의 진위를 확인할 수 있다. '월 스
트리트 저널' 하루치에만도 다음과 같은 헤드라인이 실려 있으니 말이다.

- '브리스틀 마이어스 전 관리들 기소되다'
- 'KPMG 탈세 혐의로 형사 고발 직면'
- '트리뷴지의 전 보좌관 발행 부수 사기로 체포'
- '블루투스 장치 해킹 우려'
- '디즈니 놀이 기구 사망 사고 여전히 수수께끼'
- '마린 캐피털 손실로 문 닫다'[12]

하지만 흥미롭게도 홍보 회사 웨버 쉔드윅에서 실시한 조사에 따르
면 CEO 중 거의 절반에 가까운 이들이 회사의 명성에 가해질 수 있는 위
협에 관해 거의 혹은 전혀 우려하지 않는 것으로 나타났다.[13] 물론 기업 평
판이 좋다면 기분 좋은 일이지만 이들이 정말 중요하게 여기는 것은 손익
계산서다. 안타깝게도 이런 식의 태도는 시장 점유율, 가격 프리미엄, 수
익 창출, 거래 가치, 브랜드 평생 가치, 브랜드 성장률 같은 수치로 기업 평

판의 가치를 측정한 다양한 리서치 결과와 통계치를 무시하는 처사다. 이 중에서도 가장 간단한 계산법은 기업의 현재 시가 총액에서 유형 자산과 외상 매출금을 빼 평판 가치를 산출하는 것이다. 기업의 생산 제품을 다른 비슷한 유명 상표 제품이나 경쟁 관계에 있는 카피 제품과 비교하는 방식 도 있다. 소비자가 상표에 적힌 이름을 보고 가격 프리미엄을 지불할 용의 가 있는지 보는 것이다. 이렇듯 이미지와 대중 인식을 돈의 가치로 계산하 는 방식이 버젓이 존재하는데도 평판은 여전히 기업의 현재와 미래에 거 의 영향을 주지 않는 무형적인 요소로 취급받고 있다.

평판에 큰 피해를 입히는 요소들

기업 임원들은 어떤 문제가 기업 평판에 가장 큰 해를 끼친다고 생각하는가? 홍보 회사 웨버 쉔드윅에서 실시한 조사 결과를 보면 다음과 같다.[14]

문제점	임원 응답자 비율(%)
회계상 문제점	72
비윤리적 행동	68
임원의 불법 행위	64
기밀 정보 유출 같은 정보 보안 문제	62
환경 위반 문제	60
건강과 안전 문제로 인한 제품 리콜	60
법적 규정 위반	59
고장이나 폭발로 인한 사상자 발생	59
노조 파업이나 분규	40
특별 이익 집단이나 비정부 기구들의 지속적인 시위	38

문제점	임원 응답자 비율(%)
공급 업체 불안정	38
비인기 정책 지지 입장	38
CEO의 높은 임금에 대한 대중의 찬반 논란	36
온라인 공격이나 루머	25
고위 임원 퇴사	17

유니언 카바이드사의 사례를 생각해 보자. 1984년, 인도 보팔에 있던 유니언 카바이드 소유의 살충제 공장에서 유독성 물질이 유출되면서 3800명이 사망하고 1만 1000여 명이 장애를 입었다. 유니언 카바이드는 곧장 대대적인 언론 캠페인을 펼치면서도 이 사고에 대한 책임만은 극구 부인했다. 회사에 불만을 품은 직원의 소행이라는 것이었다. 하지만 사람들은 그 공장에서 이전에 일어났던 여러 사고들을 지적하면서 이 비극이 관리 부재와 해이한 안전 조치 때문이라고 주장했다.

책임 소재를 두고 벌어진 논란 때문에 이 대사건은 수십 년에 걸쳐 헤드라인을 장식했고, 지금까지 민사·형사 소송이 진행 중이며, 전 CEO에 대해 국제 체포 영장이 발급된 상태다. 사고 당시만 해도 세계에서 가장 크고 유명한 기업 중 하나였던 유니언 카바이드는 현재 다우 케미컬의 자회사에 지나지 않는다.

비슷한 사례로 1989년 밸디즈 기름 유출 사건 내내 언론 측면에서 잘못이란 잘못은 모조리 저지른 엑손 모빌이 있다. 역사상 최악의 환경 재앙 중 하나로 꼽히는 이 기름 유출 사고로 3300제곱킬로미터 이상의 청정 바다가 시커먼 기름으로 뒤덮였다. 엑손은 역사상 가장 큰 돈을 들여 방제

작업에 나섰지만 당시 알래스카 밸디즈 시의 시장이었던 존 디버스는 지역 사회가 심한 '배신감'을 느꼈다고 말했다.

대체 그 이유가 무엇일까? 엑손에서 지역 사회의 우려를 무시하고, 문제의 규모를 공개적으로 인정하지 않으며, 방제가 지연되는 데 대해 다른 사람들을 탓했기 때문이다.

엑손의 CEO 로렌스 롤은 엿새가 지난 뒤에야 유출 사건에 대해 공식 입장을 밝혔다. 그 후 사람들은 엑손 모빌이라고 하면 막대한 자금을 투입한 대규모 방제 작업을 생각하는 것이 아니라 단지 처참히 망가진 해안과 죽은 동물들을 떠올릴 뿐이었다. 그 여파로 엑손의 시가 총액은 30억 달러나 떨어져 세계 최대의 정유 회사에서 3위 자리로 밀려나고 말았다.

밸디즈 기름 유출 사건을 둘러싼 소송과 시위는 오늘날까지 이어지고 있으며, 엑손은 환경적으로 무책임하고 생태계를 파괴하는 기업의 화신이 되었다.

평판을 잘못 관리한 기업의 최근 사례로 형편없는 재무 의사 결정과 잘못된 대중 인식 아래 무너져 내린 투자 은행 리먼 브러더스가 있다. 전 세계적 신용 경색으로 이미 큰 압박을 받고 있던 리먼 브러더스는 이른바 단기 공매자들과 헤지펀드에 퍼져 나간 루머의 표적이 됐다. 이런 루머는 투자자의 신뢰도를 파먹고, 리먼 브러더스가 곧 말도 안 되게 낮은 가격에 매각될 것이라는 우려에 기름을 부었다. 하지만 리먼은 평판의 위기 사태를 가볍게 봤다. 평판을 보호하기는커녕 자사의 주식을 둘러싼 루머를 공개적으로 언급하는 엄청난 실수를 저지른 것이다. 그리하여 2008년 가을, 거의 158년의 역사를 자랑하던 리먼 브러더스는 당시 기준으로 미국 역사상 가장 규모가 큰 파산 신청을 하게 되었다.

이처럼 산업 사고, 기름 유출, 부도덕한 재무 회계 같은 나쁜 소식은 부정적인 헤드라인과 힘겨운 언론 투쟁으로 이어지게 되어 있다. 하지만 다음 이야기에서 보듯 때론 좋은 뉴스도 나쁜 뉴스로 돌변할 수 있다.

존 월터가 AT&T의 신임 CEO로 임명되었을 때만 해도 그건 좋은 뉴스였다. 회사의 계획은 월터를 언론에 소개하고, 그가 AT&T를 미래로 이끌어 줄 리더라는 사실을 이해관계자들에게 납득시키는 것이었다. 하지만 그 일은 좋은 뉴스가 되기는 고사하고 최악의 결과를 낳고 말았다. 그를 소개하는 기자 회견장에서 한 기자가 그에게 어떤 통신 회사를 이용하느냐고 물었다. 월터의 새 역할을 감안할 때 참으로 타당한 질문이 아닐수 없었다. 하지만 월터는 크게 당황하며 이 간단한 질문에 답변하지 못했다. 이 일이 있고 단 몇 시간 만에 AT&T의 시가 총액은 40억 달러나 추락했다.

그 질문은 중요한 전략적 혹은 정책적 문제에 대한 것이 아니었다. 이렇게 간단하고도 당연한 질문에 답하지 못하는 그의 모습은 투자자들의 신뢰에 엄청난 충격을 안겼다.

임원 변동이든, 부진했던 분기든, 패전 요인이든 뉴스의 주인공은 언제나 정답을 말해야 하고 올바른 표현을 써야 한다는 압박감에 시달린다. 한 번만 입을 잘못 놀려도 주가가 폭락하거나 토크쇼에서 놀림감이 된다는 사실을 잘 알기 때문이다.

내가 말한 나머지는 대체 어디에?

인터뷰 내용이 부정적으로 표현된 것을 본 사람들은 대개 다음 두 가지 변명을 한다. 첫 번째는 "인용이 잘못됐다"라는 말이다. 그것이 먹히지 않으면 두 번째로 쓰는 변명이 바로 "전후 맥락이 잘려 나갔다"이다. 하지만 많은 이들이 모르는 사실이 하나 있다. 기자가 인터뷰 도중 백 개의 문장을 들었다고 해서 그것을 다 쓰는 것은 아니다. 기자는 본인이 원하는 분위기로 이야기를 끌고 나가기 위해 필요한 한 문장, 어구, 혹은 인용구만 가져다 쓴다. 이처럼 위험천만한 언론과의 만남을 무사히 넘기고 부정적인 기사의 악영향을 피하려면 이 사실을 반드시 이해해야 한다.

맥락이 잘려 나갔다

"전후 맥락이 잘려 나갔다"라는 한탄이야말로 언론에 인용된 자신의 말에 대해 화를 내거나 당황해하는 사람들에게서 흔히 들을 수 있는 반응이다. 맥락이 잘려 나갔다는 말은 기자가 들은 단어를 정확히 사용하면서도 말의 의미를 바꿔 놓았음을 뜻한다. 다음 대화문은 맥락이 잘려 나간 보도를 잘 보여 주는 대표적인 사례다.

기자 : 다음 분기에 대량 해고가 있을 것이라는 루머가 사실입니까?
홍보 담당자 : 다음 분기에 대량 해고가 있을 것이라는 루머에는 아무런 근거가 없습니다.

여기에서 맥락이 잘려 나간 보도를 한다면 기자는 홍보 담당자의 말을 이렇게 인용할 것이다.
"다음 분기에 대량 해고가 있을 것…."

홍보 담당자가 이 말을 한 것은 사실이지만 기자가 그 뒤에 이어진 말을 잘라 버림으로써 의미와 의도가 완전히 달라졌다.

이런 문제는 기자가 한 문장 중에서도 특정 단어만 골라 사용하고 그 앞이나 뒤에 이어지는 어구를 삭제할 때 주로 생긴다. 기자는 이 간단한 편집으로 홍보 담당자의 말이 갖는 의미를 바꿔 버렸다. 이런 경우라면 피해자는 당연히 법정에서든 언론에서든 스스로를 변호해야 마땅하다. 하지만 진짜 문제는 사람들이 "맥락이 잘려 나갔다"라는 핑계만 늘어놓을 뿐 정작 언론의 편집 과정에 대해서는 잘 모른다는 점이다.

중요한 건 편집이다

기자란 시청자, 독자, 청취자가 기자 자신이 원하는 것만 보고, 읽고, 듣게 만드는 문지기와 같다. 언론 인터뷰에서 벌어지는 의사 교환 과정은 일상적인 대화의 규칙을 따르지 않는다.

일반적인 대화는 자유로운 분위기에서 번갈아 가며 말하고, 듣고, 쉬고, 생각하고, 진정한 흥미나 우려에서 나오는 질문을 하는 과정이다. 자연스러운 대화 환경에서 사람들은 맥락을 따라 서로의 말을 이해한다. 즉, 어떤 사람이 다른 사람에게 열 개의 문장을 전달할 때, 듣는 이는 맥락이라는 기준으로 의미를 걸러 이해한다.

그러므로 언론과 접촉하는 사람이라면 기자란 알곡과 쭉정이를 골라내는 일을 하는 사람이고, 때로는 그중 쭉정이만 골라 보도할 수도 있다는 사실을 명심해야 한다.

바이오잭스 사례 1 : 인터뷰의 역학

다음은 내가 참가했던 실제 언론 교육 시간에 이용한 인터뷰 기록이다. 여기에서 인터뷰 대상자인 조안 스미스(실명은 아니다.)는 내가 'JLA 생명 과학'이라 이름 붙인 바이오 제약 회사의 CEO다. 이 비상장 기업은 얼마 전 정부로부터 암 치료 효과가 매우 뛰어난 생물 제제 신약 바이오잭스의 시판 승인을 받았다. 하지만 이 약은 매우 비싸서 한 번 치료하는 데 2만 5000달러나 든다. 따라서 이 약을 쓸 수 있는 환자는 경제적 여유가 있는 사람이나 약값을 전액, 혹은 일부 부담해 주는 보험에 가입한 사람들뿐이다. 지금까지 정부와 대부분의 의료 단체, 보험 회사들은 바이오잭스의 약값 지원을 거부하고 있다. 하지만 바이오잭스는 환자 중 60퍼센트의 종양 성장을 억제했으며, 생존율도 현격히 높여 준 것으로 나타났다. 언론과 인터뷰를 시작하게 될 스미스는 긍정적인 이야기를 들려주리라고 마음먹었다. 지금부터 이 인터뷰 기록을 잘 읽어 보기 바란다. 뒤에 가면 이 기록을 가지고 기자가 어떻게 기사를 썼는지 확인할 수 있다. 다음은 편집되지 않은 인터뷰 기록 전문이다.

기자 : 바이오잭스는 여러 종류의 암 치료에 있어 획기적인 약이라고 알려져 있습니다. 그렇게 높은 효과를 내는 이유가 무엇인가요?

조안 스미스 : 바이오잭스는 기존 암 치료제와 다른 작용 기제를 이용합니다. 바이오잭스의 항암 작용은 미세 소관을 불안정하게 만드는 특정 알칼로이드의 특성 덕분이지요.

기자 : 정부는 약값 지원을 왜 거부하는 겁니까?

조안 스미스(웃으면서) : 글쎄요. 바이오잭스가 위험한 것도, 효과가 입증되지 않은 것도 아닌데 말이죠.

기자 : 그러면 진짜 이유가 뭘까요?

조안 스미스 : 제 생각에는 정부가, 이 부분은 기사화하지 말아 주세요, 정부가 생물 제제 약품에 대해 무지하기 때문인 것 같습니다. 과거 의약품은 화학 물질과 합성 물질을 이용해 만들었지만 지금은 생세포를 이용하고 있어요. 정부는 우리 약품을 어떻게 평가해야 할지 전혀 모르는 겁니다. 그래서 필요한 가이드라인을 입법화하기는커녕 우리를 탐욕스러운 기업처럼 보이게 만들려고 애쓰고 있죠.

기자 : 그래서 당신 기업이 탐욕스러운가요?

조안 : 아니죠.

기자 : 뭐가 아니라는 겁니까?

조안 : 아니요, 우리는 탐욕스럽지 않습니다.

기자 : 2만 5000달러나 하는 약값으로 암 환자들에게 바가지를 씌우려 한다는 사람들의 반응에 대해서는 어떻게 생각하십니까?

조안 스미스(고개를 끄덕이며) : 그렇게 말하는 사람들이 있는 게 사실입니다. 하지만 그렇지 않아요. 우리는 암 환자들에게 바가지를 씌우지 않습니다. (초조하게 몸을 움직임) 사람들은… 사람들이 모르는 게… 우리는 연구 개발에 수억 달러를 씁니다. 그렇다면 투자의 대가가 있어야죠. 이제 바이오잭스 가격에 대해선 그만 이야기 하고 약 자체에 집중하면 좋겠는데요.

기자 : 암 환자들에게 부당한 돈을 요구하는 게 아닙니까?

조안 스미스(불편한 듯 자세를 바꿈) : 그에 대해서는 방금 답변했는데요. 아니, 우리는 암 환자들에게 부당한 돈을 요구하는 게 아닙니다. 그러한 사실을 제대로 전달하기 위해 홍보 회사를 고용하기까지 했어요.

기자 : 그래도 여전히 높은 가격 때문에 환자들의 접근성이 떨어진다는 비난을 듣고 있지 않습니까. 그에 대해 하실 말씀은요?

조안 스미스(팔짱을 낌) : 같은 질문만 자꾸 하시네요. 아니, 그건 우리가 잘못한 게 아닙니다. 바이오잭스 같은 약품에 가격을 책정하는 건 단순한 일이 아니에요. 비난을 받아야 할 대상이 있다면 그건 정부입니다. 정부에서는 그저 가격이 너무 높다는 이유만으로 지원을 거부하고 있어요. 우리는 사업을 하는 사람들이고, 사업가는 이윤을 내야 한다는 사실을 이해하지 못하는 겁니다.

기자 : JLA가 암 환자들을 죽음으로 내몰고 있는 거군요?

조안 스미스 : 그 질문은 아주 불쾌하군요. 아니, 우리는 사람들을 죽이지 않습니다.

기자 : 지난해 매출과 수익은 얼마였습니까?

조안 스미스(숨을 참으며) : 우리는 비상장 기업이기 때문에 그 질문에 답할 의무가 없습니다.

기자 : 회사가 홍보와 로비에 200만 달러를 쓰고 있다는 게 사실입니까?

조안 스미스 : 드릴 말씀 없습니다.

기자 : 더 하실 말씀은요?

조안 스미스 : 없습니다.

2분 남짓 걸린 이 인터뷰 후 나는 조안에게 기자가 원하는 것을 찾았을지, 이 인터뷰를 바탕으로 기사를 쓸 수 있을지 물어보았다. 그녀는 "아니, 그럴 것 같지 않아요"라고 대답했다. 당신 생각은 어떤가?

JLA, '바가지' 약값 논란에 반발

조안 스미스 대표, "우리는 탐욕스럽지 않다."

JLA 생명 과학이 최근 승인받은 고가의 암 치료제 논쟁에 대해 억울하단 입장을 밝혔다. 생세포로 만들어진 새로운 암 치료제 바이오잭스는 1회 치료에 2만 5000달러가 드는 것으로 알려졌다.

조안 스미스 대표는 항간의 논란에 대해 "우리는 암 환자들에게 부당한 돈을 요구하는 게 아니다"라고 항변했다. "회사가 사람들을 죽이는 게 아니다"라고 답하며 바이오잭스의 약값을 지원해 주지 않는 정부를 비난했다.

"바이오잭스가 위험한 것도, 효과가 입증되지 않은 것도 아닌데 말이죠. 정부에서는 그저 가격이 너무 높다는 이유만으로 지원을 거부하고 있어요."

그는 정부가 "생물 제제 약품에 대해서는 무지하다"라고 덧붙였다. 더불어 연구 개발에 들어간 비용이 상당했기에 가격을 낮출 수 없다고 강조했다. "우리는 그렇게 탐욕스럽지 않다"라는 식의 논리를 펴던 그는 다만 "사업가는 이윤을 내야 한다"라고 역설했다. 가격 책정에 있어 수익이 중요한 고려 요소라는 설명이었다.

한편 JLA의 매출과 수익에 관한 질문에는 답변을 거부했다. "우리는 비상장 기업이기 때문에 그 질문에 답할 의무가 없습니다." 홍보와 로비에 200만 달러를 쓰고 있다는 의혹에 대해서는 긍정도, 부정도 하지 않았다. 이 소문에 대해 묻자 돌아온 대답은 "드릴 말씀 없습니다"뿐이었다.

이렇게 작성된 뉴스를 보여 주자 조안은 큰 충격을 받았다. 기자가 그녀의 이야기 중에서도 극적인 부분만 골라 씀으로써 기사를 과장하거나 무언가 잘못했거나, 아니면 비윤리적으로 행동했는가? 아니, 인용은 모두 정확했다. 좋든 싫든 조안이 이런 말을 한 것은 사실이었다. 하지만 그녀는 이 기사를 끔찍하다고 여겼다. 기사를 보자마자 처음 꺼낸 말이 "앞뒤 말을 모두 잘라먹었어요. 내가 말한 나머지는 다 어디에 있죠?"였으니 말이다.

나중에 같은 인터뷰를 다시 이용할 계획이니 내용을 잘 기억해 두기 바란다. 단, 다음 인터뷰에서 조안은 바이오잭스에 대한 비난을 더욱 긍정적으로 언급하는 것은 물론 이 약에 대한 대중의 인식을 바로잡을 준비가 되어 있을 것이다.

당신의 이야기를 들려줘라

당신이 헤드라인을 장식할 때 당신 입에서 나온 말들은 사람들에게 큰 반향을 일으킬 수 있다. CEO의 긍정적인 평판은 주주 가치 또한 높일 수 있다. 에델만 홍보 회사는 신뢰도 지표라는 것으로 매년 대중의 정서를 종합적으로 조사한다. 이 조사에 따르면 특정 기업의 CEO가 우호적으로 조명되는 경우 전문 투자자 중 90퍼센트가 그 주식을 구매하거나 남에게 추천한다고 한다.[15] 또한 93퍼센트의 사람들이 광고에 나오는 정보보다 신문 기사와 뉴스로 보도되는 정보를 더욱 믿는다고도 한다.

이와 비슷한 또 다른 조사 결과가 있다. 버슨 마스텔러에서 실시한 조사에 따르면 특정 기업의 메시지를 전달하는 데 가장 훌륭한 효과를 내는 게 언론이었다. CEO 중 84퍼센트가 기업의 메시지를 전달하는 가장 효과적인 외부 활동은 언론과의 인터뷰라고 답했다. 이와 비교해 업계 학회와 무역 박람회는 62퍼센트, 광고는 겨우 47퍼센트를 기록했다.[16]

더욱 흥미로운 점이 한 가지 있다. 언론에 모습을 드러내는 것이 실제로 소득을 높이는 데 도움이 된다는 것이다. 콜로라도 대학교에서 실시한 연구에 따르면 기업 언론에 등장한 임원들이 그렇지 않은 이들보다 더 많은 돈을 벌었다. 연구자인 마커스 피처가 총 1500명의 CEO와 면담한 끝에 〈뉴욕 타임스〉, 〈월 스트리트 저널〉, 〈포브스〉, 〈포춘〉, 〈비즈니스 위크〉에 한 번 기사가 실릴 때마다 소득이 평균 60만 달러 상승한 것을 확인할 수 있었다. 이 밖에도 〈포브스〉, 〈포춘〉, 〈비즈니스 위크〉의 표지에 실린 경우 평균 100만 달러가 조금 넘는 금액을 더 벌어들였다. 그는 이러한 유형의 언론 노출은 관리진과 이사회로 하여금 그 CEO가 '그해 뛰어난 성과를 올렸다'는 인상을 받게 만든다고 덧붙였다.[17] 지금의 사회적, 정치적 분위기로 미뤄 볼 때 이러한 긍정적 언론 노출의 중요성은 점점 커지고 있다.

언론 호감도 장부

긍정적인 명성을 얻고 신뢰를 쌓으려면 소위 '언론 호감도 장부'라는 것을 만들 필요가 있다. 다른 장부들처럼 그 가치를 늘리는 것이 목표고, 흑자를 볼 때 가장 유리하다. 캐나다의 칼럼니스트 돈 마틴의 말을 빌리면 언론과 긍정적인 관계를 유지하는 것은 화재 보험을 드는 것과 마찬가지다.

"집에 불이 나면 몽땅 잿더미로 변할 수는 있지만 (보험을 들어 놓으면) 집을 다시 지을 희망이 생긴다. 언론 호감도를 미리 쌓아 두지 않는다면 승산 없는 싸움을 계속하는 것과 같다."[18]

대중이 믿음을 잃고 있다

일반 대중은 그 어느 때보다도 책임자의 진실과 신뢰를 요구하고 있다. 앞서 언급한 에델만 신뢰도 지표도 기업 리더들에 대한 대중의 신뢰도가 그 어느 때보다도 낮다는 사실을 상기시킨다. 에델만에 따르면 미국 기업에 대한 신뢰도는 단 한 해 만에 58퍼센트에서 38퍼센트로 떨어졌다. 미국 외 지역의 경우 신흥 시장 기업들이 이보다 높은 신뢰를 얻고 있지만 그 차이는 그리 크지 않다. 또한 홍보 담당자로서의 CEO에 대한 신뢰는 사상 최저치인 17퍼센트를 기록하고 있다.

수치가 이리 낮은 건 다 이유가 있다. 엔론, 월드컴, AIG, 베어 스턴스처럼 사기나 무능력으로 얼룩진 기업들로 연일 조용할 틈 없었던 지난 10년이 아닌가. 1980년대의 저축 대부 조합 사태, 1998년의 롱텀 캐피털 긴급 구제, 2000년의 닷컴 버블 붕괴, 2008년 생겨난 7000억 부실 자산 구제 프로그램(TARP) 등으로 납세자들은 수조 달러를 밑 빠진 독에 쏟아부어야 했다. 이와 함께 자본 시장 관리 책임을 맡은 기업 리더와 정치인의 신뢰도는 바닥을 쳤다. 언론과의 긍정적이고 적극적인 소통을 통해 신뢰를 쌓고 평판을 더욱 높여야 할 필요성은 누가 봐도 분명하다. 그렇다면 무엇이 필요할까? 언론 대처 교육일까? 물론 해가 될 건 없겠지만 이런 교육은 홍보 담당자들에게 답변을 삼가라고 가르친다는 게 문제다.

기존 언론 교육의 맹점

얼마 전 소수의 제조업 관리자들과 함께 언론 대처 교육 시간을 가졌다. 교육의 일환으로 공장에 사망자가 생겼다는 시나리오를 가지고 대처 방안을 짜기로 했다. 공장 관리자인 교육생 살림에게 이 사망 사건에 대해 브리핑해 보라고 했더니 대뜸 첫 마디가 이랬다.

"우리의 무사고 기록은 아주 훌륭합니다."

전반적인 수치로 따졌을 때는 옳은 말일지 몰라도 사람이 죽은 마당에 전혀 바람직한 답변이 아니었다. 이 말은 방어적인 동시에, 이 사고로 사람들이 받은 충격과 고통을 전혀 달래 주지 못한다.

살림에게 왜 그렇게 대답했느냐고 물었다. 그는 언론 교육을 받은 적이 있는데, 질문이 무엇이든 기자들에게는 언제나 긍정적인 메시지만 전달해야 한다고 배웠다고 했다. 안타깝게도 기자들의 질문을 무시하고 준비한 메시지만 전달하라고 교육하는 사례는 너무나 많다. 현재의 언론 대처 교육은 잘못됐다. 기자의 질문을 무시하고 미리 준비해 둔 소위 '핵심' 메시지만 달달 외우라고 가르치기 때문이다.

어떤 상황이든 상대의 의문을 무시하는 메시지가 반복될 때마다 그 사람의 신뢰도는 조금씩 떨어진다. 어떤 질문을 받든 미리 정해 둔 메시지만 전달하는 행위는 홍보 담당자의 신빙성을 깎아내리는 지름길이다. 홍보 담당자의 목표가 언론과의 신뢰를 쌓아 가는 것임을 감안할 때 정작 의문에 답을 주지 못하는 메시지로 신뢰를 무너뜨린다는 것은 전혀 말이 안 되는 일이다.

언론과 더 잘 소통하는 방법을 가르치려면 홍보 담당자와 임원들에게 미끈하고 세련된 태도만 강요하는 건 옳지 않다. 사람들은 미끈하고 세련된 말만 늘어놓는 사람은 믿지 않는다.

언론 대처 교육은 어려운 질문을 똑바로 다루는 법, 언론의 함정을 피하는 법 그리고 무엇보다도 이 두 가지를 정직하고 진실하게 행하는 법을 가르쳐야 한다.

내 경험을 돌이켜보면 공격적인 이의 제기와 질문을 받을 때 언론 대처 교육이 효과를 내는 것은 사실이다. 사실 기자만큼 임원들에게 당당히 맞서며 꼬치꼬치 질문을 퍼붓는 사람은 없다. 하지만 안타깝게도 많은 임원들이 큰 문제가 닥쳐서야, 혹은 기자들이 사무실 문을 두드리기 시작할 때에야 비로소 답변 방법을 연습할 필요성을 느낀다. 뒤늦게야 이 문제를 심각하게 받아들이는 것이다.

미리 연습이 필요하다. 어떤 상황을 가정해 임원들을 추궁하는 과정은 그 자체만으로도 큰 가치가 있다. 오직 기자들만이 던질 수 있는 힘든 질문에 당해 보게 만드는 것으로 충분하다.

책이나 세미나, 온라인 강좌 등으로는 공격적인 인터뷰나 기자 회견 도중에 받는 스트레스를 제대로 체험하기 힘들 것이다. 그럼에도 지금까지의 잘못된 언론 대처 교육 모델을 대체할 효과적인 방법을 제시하고자 한다. 이를 통해 모든 유형의 언론 접촉에 능숙하고 진실하게 대처할 수 있는 전략을 얻고, 적극적이고도 긍정적인 메시지를 전달하면서 공격적인 질문에 답변하는 방법을 배우며, 더 큰 문제를 낳을 수 있는 수많은 실수를 피하는 법을 익히게 될 것이다.

1장 복습

- 기자들은 두드러지는 등장인물이 나오는 극적인 상황을 원한다. 이런 이야기들은 쓰기도 쉽고 독자가 이해하기도 편하다.

- 뉴스 기사는 대체로 선악 대결, 승자와 패자, 잘못된 의사 결정, 아이러니, 루머, 특이하거나 터무니없는 일, 불쾌한 발언, 아는 게 없는 정치인, 실패에 그친 농담 등의 주제로 나뉜다.

- 영웅, 악당, 희생자, 생존자, 동네 바보는 기자들이 빠르게 기사를 쓰기 위해 주로 이용하는 등장인물이다.

- 기자들은 끊임없이 몰려오는 마감 기한뿐 아니라 무의식적인 편견의 영향을 받는다.

- 소셜 미디어가 폭발적으로 급증함에 따라 기업은 자사에 대한 기사를 지속적으로 감시하고 이에 반응해야 한다. 반응하는 데 너무 오래 걸렸다간 평판을 돌이킬 수 없을 정도로 망칠 수 있다.

- 기자들은 극적인 효과를 내고 문제의 핵심을 캐내기 위해 인터뷰 내용을 편집한다.

- 인용구를 편집하는 것과 맥락을 잘라내는 것은 서로 다른 문제다.

- 현재의 언론 대처 교육은 잘못됐다. 기자의 질문을 무시하고 '핵심' 메시지만 되풀이하라고 가르치기 때문이다. 질문에 대한 답변도 없이 메시지만 반복된다면 말하는 사람의 신뢰도가 떨어진다.

- 언론에 대처하는 가장 효과적인 방법은 정직하게 즉각적인 반응을 보이는 것이다.

당신이 곧 기사다

"방송국 트럭이 회사 주차장으로 들어왔다면
위기관리를 논하기엔 너무 늦은 것이다."
– 홍보 회사 힐 앤드 놀턴의 CEO 하워드 패스터 –

전화벨 소리에 수화기를 들었는데 상대가 기자라는 것을 깨닫는 순간 잠시 심장이 멈추는 듯한 느낌이 든다. 그리고 이내 부적절하거나 논란의 소지가 될 말을 주절주절 늘어놓는다. 이것은 극히 자연스러운 반응이다. 바로 얼마 전 노벨상이나 아카데미상을 받은 것이 아니라면 기자가 좋은 소식으로 당신에게 전화를 걸 가능성은 희박하다고 해야 할 것이다. 나 역시 예상치 못한 질문에 당황해 시선을 피하거나 식은땀을 흘리며 떨리는 목소리로 더듬거리는 사람들을 본 적이 있다.

첫 만남을 어떻게 통제하느냐에 따라 앞으로 이어질 언론과의 소통에 성공할 수도 있고 실패할 수도 있다. 이것은 당신에 대해 떠도는 소문을 일축하거나 논란을 잠재울 첫 번째 기회다. 인터뷰 이후 완성될 뉴스 기사의 분위기를 조성하고, 대중의 인식에 영향을 미칠 기회기도 하다.

이 장에서는 기자와의 첫 만남에서 사람들이 흔히 저지르는 실수를 피하고, 조직의 이미지를 긍정적으로 다듬는 방법에 대해 알아보겠다.

기자가 접촉해 올 때

당신이 적극적으로 언론의 관심을 원하는 경우가 아니라면 대개 인터뷰는 어느 기자의 전화 한 통으로 시작된다. 이때 전화를 받는 순간부터 전화를 끊는 순간까지 당신 입에서 나오는 모든 말은 내일 자 신문의 1면을 차지하게 될 수 있다. 따라서 기자와 처음으로 통화하거나 만나는 경우라면 언론의 소통 법칙을 명확히 이해해야 하는 것은 물론, 당황스러운 질문에 대처하기 위한 기본 전략이 필요하다. 기자가 당신에게 전화하거나 사무실 로비에서 접근한다면 다음 3단계 전략을 따르도록 한다.

1. 상냥하게 굴어라

인터뷰를 요청하는 기자는 상대가 그것을 수락할 용의가 있는지 없는지 금세 눈치 챌 수 있다. 목소리에서 스트레스나 짜증, 혹은 걱정 같은 것이 느껴진다면 그것은 상대가 비협조적으로 나올 것이라는 뜻이다. 심한 경우, 정말로 구린 구석이 있다는 뜻일지도 모른다. 당신이 어떤 문제에 연루되어 있다면 기자는 당연히 방어적인 반응을 기대한다. 따라서 이때 대화는 당신의 날카롭고 초조한 목소리를 타고 십중팔구 부정적으로 변할 것이다. 이런 상황을 피하고 싶다면 최대한 상냥하게 말하라. 그러면 솔직하게 기자를 돕고 싶어 한다는 인상을 줄 수 있다. 기자가 기삿거리를 던져 줄 '범인'이나 '동네 바보'를 찾고 있었다면 당신의 상냥하고도 협조적인 태도에 크게 당황할 것이다. 나 역시 기자로 일하던 시절, 악역처럼 보이는 상대가 의외로 따뜻하고 친근하게 굴면 즉각 다른 인터뷰 상대를 찾아 나서고 싶어지곤 했다.

어떤 것이 뉴스가 되는가?

뉴스감이 될 만한 상황을 몇 가지 추려 보았다.

- 보기 드문 사고가 있었는가? (미네소타의 다리 붕괴 사건)
- 이전에 드물었던 거대한 자연재해가 일어났는가? (동남아시아 쓰나미 피해)
- 어떤 일이 사상 처음으로 벌어졌는가? (여덟 쌍둥이를 낳은 여자)
- 유명 인사가 많은 이들의 삶에 영향을 줄 발표를 했는가? (이라크 파병 규모 확대)
- 사람들에게 유용하거나 일상생활에 혜택이 될 새 정보가 나왔는가? (하루 두 잔 이상의 술 섭취 시 암 발병률 상승)
- 유명 인사가 무언가 나쁜 짓을 저지르거나 혐의를 받았는가? (타이거 우즈 성 추문)
- 중요한 일이 벌어졌거나 벌어질 예정인가? (의료 개혁안 통과)
- 기자가 아무도 모르는 정보를 입수했는가? (딕 체니 부통령의 메추라기 사냥 오발 사건)
- 기자가 아무도 보지 못한 사진이나 영상을 입수했는가? (나치 군복을 입은 영국의 해리 왕손)

기자와 이야기할 때 긴장하는 것은 자연스러운 현상이지만 그것이 겉으로 드러나서는 좋을 게 없다. 상냥하게 보이고 싶다면 가벼운 대화체로 말하라. 즐거운 대화를 하고 있는 것처럼 느긋하게 말하라는 뜻이다. 목소리를 자연스러운 대화 투로 만들 수 있는 효과적인 방법 중 하나로 가벼운 손짓이 있다. 긴장되는 상황에서 느긋하게 보이도록 도와주는 몇 가지 기술은 5장에서 알려 주겠다. 부디 이것을 이용하여 솔직하고 상냥하게 대화하는 기술을 연마하기 바란다. 기자가 당신을 친근하고 느긋한 사람처럼 느끼게 되었다면 이제 2단계로 넘어간다.

2. 완충 지대를 만들어라

기자라면 물론 당신이 지금 하던 일을 팽개치고 당장 인터뷰를 시작하기를 바라겠지만 당신에게는 생각을 정리할 시간을 얻을 권리가 있다. 설사 컴퓨터로 카드 게임을 하고 있던 중이라고 해도 "지금 급히 하던 일이 있어서요"라고 말해라. 그런 다음 "제가 어떻게 도와드리면 될까요? 알려 주시면 최선을 다해 아는 바를 말씀드리겠습니다"라고 덧붙여라. 정확한 상황과 내용을 파악하기 전까지는 절대로 언론 매체와 인터뷰를 하거나 기사화될 수 있는 말을 하면 안 된다.

만약 기자가 인터뷰 목적에 대해 이야기하기를 꺼린다면 조심하는 게 좋다. 모든 것을 순순히 밝혔을 때 당신이 입을 꾹 다물 것 같으면 인터뷰의 진짜 목적을 숨길 수 있기 때문이다.

과거 노인 요양원을 취재하던 당시 이런 시설에 사는 노인들의 삶을 조명하기 위해서라고 하면서 한 요양원 관리자에게 인터뷰를 요청한 적이 있었다. 하지만 나의 진짜 목적은 그곳에서 노인들이 학대받고 있다는 제보에 대해 관리자가 어떤 반응을 보이는지 알아보는 것이었다. 미리 그런 말을 했더라면 인터뷰는커녕 요양원에 발도 들여놓지 못했을 것이다. 인터뷰 목적에 맞게 처음 10분은 요양원의 삶에 대한 전반적인 질문들로 채워졌다. 그런 다음 관리자의 경계심이 풀리자마자 나는 학대와 영양 결핍에 시달리는 노인들에 대한 질문을 퍼붓기 시작했다.

대부분의 경우 기자가 전화를 건 진짜 목적을 알려 주게 되어 있다. 일반적으로 기자들은 기사를 얻기 위해 거짓말을 하는 행동은 삼간다. 편집장에게든, 판사에게든 언젠가 해명을 해야 할 때가 옴을 알기 때문이다. 하지만 '진실을 말하는 것'과 '거짓말을 하지 않는 것' 사이에는 상당한 해석 차이가 있음을 명심하라. 질문을 받을 준비가 안 되어 있거나 기자가 무엇을 원하는지 명확히 파악하지 못했다면 문제가 될 수 있는 질문에는 답변을 피하는 것이 상책이다. 이런 경우라면 다음의 3단계로 넘어간다.

3. 기자에게 질문을 던져라

기자란 남에게 무언가를 묻는 일을 업으로 삼은 사람이지만 때로는 서로 역할을 바꿔 당신이 여러 질문을 해 보는 것도 좋다. 그들의 답변을 통해 인터뷰 및 기사의 내용과 상황을 미리 들여다볼 수 있기 때문이다. 기자가 답변을 꺼리는 것 같다면 무언가를 숨기면서 전혀 예상치 못한 질문이나 문제로 당신을 놀래 주고 싶어 한다는 뜻일 수도 있다. 처음 통화나 만남에서는 다음 질문을 통해 그 사람이 무엇을 원하는지, 당신에게 무엇을 말하는지, 혹은 말하지 않는지 주의를 기울여 살펴야 할 것이다.

인쇄 매체 기자와 이야기할 때는 다음의 것들을 물어라.

- 인터뷰의 목적이 무엇인가? (그가 당신을 접촉한 이유를 설명하게 하라.)

- 기사가 언제 실릴 것인가? (시간적인 감을 잡을 수 있다.)

- 기사의 전반적인 목표가 무엇인가? (기자가 원하는 결과물에 대해 알아낼 수 있고, 이 목표가 인터뷰의 목적과 일치하는지 확인할 수 있다.)

- 나 외에 누가 또 인터뷰하는가? (나 말고 누구의 말이 인용될 것인지 알 수 있다. 기자가 답변을 거부한다면 경계할 필요가 있다.)

- 이 기사가 신문 중 어느 면에 실릴 것인가? (독자층을 미리 알아본다. 뉴스 면인가, 기업 면인가, 아니면 스타일 면인가?)

- ＿＿에 대해 취재해 볼 생각은 없는가? (당신에게 유리한 주제로 빈칸을 채워라. 기자가 지금까지 모르고 있던 정보를 제공한다면 당신이 인터뷰를 주도할 수도 있다.)

- 시간이 얼마나 걸릴 것이고 어디에서 하길 원하는가? (기자가 30~60분 정도 필요하다고 대답한다면 당신이 제공하는 정보가 기사에서 중요한 역할을 담당하리라는 뜻이다. 당신에게 익숙한 곳에서 인터뷰를 하면 인터뷰 분위기와 어조에 영향을 미칠 수 있다.)

- 마감 기한이 언제인가? (나는 더 신속한 답변을 얻기 위해 언제나 실제보다 급한 것처럼 대답했다.)

- 전화번호와 이메일 주소를 알려 주면 내가 연락하겠다. (당신이 먼저 접촉을 시작하면 대화의 흐름을 조절할 수 있고 적절한 시간에 끝내기 쉽다.)

텔레비전이나 라디오 기자들에게 물을 질문도 거의 비슷하지만 방송과 인쇄물이라는 매체 사이에는 매우 중대한 차이점이 몇 가지 있다.

일반적으로 텔레비전이 더 깊숙한 곳까지 파고들면서 더 많은 것을 노출시킨다. 텔레비전 카메라를 피해 달아나는 사람의 모습을 직접 보면 그 이야기에 대한 기사를 읽는 것보다 훨씬 강한 인상을 받지 않는가. 텔레비전 기자의 인터뷰 요청을 거절했는가? 그렇다면 그 사람은 무작정 사무실로 쳐들어오거나 집 현관에 나타나, 답변을 거부하며 얼굴을 가리고 카메라를 밀어내는 당신의 모습을 담아 낼 것이다. 이런 모습은 그 텔레비전 보도를 더욱 흥미롭게 만들 뿐이다.

마찬가지로 텔레비전 뉴스는 더욱 신속하기도 하다. CNN과 FOX 뉴스, 이 밖에 다른 모든 뉴스 채널은 언제나 흥미로운 내용에 굶주려 있고, 따라서 언제나 시청자의 관심을 끌 이미지를 찾고 있다. 게다가 유튜브가 인기를 끌면서 카메라 앞에서 벌어진 우스꽝스러운 실수들은 인터넷에 영원히 남게 되었다. 그러므로 텔레비전 인터뷰는 허락하든, 거절하든 언제나 위험성이 더 크다고 할 수 있을 것이다. 이 사실을 염두에 두고 방송사 기자에게는 다음과 같은 질문을 하면 좋다.

텔레비전이나 라디오 기자와 이야기할 때는 다음의 것들을 물어라.

- 인터뷰의 목적이 무엇인가? (그가 당신을 접촉한 이유를 설명하게 하라.)
- 이야기가 언제 방송될 것인가? (시간적인 감을 잡을 수 있다.)
- 이 인터뷰의 전반적인 목표가 무엇인가? (기자가 원하는 결과물에 대해 알아낼 수 있고, 이 목표가 인터뷰의 목적과 일치하는지 확인할 수 있다.)
- 나 외에 누가 또 인터뷰하는가? (나 말고 누가 언론의 접촉을 받는지 알 수 있다. 기자가 답변을 거부한다면 경계할 필요가 있다.)
- 이 인터뷰는 생방송인가, 녹화 방송인가? (녹화 인터뷰의 경우 기자의 시각에 따라 내용이 편집될 수 있다.)

- 90초짜리 방송용인가, 아니면 그보다 긴 방송용인가? (짧은 방송의 경우 더욱 주제에 집중하여 인용 가능한 메시지를 전달해야 한다.)

- ___에 대해 취재해 볼 생각은 없는가? (당신에게 유리한 주제로 빈칸을 채워라. 기자가 지금까지 모르고 있던 정보를 제공한다면 당신이 인터뷰를 주도할 수도 있다.)

- 시간이 얼마나 걸릴 것이고 어디에서 하길 원하는가? (인터뷰가 길어지면 실수를 저지를 가능성도 높아진다. 당신에게 익숙한 곳에서 인터뷰를 하면 인터뷰 분위기와 어조에 영향을 미칠 수 있다.)

- 마감 기한이 언제인가? (나는 더 신속한 답변을 얻기 위해 언제나 실제보다 급한 것처럼 대답했다.)

- 전화번호와 이메일 주소를 알려 주면 내가 연락하겠다. (당신이 먼저 접촉을 시작하면 대화의 흐름을 조절할 수 있고 적절한 시간에 끝내기 쉽다.)

기자에게 이런 질문을 할 때는 돕고 싶다는 인상을 줄 수 있어야 한다. 그저 "인터뷰 목적이 뭡니까?"라고 묻는다면 기자는 "앤셀이 짜증스러운 목소리로 '인터뷰 목적이 뭡니까?'라고 물었다"라고 쓸 수 있기 때문이다. 이보다는 "이야기의 범위에 대해 잘 알고 싶은데요. 인터뷰 목적을 이해할 수 있게 도와주시면 감사하겠습니다"라고 말하는 편이 훨씬 낫다. 아니면 "전체적인 내용을 파악할 수 있게 저 말고 다른 누구하고 인터뷰를 하실 건지 알려 주시면 좋겠습니다" 같은 말도 좋다. 이렇게 말하면 같은 질문이라도 취조처럼 들리는 것을 피할 수 있다.

기자가 첫 통화에서 전화를 끊지 않고 집요하게 질문을 퍼붓는다면 이렇게 말해라.

"지금 하고 있는 일을 빨리 마무리할수록 빨리 당신이 원하는 모든 정보를 파악해서 다시 연락드릴 수 있습니다."

그런 다음 기자의 질문에 필요한 정보를 모두 수집하고 인터뷰 계획을 세운 뒤 약속한 시간에 맞춰 기자에게 연락을 취해라. 약속한 시간이 지났다면 기자에게 전화하거나 이메일을 보내 현재 어떤 상황인지 알려주어라.

약속대로 기자에게 전화를 했다면 아무리 숙련된 사람이라도 '즉흥적으로 때우기'는 그리 바람직하지 않다. 남들 앞에서 프레젠테이션을 하는 것과 언론의 질문에 답하는 것은 별개의 문제다. 질문과 논평은 예측할 수 없으며, 말재주가 도움이 될지는 몰라도 성공을 보장해 주진 못한다. 오히려 말을 극도로 조심하지 않거나 '오프 더 레코드' 같은 언론 용어의 의미를 정확히 이해하지 못한다면 말재주는 당신에게 해를 끼칠 수 있다.

말조심하라

기자와 통화할 때 당신 입에서 나오는 모든 말은 그대로 인용될 수 있다. 즉, 기자가 기사를 성공적으로 보도하기 위해 당신이 말하는 모든 것을 이 잡듯 뒤질 것이라는 말이다.

예를 들어 다음의 가상 통화 상황을 살펴보자.

기자 : 공장에서 대량 해고가 있을 것이라는 소문에 대해 기사를 쓰고 있습니다.

홍보 담당자 : 대량 해고 소문에 대해 이야기하고 싶다는 거군요.

기자 : 또 바라던 정부 지원금을 놓쳤다는 소문에 대해서도 이야기하

고 싶습니다.

홍보 담당자 : 우리가 정부 지원금을 놓쳤다는 소문에 대해서도 이야기하고 싶다는 거죠?

기자 : 그리고 CEO와 CFO가 이사회에서 해고될 가능성에 대해 어떻게 생각하시는지 듣고 싶습니다.

홍보 담당자 : 이사회가 CEO와 CFO를 해고할 수 있다는 이야기를 하고 싶은 건가요?

이 짧은 대화에서 홍보 담당자가 기자의 말을 반복하면서 쓴 단어들을 살펴보자.

- "대량 해고 소문…"
- "정부 지원금을 놓쳤다는…"
- "CEO와 CFO를 해고할 수 있다는…"

이제 기자는 이 단어들을 이리저리 짜 맞추기만 하면 내일 자 경제면에 대문짝만 한 헤드라인을 실을 수 있게 되었다. 다음은 이 대화를 더 잘 이끌어 나갈 수 있는 방법이다.

기자 : 공장에서 대량 해고가 있을 것이라는 소문에 대해 기사를 쓰고 있습니다.

홍보 담당자 : 저희 인력에 대해 이야기하고 싶다는 거군요.

기자 : 또 바라던 정부 지원금을 놓쳤다는 소문에 대해서도 이야기하고 싶습니다.

홍보 담당자 : 지원금에 대해 이야기하고 싶다는 거죠?

기자 : 그리고 CEO와 CFO가 이사회에서 해고될 가능성에 대해 어떻게 생각하시는지 듣고 싶습니다.

홍보 담당자 : 우리 임원들에 대해 이야기를 하고 싶은 건가요?

이 대화를 보면 홍보 담당자는 기자의 질문을 재확인하면서도 기자가 마음대로 가져다 인용할 수 있는 정보는 전혀 제공하지 않은 것을 알 수 있다. 첫 대화에서 기자에게 말하는 모든 것이 보도될 수 있음을 명심하라. 따라서 언제나 조심해야 한다.

'오프 더 레코드'의 진실

'오프 더 레코드(off-the-record)'란 어떤 진술을 보도하지 않거나 출처를 밝히지 않는다는 의미의 언론 용어다. 이 표현의 어원을 두고 의견이 분분하지만 영화와 텔레비전 드라마에서 자주 쓰이면서 널리 알려지게 된 것은 사실이다. 이 덕분에 기자들이 소식통을 인용하거나 대중에 정보를 전달할 때 일종의 엄격한 규칙을 따른다고 믿는 사람이 많아졌다. 하지만 진실은 이와 다르다. 정해진 규칙 같은 것은 없으며, 엄밀한 의미에서 '오프 더 레코드'인 정보는 없다. 따라서 기자에게 특정 정보를 전달할지 말아야 할지 확신이 서지 않는다면 이것만 명심하면 된다.

"말할까 말까 할 땐 말하지 마라."

이 조언을 무시할 생각이라면 오늘 밤 뉴스나 내일 신문에서 당신의 말을 빼 줄 것이라 확신이 드는 기자에게만 오프 더 레코드를 요청하라.

100퍼센트 확신할 수 없다면 그건 정말로 위험천만한 일이다. 그리고 당신의 정보가 오프 더 레코드라고 말할 참이라면 적어도 그 정보를 꺼내기 전에 미리 말하라. 오프 더 레코드는 소급 적용되지 않는다.

다음 이어지는 이야기에는 '오프 더 레코드'를 철석같이 믿었던 한 사람의 실수가 고스란히 담겨 있다.

제약 회사 소유주 배리 셔먼이 '60분(60 Minutes)'의 사회자 레슬리 스탈과 인터뷰를 했다. 셔먼의 제약 회사가 중상모략을 했다고 주장하는 의약품 연구원에 관한 이야기였다. 스탈의 인터뷰 내용 일부를 소개한다.

셔먼 : 중상모략을 하고 있는 사람은 바로 그녀(연구원)입니다.

레슬리 스탈(목소리 해설) : 녹화 테이프를 바꾸고 난 뒤 카메라가 돌아가고 있다는 사실을 모르는 그가 돌연 어조를 바꿉니다.

스탈 : 이 이야기를 끝내고 아까 그 이야기로….

셔먼 : 그 여잔 미쳤어요. 미쳤어.

스탈 : 방금 뭐라고 하셨죠? 미쳤다고 하셨나요? 그렇게 말한 게 맞죠? 방금 날 보면서 그녀가 미쳤다고 했잖아요.

셔먼 : 내가 뭐라고 했느냐 하면….

스탈 : 그 여자가 미쳤다고 했잖아요.

셔먼 : 잠깐만요. 오프 더 레코드로 몇 가지 이야기를 하겠다고 했잖아요.

스탈 : 그랬죠. 하지만 방금 그건 오프 더 레코드가 아니었어요. 카메라가 돌아가고 있었다고요. 중요한 건 당신이 그런 말을 했다는 거고, 전 기자라고요.

셔먼 : 지금 제가 속이 상해서…. 속상하면 개인적인 대화에서 할 수

있는 말을 할 수도 있는 거잖소. 오프 더 레코드로…. 카메라가 돌고 있다면 그런 말은….

스탈 : 하지만 우린 기자예요. 당신 친구가 아니라고요.

이 인터뷰에 대해 다른 언론인 존 프레이저는 이렇게 평했다.

"다른 전문가들처럼 기자도 얼마든지 착하고 품위 있게 행동할 수 있다. 하지만 한편으로는 정말로 치사하고 못되게 굴 수도 있다."[1]

이미지를 의식하라

기업 이미지란 어떤 기업이 내세우는 브랜드나 제공하는 서비스 뒤 숨은 모습에 대한 소비자의 인식이다. 긍정적인 이미지는 제품 판매를 촉진하고, 주가를 높이며, 대중의 신뢰에 영향을 준다. 또한 브랜드 자산을 높이고, 소비자가 그 브랜드를 더욱 수용할 수 있게 도와준다. 한마디로 기업의 손익 계산서에서도 이미지는 중요하다.

데이비드 홀러먼의 이마케터 보고서에 따르면 미국 기업과 조직들은 이미지를 높이기 위한 광고비로 한 해에만 2500억 달러가 넘는 돈을 쓰고 있다.[2]

하지만 기업 이미지는 그 기업만이 만드는 게 아니다. 기업 이미지에 기여하는 또 다른 주체로 소비자, 기자, 블로거, 시민 단체 등이 있다. 따라서 언제든 다른 이들이 당신 조직에 대해 뭐라고 이야기하고 있는지, 대중이 어떻게 받아들이고 있는지 알아 두는 것이 중요하다.

평소에 남들이 뭐라고 하는지 파악해 둬라

조직의 평판을 관리하려면 적어도 온라인에서 당신 조직에 대해 어떤 말이 오가는지, 누가 그런 말을 하는지 알아야 한다.

당신 조직에 대해 논하고 있을 무수한 웹사이트들을 살펴보자니 엄두가 안 나겠지만 일단 google.com에서 출발하는 것이 좋다(국내의 경우는 naver.com이나 daum.net 또는 각 언론사 사이트 - 편집자 주). 무료 블로그 검색 도구들도 도움이 된다.

검색할 때는 당신의 조직과 제품 이름과 연관된 모든 키워드를 찾는 것은 물론이고, 영문 기사의 경우 '나쁘다'는 뜻의 속어인 'sucks', 'blows', 'stinks' 같은 단어도 덧붙여 검색해야 한다. 이때 나오는 검색 결과에 크게 놀랄지도 모른다.

퓨처 웍스(Future Works)의 브라이언 솔리스는 브랜드 이름에 이 단어를 바로 붙여 '브랜드명stinks.com'으로 끝나는 웹 도메인을 2000개 이상 찾아냈다. 심지어 어떤 조직들은 한발 앞서 자기 회사 이름에 'sucks'나 'stinks' 같은 단어를 붙인 도메인을 사들이기도 한다.

많은 성공적인 기업들이 자사의 이미지를 적극적으로 감시·관리하는 것이 얼마나 중요한지 알고 있다.

예를 들어 컴퓨터 회사 델은 고객 서비스에 불만을 품은 소비자가 속속 나타나자 IdeaStorm이라는 웹사이트를 만들어 사용자가 각자의 문제점을 올리고, 회사와 아이디어를 공유하고, 심지어 다른 고객을 도울 수 있게 했다. 이 덕분에 델에 대한 부정적인 블로그 포스팅을 총 49퍼센트에서 22퍼센트까지 줄일 수 있었다.[3]

인터넷 사용이 보편화되고 소셜 미디어가 출현하면서 아무 잘못이 없는 기업들조차 부정적 이미지의 희생양이 되고 있다.

잠바 주스는 캘리포니아에 본사를 둔 기업으로서 '건강한 혼합 음료와 주스, 몸에 좋은 간식'을 내세우고 있다. 그래서 '더 컨슈머리스트'라는 블로그에서 잠바 주스가 유제품이 함유되지 않았다고 선전하는 스무디에 실제로는 우유를 넣는다고 폭로했을 때 인터넷에서 격렬한 반응이 일어났다.

이 블로그 포스트는 스무 개의 다른 블로그에 링크되었고, 조회 수는 2만 3000회가 넘었다. 하지만 이 정보는 틀린 것으로 밝혀졌다. 잠바 주스에서 '더 컨슈머리스트'에 전화해 정보가 잘못되었음을 알렸지만 자사 웹사이트에는 아무런 언급을 하지 않았다.

결국 '더 컨슈머리스트'는 이 보도를 정정했으나 결과적으로는 비난 글이 정정 글보다 여섯 배나 더 많이 조회되고 말았다.[4] 잠바 주스가 자사 제품에 대한 블로그에 조금 더 주의를 기울였더라면 평판에 가해진 피해를 최소화할 수 있었을 것이다.

"진실이 신발을 신는 동안 거짓말은 지구 반 바퀴를 돈다."

100년도 더 전에 마크 트웨인이 한 말이다. 오늘날 이보다 더 시의적절한 말이 있을까.

당신이 어떤 인상을 남기는지 알아 둬라

큰 논란이 일 때 주주, 고객, 공급 업체, 은행, 직원, 대중에게 어떻게 비칠지 생각하지 않고 오직 할 말에만 집중한다면 오히려 많은 것을 잃을 수 있다. 이해당사자들을 대할 때는 방어적이거나 논쟁적이거나, 혹은 묵묵부답처럼 보여 좋을 것이 없다. 우리 시대 가장 앞서가는 기업 지도자로 꼽히는 스티브 잡스도 이런 경우가 있었다.

몇 년 전 애플이 CEO 없이 운영되던 때가 있었다. CNBC에서 잡스에게 인터뷰를 요청했고, 이것은 투자자의 신뢰를 더욱 높일 수 있는 기회였다. 생방송 인터뷰가 시작되기 전, 잡스는 새 CEO 문제에 대해서는 이야기하고 싶지 않다고 말했다. 인터뷰 진행자에게 그런 요구를 하면 그 사람이 정말로 그 주제를 피해 갈 것이라고 생각한 걸까? 그런 행동은 그것이 답변하기 힘든 문제라는 사실을 알려 줌으로써 상대의 구미만 더욱 자극할 뿐이다. 해외 시장에 대한 질문 몇 개 직후, 진행자의 관심은 당연히 그 문제의 주제로 향했다.

인터뷰 진행자 : 자, 모두가 알고 싶어 하는 게 있습니다. 바로 새로운 CEO에 대한 것이죠. 지금 일이 어떻게 되고 있나요?

잡스 : 계획대로 되어 가고 있고, 계속해서 적합한 사람을 찾고 있습니다.

진행자 : 얼마 안 되는 후보자를 다 만나 보았고, 그나마 적합한 사람 두 명을 아쉽게 놓쳤다는 말이 돌던데요. 잘 안 풀리고 있는 거 아닌가요?

잡스 : 그게… 그런 말을 한 사람들하고 직접 이야기해 보지 그래요? 저는… 제 생각은 다릅니다.

진행자 : 잘 안 풀리고 있다고 생각하는 사람이 많은 걸로 알고 있습니다. 잘못 알고 있는 건가요?

잡스 : 제 생각은 아니죠.

진행자 : 직접 CEO를 맡으실 의향은 전혀 없고요?

잡스 : 그 문제에 대해서는 이야기하지 않기로 했잖습니까.

그런 다음 잡스는 붙이고 있던 소형 마이크를 떼어 던진 뒤 생방송 도중 자리를 박차고 나가 버렸다.

진행자 : 알겠습니다. 스티브, 고마워요. 지금까지 샌프란시스코에서 스티브 잡스와의 생방송 인터뷰였습니다.

이 인터뷰는 아주 흥미진진한 사건이 되었다. 수많은 투자자와 분석가들이 잡스가 화를 내고 심통을 부리는 모습을 그대로 지켜보았다. 애플의 주가는 다음 달까지 거의 30퍼센트나 하락했고, 주당 3달러 23센트로 마감되었다.

신뢰를 쌓아라

논란 상황에서 질문에 답할 때나 장기적이고 전체적인 언론 전략을 세울 때, 가장 기본은 대중의 눈에 어떤 모습으로 비치고 싶은지 정하는 것이다. 당연히 개방적이고, 정직하고, 상대에게 공감하는 모습을 보여 주는 것이 훨씬 유리하다. 이러한 모습을 보여 주며 대중의 인식에 긍정적 영향을 미치려면 무엇보다 중요한 것이 바로 메시지의 어조다. 다음은 광고 캠페인 때문에 사회적인 논란에 휩싸였던 두 기업에 관한 이야기다. 첫 번째는 아이스크림 체인 데어리 퀸(Dairy Queen)이고, 두 번째는 커피와 도

넛 체인 팀 호튼(Tim Hortons)이다.

데어리 퀸의 광고는 이랬다. 어린 소년 한 명이 문 뒤에 붙은 옷걸이에 매달려 버둥거리고 있는 가운데 형이 그 모습을 놀리며 아이스크림을 먹는다. 하지만 열 살짜리 아들 마일스가 학교에서 같은 식으로 옷걸이에 매달렸다가 숨진 뉴츠 가족에게는 이 광고가 전혀 재미있지 않았다. 그들은 회사에 광고를 중단할 것을 요구했다. 데어리 퀸에서 그 요구를 들어주지 않자 아이의 아버지는 북미 전역에서 이 아이스크림 체인에 대한 불매 운동을 벌였다. 결국 데어리 퀸은 뉴츠 가족이 사는 지역에서 광고를 중단하기로 결정했다.[5]

그렇다면 비슷한 상황에서 팀 호튼이 보여 준 반응을 데어리 퀸과 비교해 보자. '팀 호튼에서 머그잔을(Get Mugged with Tim Hortons)'이라는 무료 선물 증정 행사를 한 적이 있었다. 행사 자체에는 아무 문제가 없었다. 메인 주 카리부의 팀 호튼 지점에서 야간 근무를 하던 에린 스페리가 근무 도중 강도를 당해 사망한 사건만 빼고 말이다('Get mugged'라는 말은 본래 '강도를 당하다'라는 뜻으로, 여기에서는 일종의 말장난을 이용해 동의어인 머그잔을 주는 행사를 선전함 - 옮긴이). 행사가 시작되자 에린의 어머니가 팀 호튼에 다음과 같은 항의 이메일을 보냈다.

"광고 캠페인에 그런 폭력적인 일을 연상시키는 표현을 쓰다니 정말로 큰 충격을 받았습니다. 차라리 '팀 호튼에서 강도당해 죽어 보자(Get Mugged and Murdered with Tim Hortons)'라고 하지 그래요?"[6]

여느 기업이라면 "불쾌하게 할 의도는 없었습니다. 이번 머그잔 행사는 그저 재미를 주고자 한 것이었습니다" 같은 진부한 반응을 보였을 것이다. 하지만 팀 호튼의 홍보 담당자 닉 야보르는 가족의 깊은 상실감을 인정하고 개인적으로 사과한 것은 물론, 공식적으로도 사과문을 발표했다.

"어떤 경우든 단어 선택이 잘못되었습니다. 정말로 죄송합니다."

첫 번째 이야기 속 데어리 퀸은 뉴츠 가족의 비극을 가벼이 여김으로써 거만하고 무관심한 회사라는 이미지를 남겼다. 회사의 이런 태도가 곧 대중적인 논란을 불러일으켰고, 이것은 매출이나 평판 면에서 엄청난 손실로도 이어질 수 있었다. 반대로 팀 호튼은 인간적이면서도 대중의 소리에 귀를 기울이는 회사처럼 행동했다. 이 연민 어린 처사는 곧 빠른 해결로 이어졌고, 이 덕분에 범죄 피해 희생자 시민 단체들로부터도 칭찬을 받을 수 있었다.

그렇다면 팀 호튼은 어떻게 이런 결정을 내렸을까? 그건 홍보 관련 문제에 대처할 때 자문해야 할 가장 중요한 것, 즉 다음 질문을 스스로에게 던진 덕분이었다.

올바른 길은 무엇인가?

홍보나 언론 관련 문제를 겪고 있는 고객을 상대할 때 내가 항상 묻는 것이 한 가지 있다.

"금전적, 법적 문제를 잠시 제쳐둔다면 지금 상황에서 가장 올바른 길은 무엇입니까?"

많은 사람이 기업의 행동으로 고통받고 있다면 이 질문은 한층 더 중요해진다. 그런 상황이라면 기업의 최고 책임자가 회사의 실수에 책임을 지고 해결하는 것이 무엇보다도 중요하다. 흔히 에린 브로코비치 사건이라 알려진 PG&E 문제를 해결할 당시 이 질문과 그 답이야말로 내가 핵심으로 여겼던 것이었다.

1950년대부터 70년대까지 퍼시픽 가스 & 전기 산업의 자회사였던 캘리포니아의 전력 회사 PG&E는 가스 압축기의 냉각탑에 부식 억제제인 크로뮴을 사용했다. 크로뮴이 함유된 폐수는 정비가 제대로 안 된 처리 시설로 들어갔다. 이러한 관행은 당시 흔할 뿐 아니라 법적으로도 아무 하자가 없었다.

하지만 오랫동안 그 지역 지하수로 유입된 크로뮴 성분은 식수 공급원을 오염시켰다. 1960년대 PG&E 직원 일부가 이 사실을 알았으나 회사에 알리지 않았고, 당연히 외부로 발표하지도 않았다. 세월이 흘러 1980년대 후반, 그 지역 주민들이 다양한 질병에 시달리고 있다면서 이것이 크로뮴에 노출되었기 때문이라고 주장했다. 그들은 PG&E를 상대로 집단 소송을 제기했다.

이 문제를 해결할 수 있는 옳은 길은 최소한 지역 공동체의 아픔을 인정하는 것이었다. 하지만 이런 경우 대부분의 변호사들은 본능적으로 높다란 장벽을 세우고, 이 일로 고통받았을 다른 이들의 아픔과 상처 같은 것은 절대 인정하지 않으려 든다.

이 사건이 발발했을 당시 회사 운영진은 지역 공동체의 우려에 세심한 관심을 표할 필요가 있음을 깨달았다. 그래서 주민들의 질병에 직접적인 책임이 있다고 믿진 않았지만 일단 메시지에 주민들을 향한 공감을 담고 싶어 했다. 고소인들에게 합의금을 지급한 뒤 회장 겸 CEO인 피터 다비는 이렇게 말했다.

"정직하고 개방적으로 소통하고 행동하는 것이 중요했다."

다비의 말은 그의 가치관과도 일맥상통한다.

"고소인과 가족들에게 이번 사건이 어렵고 감정적으로 힘든 일이었음을 압니다. 우리는 우리의 모든 행동에 책임이 있습니다. 거기에는 안전과 환경 보호, 지역 사회 지원 등이 포함됩니다. 이러한 상황은 절대 일어나지 말았어야 했는데 참으로 안타까운 일입니다. 이것은 우리가 의도한 바가 아니며, 다시는 이런 일이 일어나지 않을 것입니다." (2006년 2월 3일 피터 다비가 전 직원에게 보낸 이메일에서)

이 진심 어린 말과 함께 피터 다비는 지역 사회의 어려움을 인정한 것은 물론 일반 대중의 신뢰를 얻을 수 있었다.

법무 자문을 당신 편으로 만들어라

회사 변호사의 가장 주된 업무는 과도한 법적 책임에서 회사를 보호하는 것이다. 따라서 그들에게 조직의 신뢰를 생각해 달라고 부탁하는 건 때로 아주 어려울 수 있다. 다음은 법무 자문을 당신 편으로 만드는 10단계 방법이다.

1. 조직의 신용과 장기적 평판, 신뢰를 반드시 고려해야 한다고 말해라.

2. 주요 이해당사자들에게 어떤 회사로 비치고 싶은지 임원들에게 물어라.

3. 어떤 식으로 메시지를 내보내면 좋을지 변호사의 주도로 임원들과 회의하라.

4. 변호사에게 "당신 회사 제품이 사람들에게 피해를 주었습니까?"처럼 어려운 질문에 어떻게 답하면 좋을지 물어라.

5. 변호사가 제시한 답변들에 대해 임원들이 잘 숙지하게 한다.

6. 답변이 완성되면 변호사에게 감사하고, 다시 한 번 임원들에게 2번에서 논한 회사 이미지에 대해 상기시켜라.

7. 위에서 마련한 답변들이 원하는 회사 이미지에 부합하는지 변호사에게 물어라.

8. 변호사가 답변이 괜찮다고 말하면(하지만 당신은 그렇게 생각지 않으면) 임원들에게 의견을 구하라.

9. 변호사가 마련한 답변이 회사가 원하는 이미지를 반영하지 않으면 변호사에게 다른 대안이 있는지 물어라.

10. 답변들이 1번 요건에 맞는지 다시 한 번 살펴보고 거기에 변호사가 마련한 말을 덧붙여라.

점점 더 많은 기업과 조직들이 이 개방적이고도 공감 어린 접근법 쪽으로 기울고 있다. 히트 상품이 될 조짐을 보였던 다발성 경화증 치료제 타이사브리가 환자 세 명에게 나타난 희귀한 뇌 질병의 원인일 수 있다는 사실이 밝혀지자 제조사인 바이오젠 아이덱의 CEO 제임스 C. 멀린은 곧장 판매를 중단하고 임상 실험 중이던 환자 3000명의 상태 파악에 들어갔다.

"미처 파악하지 못한 위험 요인이 있었으니 사용을 중단하는 게 올바른 길이었습니다."[7]

멀린의 말이다.

때론 올바른 길을 택하는 것이 기존의 통념에서 벗어나는 경우도 있다. 테네시의 변호사 짐 골든은 의뢰인인 트럭 운송 회사에서 사망 사고를 일으킬 때마다 '그저 유가족에게 위로의 말씀을 드리고자' 가족들을 만난다. 다른 변호사 동료들이 그런 행동을 하면 후에 협상 시 불리해진다고 만류할 때에도 그는 "이것이 침묵의 벽을 깨뜨리는 데 도움이 된다"라고 말한다. 그 결과 소송의 횟수와 비용이 획기적으로 줄었으며, 트럭 회사의 보험료가 20~30퍼센트나 삭감되었다. 잔디깎기 같은 제품을 생산하는 한 제조업체도 이렇게 개방적인 접근법을 취하기 시작한 이래로 제품 관련 소송에서 5000만 달러를, 보험료에서 600만 달러를 아낄 수 있었다.

이런 예의 공통점이 있다면 각 기업이나 조직이 피해 금액에 상관없이 책임을 지기로 결정했다는 것이다. 특히 사람의 생명이 달려 있는 경우 이러한 행동은 더욱 큰 의미를 갖는다.

안타깝게도 '올바른 길을 택한다'는 것은 명확하지 않은 개념일 뿐 아니라 위기의 순간에 특히 더 힘들어진다. 하지만 이 모든 기업들은 옳은 길을 택했고, 그 결과 그들의 행동, 방침, 메시지를 기본적인 가치관에 부합시켜 신뢰도를 높일 수 있었다.

가치관에 의지하라

힘든 시기에 이미지와 평판을 관리하려면 뚜렷한 가치관을 갖는 것은 물론, 말과 행동을 통해 이것을 실천에 옮겨야 한다. 가치관에 초점을 맞추면 이해당사자들과 신뢰를 쌓을 수 있는 길이 보인다. 특히 대중의 큰 이목을 끌고 그로 인해 신뢰도가 낮아졌을 때 더욱 그렇다. 근본 가치관에 다시 집중한다면 무슨 말을 하고, 무슨 행동을 해야 할지 명확히 알 수 있을 것이다.

캐나다의 흡연자 권리 옹호 단체인 mychoice.ca의 회장이 된 낸시 데이노는 앞으로 언론과 이익 단체들은 물론이고 친구와 가족들에게도 혹독한 비판을 받게 될 것을 알았다. 거의 공공의 적 취급을 받는 담배 회사들의 재정 지원을 받고 있다는 사실도 여기에 한몫 더했다.

비흡연자인 데이노는 정부의 금연 정책으로 점점 설 곳을 잃고 있는 캐나다의 흡연자들이 이 웹사이트를 통해 필요한 목소리를 낼 수 있을 것이라고 생각했다.

"흡연자 역시 다른 모든 사람들처럼 대접을 받을 권리가 있어요. 하지만 지금 그들이 받고 있는 대우를 보면 전혀 평등한 존재처럼 여겨지지 않죠. 우리 사회에는 은행이나 기업은 물론이고 각종 직업별로 온갖 종류의 단체들이 있어서 정책 면에서 불이익을 당하지 않기 위해 애쓰고 있어요. 캐나다의 500만 흡연자들도 그렇게 하지 못할 이유가 어디 있습니까?"

그렇다고 해서 Mychoice.ca 웹사이트에서 흡연을 권장하는 것은 아니다. 오히려 그들은 각종 금연 프로그램과의 링크를 제공하고 있다.

"저 역시 예전에는 담배를 피웠지만 건강상의 문제로 끊었습니다. 사람들에게 흡연을 권장하거나 조장하는 일은 전혀 할 생각이 없어요."

온타리오 의학 협회에서 아이를 태운 차 안에서의 흡연을 금지하는 법안 제정을 촉구했을 때 데이노는 라디오 쇼에 출연해 달라는 요청을 받았다. 인터뷰를 시작하기 전, 그녀는 다음 세 가지 메시지를 전달하기로 결심했다.

- "어린이를 태운 차에서의 흡연을 권장할 사람은 아무도 없다."
- "흡연자도 비흡연자만큼이나 자녀를 사랑한다. 그러므로 이 조언을 받아들여야 한다."
- "어린이를 태운 차에서 담배를 피우지 말아야 한다는 것을 알리는

목적이라면 법안보다 교육이 더 효과적이다.”

한편 데이노의 측근들은 첫 번째 메시지를 언급하지 말라고 했다. 어린이를 태운 차에서의 흡연을 권장할 사람이 없다고 말하는 건 실제로 흡연에 문제점이 있음을 인정하는 셈이기 때문이었다. 데이노는 내키지 않았지만 어쨌거나 그 말에 따랐다. 그 결과 그녀는 어린이를 태운 차에서 담배를 피우는 행위를 지지하는 것처럼 보이게 되었다.

“인터뷰 내내 방어적인 건 물론이고 화가 난 것 같았어요. 인터뷰가 끝난 뒤에 앞으로 다른 인터뷰에서는 반드시 1번 메시지를 전달할 거라고 측근들에게 선언했죠. 그날 늦게 다른 인터뷰를 열 차례나 했는데 그때는 전달하고 싶은 메시지를 모두 전달했고, 인터뷰도 모두 좋았어요. 첫 번째 메시지가 빠지니 마치 아이들을 차에 태운 채 담배를 피워도 괜찮다고 생각하는 미친 사람 같더라고요.”

데이노가 깨달은 것처럼 문제가 닥쳤을 때 자신의 가치관을 버리는 것은 큰 실수가 될 수 있다. 특히 도덕적, 윤리적으로 명확한 입장을 취해야 하는 상황에서 더욱 그렇다. 아이가 함께 탄 차에서 담배를 피우는 것이 바로 그런 문제 중 하나다. 옳고 그름이 명확히 정해져 있는 것이다. 데이노의 실수는 메시지를 가치관에 맞게 고침으로써 비교적 쉽게 해결될 수 있었지만 조금만 생각을 달리했다면 애초에 그런 실수가 일어나지 않을 수도 있었다.

“처음부터 가치관 나침반을 꺼내 들지 않았기 때문에 애를 먹었죠.”
후에 그녀가 한 말이다.

가치관 나침반

그림 2.1로 표시된 가치관 나침반은 대중과의 알력 다툼에서 큰 도움을 준다.

회사에 대한 대중의 신뢰가 위협을 받을 때 이 나침반은 당신과 조직을 긍정적으로 조명할 의미 있고 정직한 답변을 만들어 줄 것이다.

먼저 나침반은 세 개의 기본 요소로 이뤄져 있다. 양식 위쪽에 있는 빈 '이해당사자'란, 나침반과 그것이 가리키는 네 방향 그리고 맨 아래 'NEWS'라는 약자 위의 빈 공간이다.

첫 번째 '이해당사자'란에는 문제의 뉴스로 가장 큰 영향을 받은 사람들을 적는다.

나침반은 두 개의 축을 통해 네 개의 방향, 혹은 범주를 가리킨다. 남북을 가리키는 세로축은 홍보 담당자와 이 조직의 성격(N극, Nature)과 수준(S극, Standard)을 뜻한다. 이 두 범주를 통해 홍보 담당자는 언론과 대중에 내보이고 싶은 조직의 이미지와 특성을 확인할 수 있다.

반대로 동서를 가리키고 있는 가로축은 이해당사자의 정서(E극, Emotion)와 안녕(W극, Well-being)을 의미한다. 이해당사자들의 시각을 알고 이해하면 훌륭한 메시지를 작성하는 것은 물론 앞으로 취할 행동을 그들의 니즈에 맞출 수 있다.

각 범주별로 세 개의 단어를 선택해 기입한다. 그런 다음 이 세 단어 중 현재 상황에 가장 적합한 단어를 하나씩 골라 맨 아래 해당란에 쓰고 모든 의사 결정과 행동, 메시지 등을 이 'NEWS' 필터에 통과시켜 걸러 낸다.

그림 2.1 가치관 나침반

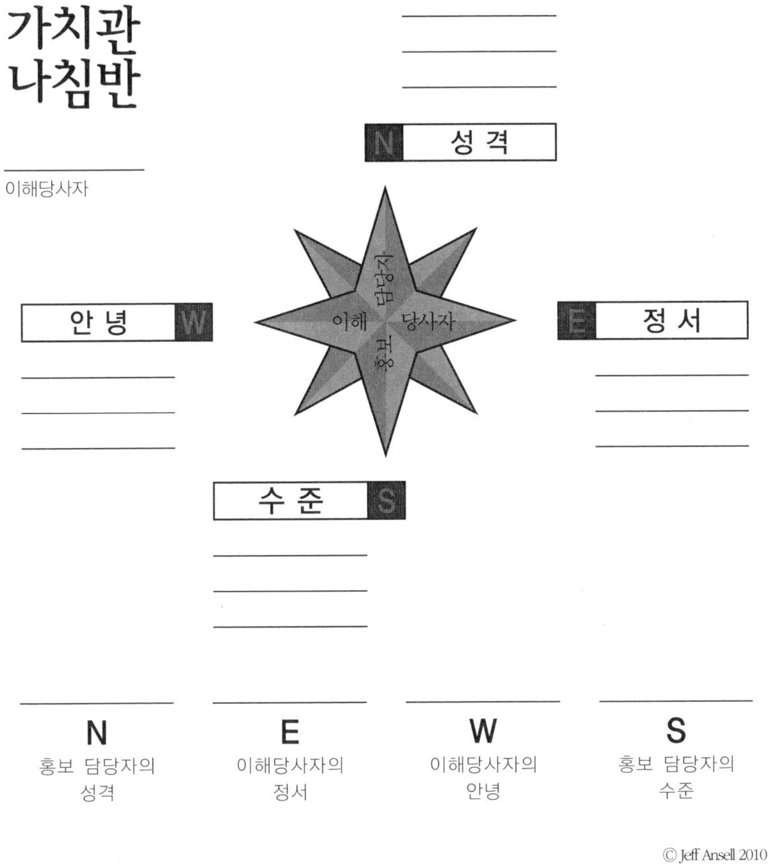
가치관
나침반
이해당사자
N 성격
안녕 W
E 정서
수준 S
이해
당사자
담당자
홍보
N
홍보 담당자의 성격
E
이해당사자의 정서
W
이해당사자의 안녕
S
홍보 담당자의 수준
© Jeff Ansell 2010

표 2.1 나침반 용어 예시

성격	정서	안녕	수준
진실한	분노	행동	말이 또렷한
동정하는	실망	위로	신용 있는
공감하는	불만	교육	윤리적인
정직한	낙관	건강	의지할 수 있는
진심의	안도	안정	믿을 만한

너무 버겁게 느껴지더라도 크게 걱정하지 마라. 조금 뒤에 가면 당신만의 가치관 나침반을 작성하기 위한 단계별 방법도 나와 있으니 말이다. 그리고 부록에 실린 메시지 작성 키트 속 가치관 나침반 양식에도 작성 요령이 간략히 제시되어 있다. 가끔 여기에 적을 적당한 단어가 떠오르지 않을 때가 있다. 그래서 각 범주별로 우리 고객들이 가장 많이 쓰는 단어를 스무 개씩 정리해 놓았다. 표 2.1은 그중 일부일 뿐이다. 전체 목록도 부록에 있으니 참고하기 바란다.

물론 이것은 가이드라인에 지나지 않는다. 가치관 나침반을 작성할 때는 현재 상황에 가장 적절한 단어를 찾는 것이 중요하다. 조직의 사명이나 기업관 등에서 핵심 단어를 따오는 것도 좋은 방법이다. 여기에 내가 제시한 단어들을 일종의 출발선으로 삼고 언론과 대중에 심어 주고 싶은 이미지를 찾도록 하라. 지금부터 다음의 단계별 작성 방식을 따라 자신만의 가치관 나침반을 만들어 보자.

가치관 나침반 작성 요령

1단계 : 먼저 '이해당사자'란을 채운다. 당신의 뉴스에 가장 큰 영향을 받은 사람이나 이 메시지를 통해 소통하고 싶은 대상을 뜻한다. 회사에서 일어난 업무상 재해를 예로 든다면 이때 이해당사자는 사고를 당한 희생자, 이 사고로 정신적 충격을 받은 직원들, 혹은 우려를 표하고 있는 지역 공동체가 되겠다. 이해당사자가 누구인지 잘 모르겠다면 메시지를 전달받는 당사자가 누구인지 생각해 보면 된다. 이사회 회의 시간에 꺼낼 말이라면 바로 이사회 임원들이 당신의 이해당사자가 될 것이다. 하지만 방송국 인터뷰를 할 거라면 그 대상은 주주들과 투자자들이다.

2단계 : 다음으로 남북을 가리키는 세로축을 채운다. 이것은 '성격'과 '수준'을 구성하고 있는 '홍보 담당자' 축이다.

먼저 '성격'부터 시작한다. 여기에서 성격이란 당신이 대중에게 보여 주고 싶은 사고방식이나 느낌 등을 포함한 특징을 뜻한다. 주로 당신의 신원이나 성격 등을 이루고 있는 유기적, 혹은 본능적 부분을 의미하는 형용사가 이에 해당된다. 당신은 개방적이고, 남의 감정에 잘 공감하고, 이해심이 있는가? 남을 배려하거나 겸손한가? 여기에서 명심할 게 있다. 단어가 문제의 사건, 상황, 혹은 뉴스에 잘 부합해야 한다는 것이다. 예를 들어 기름 유출 사건에 쓸 메시지를 작성하는 것이라면 '쾌활한'이나 '명랑한' 같은 단어는 부적절할 것이다. 떠오르는 단어 세 개를 쓰거나 앞서 제시한 단어 목록에서 세 개를 골라라.

3단계 : 당신과 조직의 성격을 설명하는 단어 세 개를 골랐다면 이번에는 '수준' 칸으로 가자. 대략적으로 말해 수준이란 일련의 요건, 이상, 혹은 우수한 본보기를 뜻한다. 조금 더 구체적으로 말하자면 수준이란 당신이 대중에게 내보이고 싶은 훌륭한 원칙과 관행이어야 한다. 믿을 만하고 의지할 수 있는 존재로 보이고 싶은가? 아니면 능력 있고, 똑똑히 말하고, 전문적인 사람으로 보이고 싶은가? 때로 성격과 수준을 잘 구별하지 못하는 사람들이 있다. 둘의 가장 큰 차이점은 성격이 타고난 특성("우리는 개방적이고 남을 배려한다.")이라면 수준은 당신과 조직이 성취하고자 애쓰는 높은 기준이나 이상("우리는 믿을 수 있는 전문가가 되기 위해 노력한다.")을 뜻한다. 둘을 구별하는 또 다른 방법이 있다. 성격은 당신의 조직이 내보이고 싶어 하는 내적 특성을 뜻하는 반면, 수준은 당신과 조직이 부응하고자 노력하는 외적 기준을 뜻한다.

4단계 : 다음은 '이해당사자' 축 차례다. 가장 먼저 이해당사자들의 '정서'를 파악하라. 당신의 문제나 뉴스거리로 그들이 느낄 감정이나 반응을 상상하면 된다.

산업 재해가 발생해 누군가 목숨을 잃었는가? 그렇다면 이해당사자들은 화가 나거나 슬프거나 걱정할 것이다. 사업 실적이 좋지 않은 경우라면 이사회 임원들과 투자자들은 놀라움과 실망감, 불쾌감 등을 느낄 것이다. 반대로 좋은 소식이라면 이해당사자들은 자부심, 경외심, 낙관 같은 감정을 느낄 것이다. 정서에 대해 적을 때에는 비슷한 뜻을 가진 단어를 여러 개 쓰는 것보다는 다양한 단어를 적는 편이 좋다. 예를 들어 분노와 슬픔은 크게 다른 단어지만 슬픔과 좌절, 낙담은 모두 불행한 상태를 뜻한다.

5단계 : 이해당사자들의 정서를 파악하고 난 다음에는 그들의 '안녕'을 추구하기 위해 무엇이 필요한지 살펴봐야 한다. 그들의 정서와 우려, 니즈를 충족시키기 위해 당신과 조직은 무엇을 할 수 있는가? 산업 재해의 예를 다시 들어 보면 이때 필요한 것은 행동과 위로, 안전 확보다. 지난 분기 실적이 문제라면 이사회 임원들의 입장에서는 회사의 헌신과 성과, 수익이 필요할 것이다. '안녕'이라는 용어를 이해하기 힘들다면 부록에 나온 가치관 나침반 용어 목록을 참고하기 바란다. 이 목록에서 적당한 단어 세 개를 고르거나 거기에서 힌트를 얻어 더 어울리는 단어를 찾으면 된다.

6단계 : 각 방향별로 단어를 세 개씩 적었다면 그중 당신이 원하는 이미지와 이해당사자들의 시각을 가장 잘 반영하는 단어를 하나씩 고른다. 이 과정은 처음 북남동서 순서로 했던 것과 달리 '성격'에서 시작해 '정서'로, 그런 다음 '안녕'에서 '수준'으로 마무리한다.

이렇게 변화를 준 데는 단순한 이유가 있다. 초반에 각 축별로 작성하다 보면 먼저 홍보 담당자의 마음가짐을 느낄 수 있고, 그 다음으로 이해당사자의 입장이 되어 볼 수 있다. 이 시점에서 이런 식으로 그들의 입장에 서 본다면 각 범주 간 중복되는 부분을 피할 수 있다. 하지만 이 과정을 끝내고 난 시점에서는 총체적으로 잘 어우러지는 단어를 골라야 하기 때문에 두 축을 교차하는 접근이 가장 적합하다. 홍보 담당자 축의 '성격'에서 시작해 이해당사자 축의 '정서'와 '안녕'으로 넘어갔다가, 다시 홍보 담당자 축의 '수준'으로 마무리하라.

홍보 담당자 축부터 시작해, 어떤 '성격' 단어가 이 사건에 가장 잘 대처하겠는가? 그런 다음 이해당사자 축으로 가, 그들의 가장 주된 '정서'가 무엇인가? 다음 그들의 '안녕'을 위해 무엇이 가장 필요한가? 당신이 선택한 가장 주된 '정서'를 보듬어 줄 행동이나 태도가 바로 그 답이 될 것이다. 이 세 개의 단어들을 적어 넣은 다음에는 다시 홍보 담당자 축으로 돌아가자. 어떤 '수준'이 앞서 적은 '성격', '정서', '안녕' 단어를 가장 잘 보완해 주겠는가?

각 범주별로 단어를 하나씩 고른 다음 맨 아래 빈칸에 적어 넣는다. 이제 'NEWS' 필터를 채운 이 네 개의 단어가 언론에 내보낼 메시지를 작성할 때 도움을 줄 것이다.

다음에 나올 그림 2.2는 최근 내 고객이 작성한 가치관 나침반이다. 필수 소비재 부문에서도 논란이 많은 업계에서 근무하는 이 고객은 탈세 혐의를 받고 유죄를 인정하여 2억 달러 벌금형을 받았다. 앞으로 닥칠 언론 문제에 대비하기 위해 이 기업의 홍보 담당 이사가 다음과 같은 가치관 나침반을 작성했다.

그림 2.2 고객의 가치관 나침반

그림과 같이 고객은 마지막에 선택한 네 개의 단어를 통해 앞으로 발표할 모든 메시지를 걸러 낼 것이고, 이를 통해 그 메시지를 조직의 가치관에 부합되게 만들 수 있을 것이다. 이 메시지가 정직한가? 일반 대중의 분노를 인지하는가? 이해당사자들의 니즈에 반응하는가? 조직의 책임을 반영하는가? 만약 그렇다면 그 메시지는 이해당사자들의 신뢰를 쌓는 데 분명히 도움을 줄 것이다.

바이오잭스 사례 2 : 가치관 나침반의 실제

JLA 생명 과학이라는 바이오 제약 회사의 CEO 조안 스미스를 기억하는가? 1장에서 살펴본 대로 그녀는 새롭게 개발한 암 치료제 바이오잭스의 가격과 관련한 인터뷰를 했었다. 조안은 인터뷰를 긍정적으로 마무리지을 수 있다고 생각했지만 예상과 달리 인터뷰는 순식간에 부정적으로 바뀌고 말았다. 하지만 다행히 그녀는 6장에서 바이오잭스를 둘러싼 여러 문제를 다시 한 번 짚고 넘어갈 기회를 얻게 될 것이다. 두 번째 인터뷰에 대비해 가치관 나침반을 작성하기로 했다. 그래서 그녀 곁에 앉아 방금 설명한 6단계를 함께 밟아 보았다.

가장 먼저 그녀의 이해당사자가 누구인지 알아보았다. 새로운 치료제의 경우이므로 이해당사자는 일반 대중이나 의사, 건강 보험 가입자, 아니면 환자와 그의 가족, 혹은 시민 단체 등이 될 수 있다. 범위를 좁히기 위해 나는 그녀에게 약품의 가격과 접근성에 가장 큰 영향을 받은 사람이 누구인지 물었다.

"환자요."

"왜 환자인가요?"

"그들이 가장 잃을 게 많으니까요. 그들은 살기 위해 싸우고 있어요."

"그렇군요. 그러면 이 인터뷰를 통해 가장 소통하고 싶은 대상도 그들인가요?"

"잘 모르겠어요. 세상 사람 모두에게 알리고 싶은데."

"그건 안 됩니다. 누가 이 인터뷰를 읽었으면 좋겠는지 딱 한 그룹만 고르라면 환자라고 대답하겠어요?"

그녀가 잠시 생각에 잠기더니 이내 고개를 끄덕였다.

"네, 그래요. 환자들이야말로 바이오잭스를 치료비 지원 대상에 올리라고 정부와 보험 회사들을 압박할 수 있는 사람들이죠."

이렇게 이해당사자가 정해지자 우리는 홍보 담당자 측에 초점을 맞췄다. '성격'부터 시작해 일단 조안이 가치관 나침반 단어 목록을 훑어보았다. 몇 차례 읽다 멈추고 다시 읽기를 거듭한 끝에 그녀는 관심, 공감, 정직을 골랐다.

나는 그녀에게 왜 이 세 단어를 골랐는지 물었다.

그녀는 JLA 생명 과학이 가격 책정 면에서 냉혹한 태도로 사람들을 기만한다는 인상을 풍기고 있다고 말했다.

"사람들은 새 약품을 시판하는 것이 얼마나 돈이 많이 들고 힘든 일인지 몰라요. 이런 비용에 대해 허심탄회하게 이야기해 봤어요. 개발 과정에서 많은 이들이 큰 희생을 치렀으니 보상을 받아 마땅하죠. 하지만 그렇다고 해서 우리가 환자들의 심정을 모르는 건 아니에요. 정말 잘 안답니다. 우리는 환자들에게 관심이 있고, 그들이 직면한 어려움도 이해해요."

그런 다음 조안은 '수준'에 들어갈 단어들을 읽어 보았다. 그녀의 눈에 들어온 것은 '신용 있는', '윤리적인' 그리고 '믿을 만한'이었다. 그녀는 이 세 단어가 JLA 생명 과학이 부정직하고 냉혹하다는 인상을 반박할 수준을 상징한다고 생각했다.

"우리는 올바른 길을 택하기 위해 진정으로 노력하고 있어요. 사람들이 더 오래, 더 건강히 살 수 있도록 돕고 있죠."

이렇게 홍보 담당자 축이 끝나자 이번에는 이해당사자 축의 차례였다. 나는 바이오잭스의 가격과 접근성에 관한 논의를 들으면 이해당사자인 환자들이 어떤 기분이 들지 물었다.

"달리 말해, 당신이 암 환자라면 어떻겠어요?"

내가 물었다.

"화나겠죠."

"왜요?"

"날 도와줄 수 있고, 수명도 늘려 줄 수 있는 약이 있는데 구할 수가 없잖아요."

"그리고요?"

"혐오감이 들 거예요. 탐욕으로 가득한 또 다른 흔한 기업 이야기 같잖아요. 그리고 걱정도 되겠죠."

"무엇에 대해서요?"

"내 미래에 대해, 우리 가족에 대해 그리고 앞으로 얼마나 더 살 수 있을지에 대해서요."

"감정적으로 정말 힘든 일이겠군요."

"그렇죠."

그녀가 우울한 표정으로 대구했다. 이렇게 '정서'란의 세 줄을 채우고 난 다음에는 이해당사자들의 '안녕'으로 넘어갔다. 나는 분노와 혐오감, 걱정을 느끼고 있는 사람들의 안녕을 위해 JLA 생명 과학이 무엇을 할 수 있겠느냐고 물었다.

"즉각적인 반응을 보여야겠죠. 환자들은 우리가 귀를 기울이고 있다는 사실을 알아야만 해요. 우리가 그들에게 관심이 있다는 걸요."

그녀가 곧장 대답했다.

"그리고요?"

"음, 그리고…."

그녀가 단어 목록을 다시 한 번 훑었다.

"그럼 이렇게 말해 볼게요. 이 사람들은 살기 위해 애쓰고 있잖아요, 맞죠?"

내가 되물었다.

"그럼요."

"암과의 싸움에서 이기기 위해 그들에게 가장 필요한 것이 무엇일까요?"

"바이오잭스요. 하지만 공짜로 나눠 줄 수는 없어요."

"그러면 환자들이 그것을 어떻게 얻으면 좋을까요?"

이 말을 들은 그녀의 얼굴이 밝아졌다.

"적극적으로 나서면 돼요! 의원들에게 편지를 쓰고, 암 환자 단체에 가입해서 정부와 보험 회사들에 바이오잭스 구매 비용을 지원하라고 압력을 가하는 거예요."

"그들이 그렇게 하는 걸 당신이 도울 수 있나요?"

"아마 될 거예요."

그림 2.3 일부 완성된 바이오잭스 가치관 나침반

© Jeff Ansell 2010

"어떻게요?"

"이제 어떻게 하는지 이해가 되네요. 환자들에게 정보를 제공하면 돼요. 누구에게 연락하면 되는지 알려 주고, 그들이 의사 결정자들에게 영향력을 발휘하도록 정보를 제공하면 된다고요."

그녀가 웃으면서 대답했다. 그러고는 이해당사자 축에 남은 빈칸을 채위 넣었다. 어찌 보면 복잡한 과정처럼 생각할 수 있겠지만 실제로 여기까지 하는 데는 5분이 채 걸리지 않았다. 그림 2.3이 지금까지 작성한 조안의 가치관 나침반 양식이다.

이제는 각 범주별로 단어를 한 개씩 고를 차례였다. 사실 이것이 가장 힘들게 느껴질 때가 많다. 당시 조안도 이렇게 말했다.

"이 단어들은 하나같이 다 좋아 보여요."

나는 그녀에게 걱정하지 말라고 말했다. 실제로는 생각하는 것보다 더 쉽다.

"조금 여유를 가지고 범주별로 살펴보죠."

내가 말했다.

우리는 '성격'에서부터 시작했다. 정직한 태도로 관심을 보이는 것도 중요하지만 조안은 공감을 표하는 것이 무엇보다도 중요하다고 생각했다.

"공감을 보이면, 그러니까 우리가 그들의 어려움과 두려움을 이해한다는 걸 보여 주면 환자들도 JLA 생명 과학이 자기편이라는 걸 알게 될 거예요."

그러고 나니 '정서'는 더욱 쉬웠다.

"무엇보다도 환자들은 화가 나 있어요. 무력하다고 느끼고 있죠. 우리에게 이용당하거나 희생양이 되었다고 느끼고 있어요."

그 다음으로 '안녕'에 이르자 조안이 말했다.

"이건 뭐라고 해야 할지 알 것 같아요. 환자들이 적극적으로 관여할 필요가 있어요. 그들 스스로의 힘으로 정책을 바꿔야 해요."

"하지만…"

그림 2.4 최종 바이오잭스 가치관 나침반

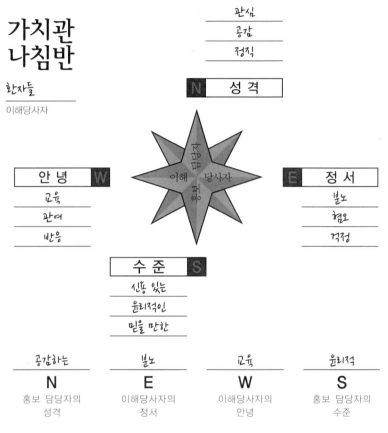

© Jeff Ansell 2010

내가 끼어들었다.

"저도 알아요. 그렇게 하려면 그들에겐 정보와 교육이 필요하죠."

그러면서 그녀는 'W' 위의 빈칸에 '교육'이라고 적어 넣었다.

마지막으로 '수준'의 차례였다. 조안은 이미 적어 놓은 세 개의 단어를 유심히 살폈다.

"수익과 약품이라는 두 가지 문제가 섞이면 언제나 윤리라는 문제가 생기죠. 우리에게 어떤 저의가 있다고 생각하게 되는 거예요. 따라서 무엇보다도 우리가 윤리적이라는 사실을 환자들에게 알리는 게 중요해요."

환자들에게 어떻게 비치고 싶은지 그리고 이해당사자들이 어떤 시각을 취하고 있는지 명확히 이해한 조안은 이제 그녀의 회사를 비난하는 사람들에게 대응할 준비가 되었다. 조안의 최종 가치관 나침반은 그림 2.4와 같이 완성되었다.

이처럼 큰 문제에 휘말린 사람들에게 가치관 나침반을 작성하라고 하면 비슷한 단어가 등장하는 경우가 많다. 대부분의 사람들이 진실하고, 정직하고, 믿을 만하고, 능력 있는 것처럼 보이고 싶다고 말한다. 하지만 사람과 조직을 차별화해 주는 것은 가치관을 표현하는 단어가 아니라 바로 그 가치관을 드러내고 실행에 옮기는 행위다.

지금부터는 여러 장에 걸쳐 이 가치관을 메시지로, 단어를 약속으로 그리고 약속을 행동으로 바꿔 주는 구체적인 도구와 전략을 소개하겠다.

2장 복습

- 기자가 접촉해 오면 다음 3단계를 따라라. 상냥하게 굴고, 완충 지대를 만들고, 마지막으로 그 사람의 의도를 알 수 있도록 질문을 던져라.

- 기자와 말할 때는 말조심하고, '오프 더 레코드' 같은 것은 허상임을 명심하라. 말을 해야 할지 말아야 할지 확신할 수 없을 때는 입을 다물어라.

- 이미지를 잘 관리하려면 언론이나 인터넷, 블로그에서 당신의 회사나 조직에 대해 어떤 말이 오가고 있는지 늘 확인하라.

- 당신이 어떻게 비치는지 주의하라. 방어적이거나 사사건건 따지거나 무반응으로 일관하는 것처럼 보인다면 좋을 것이 없다. 개방적이고, 정직하고, 공감을 표하는 이미지를 보이도록 노력하라.

- 긍정적인 이미지를 만들고 싶다면 가장 먼저 이렇게 자문하라. "올바른 길은 무엇인가?"

- 올바른 길을 선택하려면 가치관을 돌아봐라. 가치관 나침반은 가치관을 세우고 거기에 초점을 맞추기 위한 강력한 도구로서, 특히 대중의 신뢰가 위험에 처했을 때 큰 도움이 된다.

나쁜 소식을 인정하는 법

"햇빛은 최고의 소독제다."
– 미국 대법관 루이스 브랜다이스 –

좋지 못한 뉴스가 발생했을 때 홍보 담당자는 다른 이들이 수군거리기 전에 가장 먼저 나서야 한다.

홍보 회사 힐 앤드 놀턴의 전 대표 이사 로버트 딜렌슈나이더는 나쁜 소식이 있을 때엔 "모두, 그것도 빨리 다 털어놓으라"라고 말하곤 했다. 단, 조직에서 보여 주고 싶은 특성이 반영되도록 가치관 나침반을 기반으로 메시지를 작성해야 한다.

이 장에서는 부정적인 뉴스가 있을 때 즉각적으로 반응을 보이는 것이 얼마나 중요한지 논하고, 이때 신뢰를 쌓는 네 가지 핵심 원칙에 대해 설명하도록 하겠다. 또한 가치관 나침반을 반영하는 동시에 가차 없는 언론의 편집도 거뜬히 이겨 낼 수 있는 메시지 작성 공식을 제시할 것이다.

나쁜 뉴스 기본 대처법

좋지 못한 뉴스가 발생하면 일반적으로 많은 이들이 언론을 회피하거나 상황을 축소하려는 움직임을 보인다. 뉴욕 선라이즈 병원의 응급실에서 가슴 통증을 호소하는 노숙자를 그냥 돌려보냈다가 잠시 후 그가 사망하는 사건이 벌어지자 ABC 뉴스에서 병원 홍보 담당자에게 인터뷰를 요청했다. 그러자 그의 입에서 나온 말은 이랬다.

"사람은 누구나 죽습니다."

물론 옳은 말이지만 상황을 고려할 때 적절한 대답은 아니었다.

2009년 이탈리아에서 발생한 대규모 지진으로 260명이 사망하고 1만 8000여 명이 집을 잃은 뒤 당시 이탈리아 총리 실비오 베를루스코니는 생존자들에게 주말을 맞아 캠핑을 간 셈 치라고 말했다.

"해변으로 놀러 가든가, 짧은 휴가를 보내세요."

그것 참 고마운 말씀이군요, 총리님.

이처럼 무심하거나 냉담한 사람처럼 보이지 않기 위해 언제나 명심해야 할 기본 개념 세 가지가 있다.

솔직하게 나서라

인터뷰나 답변을 원하는 기자들을 상대할 때 몸을 피하는 것은 그리 좋은 전략이 못 된다. 문제가 발생했을 때 즉각 언론에 응대하지 않으면 다른 이들이 그 무대를 차지하게 될 것이고, 그들의 입에서 나오는 말은 조직에 치명적일 수밖에 없다.

"망쳤으면 털어놔라"라는 홍보계의 오래된 격언이 있다. 엘리엇 스피처의 뒤를 이어 뉴욕 주지사로 임명된 데이비드 패터슨은 임명된 지 며칠 만에 기자 회견을 열어 자신과 아내가 각각 저지른 불륜에 대해 고백했다.

"이 일로 문제에 휘말리고 싶지 않았습니다. 협박을 당하기도 싫었습니다. 또한 누군가 나나 우리 가족을 해칠까 두려워 행동을 망설이고 싶지도 않았습니다."

비극적이거나 슬픈 이야기를 다룰 때 기자들은 그 사건으로 피해를 본 측을 더욱 인간적으로 조명하고 싶어 한다. 어떤 이야기에 인간적인 느낌을 불어넣으면 시청자나 독자가 더욱 감정적으로, 마치 자신의 일인 것처럼 받아들이게 된다. 하지만 잘못된 행동을 한 기업이나 조직은 얼굴 없는 차가운 대상으로 느껴지는 경우가 많다. 설사 어떤 반응을 보인다 해도 인간이 전달하는 진심 어린 메시지가 아니라 미리 준비해 놓은 딱딱한 보도 자료나 기자 회견에 그칠 때도 많다. 이러한 접근법을 쓰면 대중은 중대한 문제를 저지르거나 문제에 휘말린 기업이 책임을 지지 않으려 한다는 인상을 받게 된다.

그저 얼굴을 내밀고 무언가 말하는 것만으로 충분하다는 말이 아니다. 기자에게 "노코멘트"라고 말하는 것은 입을 꾹 다무는 것만큼이나 큰 피해를 안긴다. 입을 다물고 있기만 하면 나쁜 뉴스도 금세 사라질 것이라 믿는 사람들은 중요한 시사 프로그램 방영 시간에 어린이 만화나 보는 편이 낫다.

'노코멘트'란 '무언가 알고 있지만 대답하지 않기로 했다'는 분위기를 풍기고, 실제로도 식은땀을 흘리는 죄 있는 사람들의 입에서 나오기 마련이다. 또한 불신을 더욱 부추기고 그 사건을 더욱 주목받게 만드는 진부한 표현일 뿐이다. 따라서 부정적인 소식을 축소하려는 홍보 담당자의 목표와 정반대로 그 수명을 더욱 연장하게 된다.

'노코멘트'라는 응답이 가져다준 피해의 대표적인 사례로 1993년 8월 켄터키 셸비빌의 알루스위스 유연 포장 공장에서 벌어진 폭발 사건이 있다. 이 사고로 폴 브리얼리라는 이름의 19세 학생이 목숨을 잃었다. 당연히 지역 기자들이 공식 입장을 듣기 위해 공장으로 모여들었지만 알루스위스는 인터뷰를 거부했다. 얼마 뒤 회사 홍보 담당자의 입에서 나온 말은 실망스럽기 짝이 없었다.

"저는 알루스위스의 안전 책임 이사 필 셰퍼드입니다. 이 시점에서 드릴 말씀은 내일 오전 10시까지 드릴 말씀이 없다는 것뿐입니다."

그날 저녁 뉴스에는 회사가 '노코멘트'로 일관했다는 소식이 보도되었다. 셰퍼드가 별다른 말을 하지 않았다는 사실 자체가 많은 것을 시사했고, 실제로도 그 메시지 자체에는 그 어떤 사실이나 감정도 실려 있지 않았다. 이것은 회사가 발뺌할 길만 찾고 있다는 지역 주민들의 생각을 더욱 굳히는 결과를 가져왔다. 마침내 알루스위스가 입을 열었을 때는 이 비극적인 사건 소식과 함께 회사에 엄청난 책임이 있을 것이라는 소문이 전국으로 퍼진 뒤였다.

비극적인 상황에서 명심해야 할 세 가지

비극적 상황에서 언론과 소통할 때는 적절한 표현과 어조가 담긴 메시지를 작성하는 것이 무엇보다 중요하다.

예를 들어 다음 말을 한번 보자.

"오늘 오전 9시 불행한 일이 벌어져 근로자 한 명이 폭발로 숨졌습니다. 현재 폭발의 원인에 대해 면밀한 조사를 실시하고 있습니다. 사건 원인이 파악되는 대로 소식을 전하겠습니다."

이 말이 사실이고 여기에 담긴 정보가 정확할지는 몰라도 홍보 담당자는 이 비극적 사건을 거론할 때 다음 세 가지 점을 명심했어야 했다.

- 누군가 목숨을 잃은 상황이라면 '일' 같은 표현은 쓰지 마라. '일'이라는 표현 자체가 사망 사건을 축소하려 한다. 사람의 죽음은 비극적인 일이므로 사용하는 표현 또한 그 사실을 반영해야 한다.
- 믿을 만한 제삼자를 연루시켜 신용도를 높여라. 많은 이들이 당신의 조사가 얼마나 정확한지 의문을 품을 것이다. 따라서 원인 파악에 믿을 만한 제삼자나 기관이 참여했음을 강조하는 것이 좋다. 공장 사고 같은 경우 직업 안전 위생 관리국(OSHA) 조사단은 더욱 투명한 이미지를 가져다준다.
- 당신이 유일한 소식통은 아니다. 기업 홍보 담당자들은 기자들이 자신의 말에만 의지한다고 생각하기 쉽다. 하지만 언론은 소방서와 구급 대원들, OSHA, 다른 직원들처럼 믿을 수 있는 다른 소식통으로부터 정보를 얻기도 한다.

알루스위스의 늦은 답변과 뒤따른 언론의 관심, 수사, 소송으로 알루스위스는 사업 수익뿐 아니라 평판에 있어서도 장기적인 피해를 입었다. 안 그래도 미성년자의 죽음은 언제나 커다란 비극으로 받아들여지는데, 알루스위스는 그 사건이 몰고 올 사람들의 관심과 파장을 예상하지 못했다. 이것이 바로 부정적인 뉴스가 촉발하는 대중의 감정적 반응을 이해하는 것은 물론 그것을 공식적으로 인정해야 하는 까닭이다.

가장 상심하는 모습을 보여라

당신이 사건의 원인 제공자라고 해도 가장 상심하는 사람이 되어야 한다. 언론과 이해당사자들은 무엇보다도 당신의 반응을 가장 눈여겨볼 것이다. 당신은 진정한 관심과 우려를 가지고 반응하는가, 아니면 무관심하거나 냉담한 태도를 보이는가? 당신은 내용과 어조 면에서 메시지에 동정과 공감을 모두 담아야 한다. 적절한 표현을 택하는 것 외에도 진심이 드러나 보여야 한다. 물론 다른 이들이 대신 작성해 준 발표문을 읽어야 할 때도 있을 것이다. 그렇다면 힘들어도 그 메시지를 진짜처럼 전달할 수 있어야 한다.

사건에 연루된 많은 사람들 중에서도 가장 상심한 모습을 보인다면 진심을 전달할 수 있고, 그 사건이 이해당사자들에게 어떤 영향을 줄 것인지 인지하고 있음을 보여 줄 수 있다. 나쁜 뉴스가 발생했을 때 사람들은 당신이 얼마나 많은 정보를 제공하든 개의치 않는다. 그들에게 중요한 것은 당신이 얼마나 마음 쓰고 있느냐다.

하지만 유감이나 슬픔을 표시하는 것을 꺼리는 경우가 많다. 특히 소송의 가능성이 있거나 실제로 벌어지고 있을 때 더욱 그렇다. 어떤 이들은 상심하는 모습을 보이면 피해자들의 주장에 더욱 힘을 실어 주는 것이 아닌가 걱정하기도 한다.

"전 그것이 실제로는 정반대의 효과를 낸다고 생각합니다. 나서서 진실을 인정하지 않으면 보험금 청구 소송이 더 늘어납니다."

변호사 짐 골든의 말이다. 그는 유감과 공감을 표하는 것이 회사나 피해자 모두에게 좋은 결과를 낳는다고 믿는다.

화물 수송량 면에서 미국 내 가장 큰 트럭 운송 회사인 커버넌트 운송 그룹의 CEO 데이비드 파커도 그 의견에 동의한다.

"피해자의 상심에 공감하면서 적극적으로 대응한 결과 소송 비용이 수백만 달러나 절감되었습니다. 최근 100만 달러나 보험료 할인을 받은 것도 그 덕분이었죠."

또 다른 대규모 트럭 회사인 JB 헌트의 법무 부사장 마크 화이트헤드 역시 공감하는 태도로 접근한 덕분에 개인 피해 소송에 따른 비용이 15~30퍼센트 가량 절감되었다고 추정한다. 대부분의 경우 소송 비용 절감은 회사 수익에 직접적인 영향을 미친다.[1]

사실은 감정을 절대 이길 수 없다

지금까지 홍보 전문가들은 각종 사실과 수치 등을 마구 쏟아 내며 회사 실적이나 새로운 프로젝트 등을 걱정할 필요가 전혀 없다고 사람들을 안심시켰다. 기업 임원과 홍보 담당자들은 그런 접근법이 대중의 등을 돌리게 만든다는 사실을 깨닫지 못하고 다른 이들의 감정적 우려와 관심을 피해 다니기만 했다. 하지만 뉴스에서 중요한 것은 무엇보다도 감정이다.

'성난 군중에 대처하는 방법'이라는 MIT-하버드 연합 프로그램에서 래리 서스킨트, 마이크 휠러와 함께 강연을 한 적이 있다. 이때 그 강의를 들으러 온 사람 중 많은 이들이 감정적으로 흥분한 사람들의 관심을 사실과 수치로 돌리는 방법을 배우고 싶다고 말했다. 이 말을 들은 우리는 쿡쿡 웃었다. 홍보 담당자들, 그중에서도 이공계 출신들은 사실과 수치를 줄줄 읊으면서 사람들을 설득하려는 경향이 있다. 하지만 감정적인 반응을 무마하고자 사실과 수치를 이용하는 건 상심한 이들을 설득하기에 턱없이 부족하다. 그들에게 수치란 부수적인 것일 뿐이다. 사실을 통해 무언가가 증명된다 하더라도 그 문제에 강한 반발심을 가진 사람들은 이성이 아닌 감성을 따르기 마련이다.

스낵의 지방 함량을 획기적으로 낮추거나 없애기 위해 P&G에서 개발한 식품 첨가제 올레스트라의 예를 살펴보자. 1996년 미국 식품 의약국(FDA)의 승인을 받은 이 첨가제가 함유된 식품은 "올레스트라는 위장 경련이나 설사를 유발할 수 있습니다"라는 경고문과 함께 시중에 유통되기 시작했다. 이런 현상은 극히 드문 경우였고, 그것도 지나치게 많이 섭취했을 때에만 발생했지만 사람들은 자칫하면 남들 앞에서 큰 창피를 당할지도 모른다는 생각에 겁을 집어먹었다. '설사 누출' 같은 말이 널리 퍼지면서 창피에 대한 두려움은 커지기만 했다. 이에 대해 P&G 측은 올레스트라가 통계적으로 안전하며 매우 긍정적인 효능을 갖고 있다고 선전하는 데에만 집중했다. P&G의 홍보 담당자들은 지금까지 올레스트라가 첨가된 식품이 50억 개 넘게 소비되었지만 문제가 보고된 적이 없었다고 강조했다. 또한 올레스트라의 안전성을 입증하는 임상 실험 결과를 수백 가지씩 발표했다. 처음 승인받은 이후로 식품 의약국에서도 세 차례나 더 검토했으며, 적극적인 연구를 통해 '설사 유발'이라는 경고문을 삭제할 수도 있게 되었다고 설명했다. 하지만 연구 결과와 통계치를 얼마나 많이 인용하든 설사 때문에 큰 창피를 당할지도 모른다는 걱정에 사로잡힌 대중의 마음을 돌리기에는 역부족이었다. 2002년 마침내 P&G는 올레스트라를 포기하고 신시내티에 있던 생산 공장도 처분하고 말았다.

사실과 수치는 감정을 이길 수 없기 때문에 나쁜 소식에 대응해야 하는 홍보 담당자는 직접적인 영향을 받은 사람들이 어떤 감정을 느끼는지 확인할 필요가 있다. 화가 났는가? 겁을 내는가, 아니면 걱정하는가? 이해 당사자들과 공감대를 넓히고 싶다면 당장의 문제라는 수면 아래에 거대하게 자리하고 있을 감정이라는 빙산을 떠올려라.

예를 들어 당신 회사가 전기를 공급하고 있는 지역 일부에 정전이 일어났다고 하자. 그 지역 주민들이 화를 낼 것이다. 피해 범위가 단 한 블록에 지나지 않는다 해도 불을 켜지 못하는 것은 물론, 뉴스와 정보로부터도 단절될 것이다. 또한 중요한 데이터를 잃거나 상한 음식을 버려야 할지도 모른다. 아니면 당신의 공장에서 실수로 변질된 제품을 판매했다고 치자. 소비자들은 공장의 생산 공정 자체를 의심할 수도 있다. 품질 관리의 완벽도가 99.99퍼센트에 달한다 할지라도 단 한 번의 실수로 어린이 한 명이나 동물 한 마리가 피해를 입는다면 문제는 매우 심각해질 것이다.

바로 이럴 때 분위기를 좌우하는 건 당신의 99.99퍼센트 품질 관리 수준이 아니라 사람들이 느끼는 분개심과 슬픔이다. 따라서 고장 난 오디오처럼 사실과 수치만 읊어 대지 말고 문제 밑바닥에 깔린 감정에 주목하라. 2장에서 설명한 가치관 나침반은 이때 이해당사자들과 피해자들이 느끼는 주된 감정이 무엇인지 알아내는 데 매우 유용하다.

신뢰의 이유를 제공하라

신뢰란 부탁한다고 절로 생겨나는 감정이 아니다. 신뢰란 적극적인 노력을 들여 얻어 내야 하는 것이다. 그렇게 얻은 신뢰가 망가지고 나면 다시 한 번 당신을 믿어야 할 이유를 제공해야만 한다. 홍보 담당자의 "절 믿으세요"라는 말은 정반대의 결과를 낳는다. 신뢰를 심어 주기는커녕 사람들의 경계심만 더욱 자극하는 것이다. 이렇게 경계심에 휩싸인 이들은 그때부터 불신이라는 프리즘을 통해 모든 것을 걸러 받아들이기 시작한다.

신뢰가 깨지는 두 가지 유형

워싱턴 대학교에서 실시한 연구에 따르면 신뢰가 깨지는 유형에는 두 가지가 있다. 첫 번째 유형은 정직성이 위배될 때, 즉 세계적인 운동선수가 스테로이드를 복용하거나 정치인이 성 추문에 휘말릴 때다. 두 번째 유형은 어떤 개인이나 조직의 능력 및 지식을 믿지 못하는 경우다. 항공 업계에 만연한 비행 지연 사태라든가 의료 사고 등이 대표적인 예다.

'침묵이 모든 것을 말한다'는 제목의 한 연구에서 사람들이 이 두 가지 유형의 신뢰 위배 상황에 어떤 반응을 보이는지 살펴보았다. 놀랍게도 정직성이 깨졌을 경우에는 그 혐의를 부인하는 것이 그 일을 인정하고 사죄하는 것보다 낫다는 결과가 나타났다.

"책임을 인정하고 사죄하자 부정적인 결과가 따랐습니다. 한번 거짓말쟁이나 도둑으로 낙인찍히면 다시는 회복할 수 없어요."

연구의 공동 진행자인 커트 덕스 교수의 말이다. 한편 무능력과 관계된 문제에서는 많은 이들이 사과에 긍정적인 반응을 보였다.

"아주 명확히 사과해야 합니다. 사과와 함께 다시는 이런 일이 발생하지 않을 거라고 약속하고 그 이유도 함께 밝혀야 합니다."[2]

덕스 교수가 이렇게 덧붙였다.

상황이 매우 심각한데도 조직의 체면을 살리려 드는 메시지만 읊어 대는 홍보 담당자들은 오히려 그 조직의 신뢰를 깎아먹을 수 있다. 신뢰를 쌓고, 홍보 담당자의 말이 진심으로 받아들여지게 하려면 다음 네 가지 원칙을 따라야 한다.

- 겸손하라.
- 솔직하게 답변하라.
- 대중의 불신을 인정하라.
- 적극적인 행동과 함께 관심을 보여라.

가치관 나침반을 따라 올바른 길로 가려면 언론과 접촉했을 때나 문제가 발생했을 때 이 네 가지 원칙을 기준으로 삼아야 한다.

겸손하라

자신 있게 말하는 것도 좋지만 이보다 더 중요한 것이 있다. 바로 언제 자신 있게 말하고 언제 겸손해야 할지 아는 것, 즉 이 두 가지의 균형을 잡는 법이다. 겸손이 결여된 자신감은 오만으로, 자신감이 결여된 겸손은 유약함으로 보일 수 있다. 기업과 정부 지도자들에게 조언할 때면 나는 항상 겸손의 중요성을 강조한다. 돈과 권력이 많을수록 더욱 겸손해야 한다. 그렇지 않으면 언론은 기회가 날 때마다 그 사람을 깎아내리려 들 것이다.

출판계의 거물 콘래드 블랙의 예를 들어 보자. 런던의 저명한 신문 〈텔레그래프〉와 대중적으로 인기 높은 〈시카고 선타임스〉를 비롯해 500곳이 넘는 신문사를 소유한 그가 사기와 공무 집행 방해 혐의로 법정에 섰다.

네 채가 넘는 대저택과 수십 대의 자동차를 소유한 블랙은 "'집이 한 채밖에 없고, 시중 들 사람이나 운전사를 고용하지 못하고, 값비싼 가구가 없고, 화려한 파티를 열 능력도 없는' 시카고 소시민들은 배심원단으로서 자신을 판단할 자격이 없다"라고 주장했다.[3] 또한 자신의 높은 보수를 못마땅해하는 주주들에 대해서는 "모조리 관계를 끝내고 싶다"라고 했다.[4] 심지어 자신이 수백만 달러를 챙긴 사실을 마음에 들어 하지 않는 투자자들을 "물 먹일 것"이라고 하기까지 했다.

"내가 블랙 씨에게 한 말은 조금 더 겸손해질 필요가 있다는 것이었습니다."[5]

회사의 감사 위원회에 속해 있었던 마리 호세 크라비스의 말이다.

미국의 재판 선고 가이드라인에 따르면 판사는 반성의 기미를 보이거나 전체적으로 선량해 보이는 피고에게 재량껏 자비를 베풀 수 있다. 블랙의 친구들은 동정표를 얻기 위해 그가 평소에는 누구에게나 정중하고 겸손한 태도를 보인다고 말했다.

"콘래드 블랙은 평생 사람들에게 친절과 아량을 베푼 사람입니다."[6]

그의 지인들이 법정에서 증언했다. 하지만 달라진 것은 없었다. 동정표를 모으려던 시도는 너무 약했고, 너무 늦었다. 그는 플로리다 교도소에서의 6년 6개월 징역형을 선고받았다.

솔직하게 답변하라

솔직하지 않으면 언젠가는 진실에 뒷덜미를 잡히게 되어 있다. 솔직하지 않거나 솔직하지 않은 것처럼 비치는 홍보 담당자는 자연히 답변을 회피하거나 믿기 힘든 사람처럼 여겨진다. 그렇다고 언론과의 인터뷰가 모두 고해 성사가 되어야 한다는 말은 아니다. 법적, 윤리적 이유로 답변할 수 없거나 답변하지 말아야 할 질문들도 있다. 기밀 정보에 대한 질문이 이에 해당된다. 그러나 정당한 이유로 대답하지 않는 것과 사람들을 오도하려는 시도 사이에는 큰 차이가 있다. 이처럼 솔직히 말하는 것과 유해한 무언가를 발설하지 않는 행위 사이에 균형을 잡는 것은 마치 날카로운 면도날 위를 걷는 것과 마찬가지다. 그만큼 실패하고 바닥으로 떨어질 가능성이 높다는 말이다. 하지만 나의 경험으로 미뤄 볼 때 정직의 방향으로 떨어지는 것이 언제나 더 낫다.

예를 들어 판매 실적이 저조할 때 대부분의 유통 업계 임원들은 자사의 전략 실패를 인정하기보다 경제 불황이나 일자리 문제, 소비 저하 등을 탓한다. 하지만 월마트의 커뮤니케이션 담당 부사장 모나 윌리엄스는 적극적인 할인 전략 부족으로 매출이 하락한 것 아니냐는 질문을 받고 매우 솔직한 답변을 내놓았다.

"추수 감사절 직후의 금요일과 주말 매출에 다소 실망한 것이 사실입니다. 우리 프로그램은 전반적으로 구태의연했고, 경쟁 업체가 이를 기회로 삼았지요."[7]

여느 때처럼 규모, 구색, 월마트 가치관 등을 운운할 거라 여겼던 기자들은 윌리엄스의 솔직한 발언에 다소 놀랐다. 아니나 다를까 월마트의 주가는 바로 급락했다. 하지만 스스로에게 그리고 대중에게 솔직했기에 매출은 12개월 만에 제자리를 찾았다. 오늘날 월마트는 할인 마트 부문에서 가장 강력한 기업으로 여겨지고 있다.

이와 반대의 예를 들어 볼까 한다. 크라이슬러와 다임러의 합병 이후 다임러의 회장이었던 위르겐 슈렘프는 이 두 기업이 동등한 입장에서 합쳐진 것이지 절대 어느 한쪽이 일방적으로 인수한 것이 아니라고 발표했다. 하지만 이 말은 사실이 아닌 것으로 드러났다. 크라이슬러의 경영진이 대부분 밀려나면서 다임러 측 사람들이 요직을 차지한 것이다. 후에 왜 거짓말을 했느냐는 질문에 슈렘프는 "심리적 요인 때문에 좋게 돌려 말한 것일 뿐"이라고 대답했다.[8] 슈렘프의 이 말은 곧 법정 공방으로 이어졌고, 투자자들은 그가 중요한 정보를 숨겼다고 주장했다. 결국 다임러는 2007년 크라이슬러를 한 사모 투자 회사에 6억 5000만 달러를 받고 팔아야 했다. 1998년 지불한 360억 달러에 비하면 98퍼센트나 떨어진 금액이었다.

지금까지 든 두 가지 사례는 비교적 단순한 이야기였지만, 정직성이란 절대적 개념이라기보다 하나의 연속선상에 존재하는 것으로 보는 편이 더 정확하다. 연속선의 한쪽 끝에는 절대적인 "사실을 말하라"가 있고, 반대쪽 끝에는 "거짓말을 하지 말라"가 있다. 민감한 문제를 다루는 홍보 담당자에게는 이 두 극단적 지점 사이에서 자유롭게 움직일 공간이 상당한 셈이다. 따라서 특히 잃을 것이 많은 상황에서는 이 공간을 십분 활용할 필요가 있다. 예를 들어 미국 남북 전쟁의 막바지 당시 에이브러햄 링컨 대통령은 남부 연합의 대표들이 평화 회담을 위해 북부로 오고 있다는 사실을 기자들에게 알리고 싶지 않았다. 남부인들이 정말로 미국 수도에 왔느냐는 질문을 받은 링컨은(그때 그는 남부 대표들이 버지니아 주 포트 먼로로 오고 있다는 것을 알고 있었다.) 이렇게 대답했다.

"제가 알기로는 현재 수도에 평화 회담 참가자가 없습니다. 곧 올 것 같지도 않고요."

어쨌거나 질문에 대해서는 정직하게 답변한 셈이었다. 자신의 대답이 기자들의 오해를 살 것이라는 것은 알았지만 거짓말은 하지 않았으니 말이다. 하지만 결과적으로 그가 이렇게 말한 덕분에 남북 전쟁은 더욱 빨리 종결될 수 있었다.[9]

대중의 불신을 인정하라

어떤 문제나 상황에 대해 의심을 품는 사람들이 있음을 인정하는 건 홍보 담당자에게 힘든 일이다. 다른 이들이 표출하는 회의와 의심을 인정하면 그것이 기정사실이 될 수 있다는 두려움 때문이다. 하지만 때로 사람들은 특정 주장에 대해 이해당사자들이 납득하지 못하고 있음을 홍보 담당자가 인정하는 말을 듣고 싶어 한다. 그리고 그런 말을 들려주면 신용도가 올라가기도 한다.

홍보 담당자들은 거론하기 싫은 문제를 언급할 때 긍정적 메시지에만 집중하는 기존의 언론 대처 전략에 의존하는 경우가 많다. 예를 들어 토론토의 요크 대학교 기숙사에서 여학생 두 명이 성폭행을 당한 사건이 있었다.

"겁나서 화장실도 혼자 못 가겠어요. 이제 다들 무리를 지어서 다녀요. 우리 캠퍼스는 절대 안전하지 않아요."

두 여학생과 가까운 방에서 지내던 19세 여학생 후리 수쿠니안이 〈토론토 스타〉에 한 말이다. 하지만 동일한 사건에 대해 대학 측 홍보 담당자는 전혀 다른 말을 하고 나섰다.

"우리 기숙사는 모두 안전합니다."[10]

그가 딱 잘라 말했다. 여학생 두 명이 기숙사에서 성폭행을 당했는데 대학 측은 기숙사가 안전하다고 말하다니. 나 역시 자녀를 둔 아버지로서 그런 말은 학생과 부모 모두의 걱정을 가벼이 여기는 태도라는 생각을 지울 수가 없었다. 홍보 담당자는 그런 무책임한 말 대신 이렇게 말했어야 했다.

"기숙사를 안전하게 지키기 위해 최선을 다하고 있고, 앞으로는 이런 끔찍한 사건이 다시는 일어나지 않도록 경찰 및 학생들과 힘을 합쳐 더욱 노력할 것입니다."

도저히 믿을 수 없는 그들

이미 많은 비난을 받고 있는 기업이 사람들의 불신을 인정하고 싶어 한다고 치자. 그런데 사람들이 그들의 말을 믿지 않는다면 어쩌면 좋겠는가? 이런 업계에는 원자력 발전소, 무기 제조업, 담배 생산업 등이 있다. 이런 기업의 말을 잘 믿지 않는 대중의 성향을 고려할 때 불신을 인정하는 것 자체가 힘겨운 일이 될 수 있다. 브리티시 아메리칸 토바코(BAT)에서 사회적 책임 프로그램을 시작한 직후 흡연 반대 단체들을 중립의 제삼자가 진행하는 회의에 초대했다. 물론 대부분의 사람들은 이것을 홍보를 위한 허울 좋은 핑계라 여겼고, 그 결과 초대받은 스물네 군데의 영국 의학 단체 중 네 곳만 회의 장소에 나타났다. 대중의 반응을 인식한 BAT 임원은 이렇게 말했다.

"지금껏 압력 단체와 각종 법률에 시달리다 보니 이성적인 토론을 벌이기 위한 시도도 헛된 것이라는 느낌을 많이 받았습니다. 그래서 기존과는 다른 접근법을 취해야 할 필요가 있었습니다."

성난 대중의 불신을 충분히 인정한 발언이었는가? 꼭 그렇진 않았다. 하지만 천 리 길도 한 걸음부터라고 했다. 성난 대중이 그 기업 제품 자체를 증오할지는 몰라도 그들과 진솔한 대화를 나누려는 시도 자체를 비난할 수는 없는 노릇이 아니겠는가.

사람들의 불신을 인정하는 행동은 조직의 신뢰도를 높이고, 그들의 우려를 진지하게 받아들이고 있음을 알리는 데 큰 도움이 된다.

거대 주류 회사 몰슨과 쿠어스 두 회사의 합병에 대해 주주들이 미심쩍은 눈길을 보내자 몰슨의 CEO 댄 오닐은 합병 후 수익률과 주주 가치가 상승하리라는 자신의 메시지가 먹혀들지 않았음을 깨달았다. 합병이 실패로 돌아갈 것이 분명해 보였다. 그러던 중 오닐이 〈글로브 앤드 메일〉의 기업 면에 실린 한 인터뷰에서 이번 거래에 대해 성공적으로 주주들을 설득하지 못했다고 털어놓았다.

"전반적으로 주주들의 불신이 팽배하다고 느끼고 있습니다."[11]

패배를 시인한 것처럼 보일 수도 있었으나 결국 주주들은 몰슨과 쿠어스의 합병을 승인해 주었다.

회의적인 시선으로 바라보는 이들이 있음을 인정하려면 때로 고통스러운 진실을 받아들여야 할 때도 있다.

가톨릭교회를 둘러싼 성 추문이 터진 이후 가톨릭 대변인 일부는 어린 희생자들을 비난하는 지경에까지 이르렀다. 이런 부인과 인신공격식 접근이 교회에 더 큰 해를 끼치고 있음을 깨달은 보스턴의 제임스 플래빈 신부는 이번 사태로 큰 충격을 받은 성직자들의 목소리를 대변하기로 결심했다. 플래빈 신부는 〈뉴스위크〉에 다음과 같이 말했다.

"지금 당장은 나라도 다른 신부들을 믿지 않을 겁니다."[12]

이와 같은 플래빈 신부의 말은 다른 이들의 생각을 인정하는 한편, 속죄의 길고 긴 여정의 첫걸음으로 작용했다.

적극적인 행동과 함께 관심을 보여라

나쁜 뉴스가 보도된 상황에서는 관심을 표명하는 것만으로 부족하다. 그 문제를 똑바로 마주 보기 위해 반드시 적절한 행동을 취해야만 한다. 행동이 수반되지 않는 관심은 무의미한 미사여구에 불과하다.

일리노이 주 네이퍼빌에서 근무하던 정유 회사 BP아모코의 과학자 여섯 명이 희귀한 뇌종양에 걸린 사건이 있었다. 이 과학자들이 근무하던 건물은 '뇌종양 건물'이라고 불리게 되었다. BP아모코는 의학 전문가들을 초빙해 회사가 뇌종양 유발 원인을 제공했는지 조사를 시작했다. 조사 결과를 발표하는 기자 회견 자리에서 BP아모코는 회사에 책임이 있음을 인정하면서 세 가지 발표를 했다. 가장 먼저 '뇌종양 건물'의 실험실을 폐쇄했다. 그리고 그 건물에서 근무한 적이 있는 모든 사람들에게 무료로 MRI 검사를 제공했다. 또한 의학 전문가들을 고용해 1700개의 진료 기록을 모두 검토하게 했다. 변호사들은 고소인들이 법정에서 회사의 책임을 증명하는 건 고사하고 그럴싸한 소송도 하지 못할 것이라고 만류했지만 회사는 다른 길을 택했다. 결과적으로 뇌종양에 걸린 여섯 명의 과학자들 중 다섯 명이 회사와의 합의에 동의했다.

물론 이와 달리 구체적인 증거도 없는데 괜한 우려의 분위기가 조성되는 상황이 있을 수도 있다. 이런 경우에도 물론 우려를 인정하긴 해야겠지만 구체적인 조치도 필요할까? 시끌벅적한 시의회 회의실을 떠올려 보자. 배터리 공장을 허물고 그 자리에 사무실 건물을 짓는다는 계획에 대해 시민이 화학 물질 오염을 걱정하고 있다. 공사 예정지는 아이들이 뛰노는 공원과도 아주 가까워서 환경 당국이 오염 가능성이 없다는 것을 확인해 줄 때까지 지역 주민들은 의심을 풀지 못한다. 이때 마이크가 한 여자에게 넘어가자 그녀가 일어서서 개발업자에게 묻는다.

"공사 현장에 위험한 화학 물질이 묻혀 있으면 어떻게 하죠? 모든 게 확실해질 때까지 아이들을 안전하게 지켜 주기 위해 어떤 조치를 취할 건가요?"

재빨리 머리를 굴린 개발업자는 추측과 판단이 필요한 질문에 대해서는 답변을 회피하는 게 좋다는 전문가의 조언을 떠올렸다.

"땅에 무엇이 묻혀 있는지 어설프게 추측하기는 곤란합니다. 이곳은 절대 위험하지 않습니다."

그러자 사람들이 화를 냈다. 개발업자가 안전에 대한 그들의 우려에 전혀 귀를 기울이지 않았기 때문이다. 덕분에 그 자리에 와 있던 기자들만 살판이 났다. 이제 분개한 지역 주민과 방어적으로 구는 개발업자 때문에 갈등이 더욱 심각하게 불거지게 되었다. 전형적인 선과 악의 대결 구도를 띠면서 1면 뉴스감이 된 것이다.

개발업자는 그 순간 사람들의 정서를 파악하고 그들을 만족시킬 조치를 답변으로 내놓았어야 했다. 여자의 질문이 무엇이었는가?

"모든 게 확실해질 때까지 아이들을 안전하게 지켜 주기 위해 어떤 조치를 취할 건가요?"

가치관 나침반을 기억했다면 개발업자는 이렇게 대답했을 것이다.

"이 공사 현장에 대해 지역 주민 여러분이 우려하시는 것이 분명하군요. 그러니 모든 것이 확실해질 때까지 사람들의 접근을 막을 울타리를 설치할 계획입니다."

이러한 답변은 상대의 정서를 이해하는 동시에 그들을 달래기 위한 시도를 포함하고 있다. 그리고 무엇보다도 단순히 지역 주민의 우려를 되풀이하는 데 그치지 않고 그들의 니즈를 충족시킬 해결책을 약속하고 있다.

누명을 쓰다

회사가 억울한 누명을 썼다면 어떻겠는가? 디나는 유명 제약 회사의 최고 임원이다. 새로운 항우울제를 개발해 임상 실험을 하던 도중, 원인 모를 이유로 두 명의 환자가 죽고 말았다. 디나는 그들의 죽음이 실험과 관련이 없다고 믿지만 정부 당국에서는 회사 측의 과실을 의심하고 있다. 디나에게 주어진 과제는 환자들의 죽음을 인정하되 조급하게 책임을 떠안지는 않는 것이다. 방어적으로 들릴 수 있기 때문에 전달하기 쉽지 않은 메시지다. 이때 디나는 어떤 말을 해야 할까?

"정말로 슬픈 일이 일어났습니다. 저희는 안전 조치들을 정확히 따랐고, 당국의 모든 질문에 명확히 답변하기 위해 최선을 다할 것입니다."

이러한 메시지는 환자들의 죽음을 인정하는 동시에 안전 규정을 지켰음을 강조하는 역할을 한다. 또한 진실을 밝히겠다는 의지도 드러내 보인다.

문제 해결책 공식

앞에서도 언급했듯 기자가 찾는 것은 해결책이 아니라 갈등이다. 갈등을 찾아내야 아이의 치아를 교정하거나 여름 캠프에 보낼 돈을 마련할 수 있다. 이것이 바로 그들이 구린 구석이 있는 듯한 방어적인 말들에 온 신경을 집중하는 이유다.

문제와 해결책이 함께 보고되는 상황에서도 기자들은 여전히 문제를 더욱 강조하는 경향이 있다. 때로는 함께 제시된 해결책을 마치 나중에 추가된 것처럼 슬쩍 덧붙이기도 한다.

따라서 홍보 담당자들은 문제를 정직하게 거론하면서 동시에 해결책도 함께 기사화되도록 만들 공식이나 전략이 필요하다. 이때 문제 해결책 공식이 도움을 준다.

이름에서 알 수 있듯 문제 해결책 공식은 문제점과 해결책을 한 문장에 담아 놓은 구조화된 답변이다. 대체로 두 개의 문장을 접속사로 이어 놓은 형태로 되어 있으며, 첫 번째 부분에서는 해당 문제를 밝히고, 두 번째 부분에서는 그 문제를 해소할 대책을 제시한다. 이 두 부분을 한 문장에 합쳐 놓음으로써, 언론의 편집 과정을 무사히 빠져나갈 가능성을 높인다. 이 공식을 더 최적화하려면 메시지를 가치관 나침반으로 걸러서 당신과 조직이 내보이고 싶은 이미지를 반영하게 만들면 된다.

다음은 기본적인 문제 해결책 공식을 따른 메시지의 세 가지 예다.

1. 택배 회사의 분류 시설에서 근무하던 근로자 세 명이 신종 인플루엔자 바이러스에 감염돼 두 명이 숨지고 한 명은 중태에 빠졌다.

문제 : 신종 인플루엔자 바이러스가 근로자 두 명을 죽이고 한 명을 중태에 빠뜨렸다.

해결책 : 그곳을 폐쇄하고, 보건 당국을 통해 근로자 전체를 검사하고 바이러스의 출처를 밝힌다.

문제 해결책 공식 메시지 : 슬프게도 바이러스로 우리의 동료 두 명이 목숨을 잃고 한 명이 중태에 빠졌습니다. 보건 당국에서 근로자 전체를 검사하고 바이러스의 출처를 찾는 동안 시설을 폐쇄하고자 합니다.

이 메시지는 사태의 심각성을 인정하는 한편 이 공중 보건 문제를 조사 · 관리해야 할 정부의 책임을 부각시켰다.

2. 애완동물 사료 생산 회사가 오염된 제품을 판매했다는 비난을 받았다. 그 사료 때문에 수백 마리의 개와 고양이가 병들었다.

문제 : 애완동물 주인들이 심각한 충격을 받았다.

해결책 : 문제가 있는 제품을 리콜한다.

문제 해결책 공식 메시지 : 애완동물과 주인들께서 큰 충격을 받아 매우 유감이며, 자발적으로 모든 제품을 리콜했습니다.

이 메시지는 애완동물과 주인들의 고통을 인정하는 한편 해로운 제품의 유통을 막겠다는 의지를 표출했다.

3. 소프트웨어 생산 기업에서 소프트웨어 업데이트 파일을 게시했는데 그로 인해 수백만 대의 컴퓨터가 다운되었다.

문제 : 사람들이 큰 불편을 겪었다.

해결책 : 기술 지원과 제품 교체를 제공한다.

문제 해결책 공식 메시지 : 저희 실수로 큰 불편을 겪은 모든 분께 사과드리며, 현재 기술 지원과 함께 무료 제품 교체를 진행하고 있습니다.

이 메시지는 고객이 겪었을 불편을 인정하는 동시에 소프트웨어 업데이트로 발생한 모든 문제를 해결할 수단을 제시하고 있다.

짤막한 사례들을 통해 문제 해결책 공식에 따른 메시지 작성 요령을 살펴보았다. 이때 명심해야 할 것이 있다. 어떤 상황의 경우 청자에 따라 다른 메시지를 작성해야 할 필요가 있다는 것이다.

예를 들어 어떤 회사가 대규모 인원 감축을 할 계획이라면 일반 언론을 향해서는 다음과 같은 메시지를 발표해야 한다.

"안타깝게도 근로자 200명이 일터를 떠날 것이고, 우리는 그들이 이 시기를 잘 견뎌 낼 수 있도록 최선을 다해 도울 것입니다."

하지만 기업계 언론이 대상이라면 다음과 같은 메시지가 더욱 적절할 것이다.

"회사를 견실하게 유지하기 위해 이 같은 조치를 취할 필요가 있었고, 지금부터는 운영을 더욱 강화하는 동시에 이 일로 영향을 받은 직원들을 도울 것입니다."

뒤의 부록을 보면 문제 해결책 공식에 따른 메시지 작성에 필요한 견본을 찾을 수 있을 것이다.

견본에는 나쁜 뉴스가 터진 상황에서 효과적이고 의미 있는 메시지를 작성하는 데 필요한 요령과 가이드가 제공되어 있다. 또한 단계별로 심도 있게 짚어 본 다음, 예를 통해서 그 견본을 이용하는 법을 자세히 배울 수 있다. 가치관 나침반과 문제 해결책 공식을 실제 상황에서 활용하는 방법을 이해할 수 있을 것이다.

바이오잭스 사례 3 : 문제 해결책 공식의 실제

1장에서 살펴본 것처럼 JLA 생명 과학의 CEO 조안 스미스는 신약 바이오잭스가 왜 그리 비싸냐는 질문을 거듭 받았다. 기자의 끈질긴 질문 때문에 조안은 침착성을 잃었고, 그 결과 그녀는 무뚝뚝하고 따지는 듯한 태도로 답변을 마쳤다. 그렇게 작성된 뉴스 기사 때문에 조안과 그녀의 회사는 무정하고도 탐욕스러운 것처럼 비쳐졌다. 조안은 바이오잭스가 왜 기존 약품들보다 비싼 값에 책정되었는지 답변할 또 다른 기회를 원한다.

조안은 다음과 같은 세 가지 요지를 전달하고 싶어 한다. 첫째, 사람들이 지원금의 가치를 인정할 수 있도록 바이오잭스 개발에 최신 과학 기술이 숨겨져 있음을 깨닫길 바란다. 둘째, 이 논란에서 정부가 맡아야 하는 역할을 그들에게 상기시키고 싶다. 셋째, 암 환자들에게 전달하는 메시지를 포함시키고 싶다. 그래서 그녀는 다음과 같은 메시지를 만들었다.

"바이오잭스의 항암 작용은 미세 소관을 불안정하게 만드는 특정 알칼로이드의 특성 덕분이기 때문에 연구, 개발, 제조하는 비용이 어마어마하게 높습니다. 현재 정부뿐 아니라 다양한 보험사들과 논의를 통해 약값 지원 가능 여부를 확인하고 있습니다. 암 피해자들에게 비용 일부를 지원해 준다면 이 약품의 접근성이 더욱 높아질 것입니다."

엄밀히 말하자면 조안의 말에는 잘못된 것이 없다. 하지만 그녀가 전달하고자 했던 세 가지 요지는 묻혀 버리고 말았다. 그녀의 말을 문장별로 다시 살펴보자.

"바이오잭스의 항암 작용은 미세 소관을 불안정하게 만드는 특정 알칼로이드의 특성 덕분이기 때문에 연구, 개발, 제조하는 비용이 어마어마하게 높습니다."

이 첫 번째 문장은 기자들에게도 버겁다. 이해하기 어려울 뿐 아니라 인용문을 따기도 쉽지 않기 때문이다.

조안의 답변 중 두 번째 문장은 "현재 정부뿐 아니라 다양한 보험사들과 논의를 통해 약값 지원 가능 여부를 확인하고 있습니다"였다. 이 문장은 어딘가 위세를 부리는 것 같으면서도 관료주의의 냄새를 풀풀 풍긴다. 또한 JLA 생명 과학이 돈을 버는 데에만 집중하고 있는 것처럼 보이게 만든다.

그녀의 세 번째 문장은 다음과 같다.

"암 피해자들에게 비용 일부를 지원해 준다면 이 약품의 접근성이 더욱 높아질 것입니다."

물론 이 메시지는 암 환자들을 향한 것이지만 '피해자'라는 단어 때문에 환자들을 인간화하는 효과가 떨어진다. 솔직히 말하자면 이 세 문장은 인용문으로 신문에 실렸을 때 그리 좋아 보이지 못할뿐더러, 무정하고 탐욕스럽다는 JLA 생명 과학의 이미지 개선에도 큰 도움을 주지 못한다.

조안이 저지른 실수는 여러 가지가 있지만 그중에서도 첫 번째 실수는 그녀의 가치관 나침반을 참고하지 않은 것이다. 나침반을 다시 한 번 떠올려 보자면 그녀의 이해당사자는 '환자들'이었고, 네 개의 단어는 '공감하는', '분노', '교육', '윤리적'이었다. 조안의 가치관 나침반을 다시 보고 싶거나 가치관 나침반 작성 요령을 재확인하고 싶다면 2장 끝부분으로 돌아가기 바란다.

새롭고 더욱 효과적인 답변을 작성하기 위해 조안은 부록에 실린 문제 해결책 공식 견본을 이용했다. 그녀는 가장 먼저 '이해당사자' 빈칸을 채운 다음, 앞서 작성한 가치관 나침반의 네 단어를 여기에 옮겼다. 그리고 그 다음 단계로 넘어가기 전에 나는 그녀에게 이해당사자들에게 적합한 말을 써야 한다는 사실을 상기시켰다.

"명심해요. 환자들은 과학자나 의사, 당국 직원이 아닙니다."

조안은 고개를 끄덕이고는 각각 문제와 해결책을 뜻하는 두 개의 문장을 작성했다.

문제 : 생세포로 약품을 만들 때 제조 비용이 높은 관계로 바이오잭스는 비싸다.

해결책 : 정부는 이 중요한 약품의 구매 비용을 지원해 줌으로써 암과 싸우는 이들을 도울 필요가 있다.

문제 해결책 공식 메시지 : 안타깝게도 생세포로 만든 약품의 높은 제조 비용 때문에 바이오잭스의 가격이 높으므로 정부는 이 중요한 약품의 구매 비용을 지원해 줌으로써 암과 싸우는 이들을 도울 필요가 있습니다.

전체 메시지가 한 문장으로 이뤄져 있음을 알 수 있을 것이다. 문장의 처음 절반은 문제점(바이오잭스는 사용된 기술력 때문에 값비싸다.)을 다루었고, 뒤의 절반은 해결책(정부가 비용을 지원해 줘야 한다.)을 제시했다.

그렇다면 조안의 이 새 메시지에는 그녀가 전달하고 싶었던 세 가지 요지도 담겨 있는가? 그렇다. 명확하고도 솔직하게 바이오잭스의 제조 기술을 설명하고 정부에 그 역할을 상기시켰으며 암 환자들에게 보낼 메시지를 포함시켰다.

이 새 메시지가 그녀의 가치관 나침반도 반영하고 있는가? '안타깝게도'나 '암과 싸우는' 같은 표현이 암 환자들의 어려움에 공감을 표하고 있다. '싸운다'는 표현은 또한 환자들이 말 그대로 살기 위해 싸우는 동안 직면하는 각종 고난과 어려움을 가리키며 그들의 분노를 인정했다. 바이오잭스 생산에 이용된 과학 기술을 언급하고 정부가 약의 접근성을 좌우한다는 점을 지적함으로써 환자들을 교육하는 역할도 해냈다. 마지막으로 바이오잭스가 다른 약품보다 비쌀 수밖에 없는 이유를 솔직히 설명함으로써 윤리성을 강조하기도 했다.

자, 이번에는 조안의 새로운 메시지를 인터뷰 상황에 적용해 보자.

기자 : 바이오잭스는 왜 그리 비싼가요?

조안 스미스 : 안타깝게도 생세포로 만든 약품의 높은 제조 비용 때문에 바이오잭스의 가격이 높으므로 정부는 이 중요한 약품의 구매 비용을 지원해 줌으로써 암과 싸우는 이들을 도울 필요가 있습니다.

이 새로운 답변은 여전히 정확하면서도 솔직하다. 게다가 인용하기도 쉽다. 그렇다면 이 인터뷰를 통해 기자는 어떤 인용문을 작성할까? 선택지는 다음 세 가지다.

- 답변 전체(가장 가능성이 높다.) : "안타깝게도 생세포로 만든 약품의 높은 제조 비용 때문에 바이오잭스의 가격이 높으므로 정부는 이 중요한 약품의 구매 비용을 지원해 줌으로써 암과 싸우는 이들을 도울 필요가 있습니다."
- 답변의 처음 절반 : "안타깝게도 생세포로 만든 약품의 높은 제조 비용 때문에 바이오잭스의 가격이 높습니다."

- 답변의 마지막 절반 : "정부는 이 중요한 약품의 구매 비용을 지원해 줌으로써 암과 싸우는 이들을 도울 필요가 있습니다."

어느 부분이 인용되든 모두가 조안의 가치관 나침반과 일치하면서도 JLA 생명 과학에 긍정적인 이미지를 심어 준다. 이제 효과적인 문제 해결책 공식 메시지를 쓸 수 있게 되었으니 다음 단계는 앞으로의 언론 인터뷰에서 쓸 설득력 있는 메시지를 작성하는 것이다.

3장 복습

- 좋지 못한 뉴스가 발생했을 때 지나치게 무심해 보이지 않으려면 다음 세 가지 개념을 명심하라.
    - 솔직하게 나서라.
    - 가장 상심하는 모습을 보여라.
    - 사실은 감정을 절대 이길 수 없다.

- 대외적인 문제를 겪고 있을 때 올바른 길로 가려면 다음 네 가지 원칙을 지켜 신뢰를 쌓아야 한다.
    - 겸손하라.
    - 솔직하게 답변하라.
    - 대중의 불신을 인정하라.
    - 적극적인 행동과 함께 관심을 보여라.

- 기자들은 문제에 집중하면서 해결책을 숨기는 경향이 있다. 문제 해결책 공식을 이용하면 문제점을 솔직히 거론하는 동시에 해결책이 기사화되게 만들 수 있다.

- 문제 해결책 공식은 두 개의 문장이 접속사로 연결된 형태를 띤다. 처음 절반에서 해당 문제를 밝히고, 뒤의 절반에서 그 문제에 대한 해결책을 제시한다.

- 문제 해결책 공식에 따라 메시지를 효과적으로 작성하려면 당신과 조직이 내보이고 싶은 가치가 반영되도록 가치관 나침반에 걸러 보는 것이 좋다.

PART 4

설득력 있는 메시지를 만들어라

"하고 싶은 말을 최대한 짧게 표현하지 않으면 읽지 않고 건너뛸 것이고,
최대한 단순하게 쓰지 않으면 분명 오해할 것이다."
– 빅토리아 시대의 작가 겸 평론가 존 러스킨 –

〈성격 및 사회 심리학 저널〉에 발표된 한 흥미로운 연구에 따르면 한 사람의 시각과 관점에 반복적으로 노출되는 건 많은 이들의 공통적 의견에 노출되는 것만큼이나 영향력이 크다고 한다. 논문의 주 저자인 버지니아 폴리테크닉 주립 대학교의 킴벌리 위버는 "친숙함은 출처에 관계없이 노출 횟수가 늘어나면서 함께 증가한다"라고 설명한다. 게다가 "같은 의견을 반복해 들으면 그 의견이 단 한 사람에게서 나온다 할지라도 널리 퍼져 있는 생각이라는 인상을 받게 된다"라고도 덧붙였다.[1] 한마디로 어떤 메시지를 많이 들으면 들을수록 그것에 공감하게 된다는 뜻이다.

그렇다면 홍보 담당자들도 맛난 뼈를 문 개처럼 메시지를 절대 놓치지 말고 되풀이, 또 되풀이해야 한단 말인가? 천만의 말씀이다. 단, 세심히

작성한 메시지를 언론에 반복해서 전달하면 그것이 대중의 생각과 태도에 극적인 영향을 미칠 수 있는 것은 사실이다.

이 장에서는 효과적인 메시지를 작성하는 방법과 언론 메시지의 다양한 유형과 형태를 알아보고, 여론을 형성하는 메시지 작성 견본을 살펴보도록 하겠다.

메시지 작성 원칙

기본적으로 메시지란 하나의 출처에서 청자에게 전해지는 정보다. 홍보 세계에서 메시지란 계산적으로 작성된 정보를 특정 청자에게 전달하는 의도적 형태의 의사소통이다. 여기에서 그 청자는 일반적으로 투자자, 판매자, 고객, 비평가처럼 다양한 이해당사자들로 구성된다. 이러한 메시지의 용도는 다양하다. 어떤 문제들을 이해하기 쉽게 만들거나, 브랜드 인지도를 높이거나, 이미지를 관리하거나, 여론에 영향을 미치거나, 혹은 고객과의 관계를 발전시키기도 한다.

언뜻 복잡해 보일지 모르겠지만 이해당사자들에게 영향력을 미치는 효과적인 메시지를 쓸 때는 몇 가지 기본 규칙이 있다.

- 쉬운 말을 써라.
- 문장을 짧게 하라.
- 독립적인 문장을 구사하라.
- 수식어를 피하라.
- '하지만'을 없애라.

이 다섯 가지 규칙은 모두 명확하고 설득력 있는 메시지를 만드는 데 매우 중요하다.

쉬운 말을 써라

전문 용어를 쓰면 메시지가 매우 복잡하고 지나치게 기술적이며, 심지어 잘난 체하는 것처럼 보일 수 있다. 온라인 예약에 불편을 호소하는 고객이 늘자 버진 철도에서 다음과 같은 답변을 내놓았다.

"언제나 전진하는 저희 버진 철도에서는 가격 구조를 적용시키기 위한 문제 경로에 대해 막중한 책임을 통감하는바, 새로운 범주인 매트릭스 포맷으로 여행 검색이 가능케 했습니다. 이 경로의 가격 문제는 1996년부터 지속적으로 거론되었지만 현재로서는 아무리 빨라야 2008년까지 시정될 수 없습니다. 이 답변으로 충분한 설명이 되었기를 바랍니다."[2]

솔직히 말해 충분한 설명이 되기는커녕 가격 구조 운운할 때부터 무슨 말인지 통 알 수가 없다.

그러면 이제는 8GB 아이폰 가격이 200달러 인하된 뒤 이에 항의하는 얼리 어답터들에게 내놓은 스티브 잡스의 답변을 살펴보자.

"먼저 8GB 아이폰 가격을 599달러에서 399달러로 인하한 것은 올바른 결정이었으며 그 시기도 적절했다고 믿습니다. 아이폰은 통신 업계에 돌풍을 일으킨 제품으로서, 이번 연휴 기간이야말로 판매에 박차를 가할 기회입니다. 지금까지 아이폰은 경쟁자들보다 앞서 있었고 이제는 가격을 인하함으로써 더 많은 고객이 손쉽게 이 제품을 접할 수 있을 것입니다. 가격 인하를 통해 최대한 많은 고객이 아이폰 '텐트' 안으로 들어오게 될 것이고 이것은 애플과 아이폰 사용자 모두에게 매우 유익할 것입니다. 399달러라는 가격이 이번 연휴 기간에 바로 그런 효과를 내리라 굳게 믿습니다."[3]

스티브 잡스는 이와 같이 명확하고 쉬운 말로 아이폰 가격 인하 배경을 설명함으로써 불만에 휩싸인 고객의 마음을 달래는 동시에 회사의 입지를 한 단계 높일 수 있었다.

마케팅 업계의 홍보 담당자들은 '가치 제안(value proposition)'이란 표현을, IT 계열에서는 '솔루션(solutions)' 같은 단어를 잘 쓴다. 이것은 정작 별 의미가 없으면서도 지나치게 자주 쓰이는 전문 용어의 대표적인 예다. 버즈왝(www.buzzwhack.com)에서는 전문 용어, 즉 버즈워드(buzzword)란 '일반인에게 전문가적인 인상을 주기 위해 주로 쓰는 어려운 단어나 표현'이라고 정의한다. 또한 인터넷 사용자들이 꼽은 가장 듣기 싫은 버즈워드로 다음과 같은 것들이 있다고 소개했다. '자산을 레버리지로 이용하다(leveraging our assets)', '미션 크리티컬(mission-critical, 임무 수행에 필수적인)', '정보 터치 포인트(information touch point, 정보가 공유, 혹은 전달되는 시점. 회의도 이에 속한다.)', '리랭귀지(relanguage, 바꿔 말하다, 시간당 수백 달러씩 받는 컨설턴트들이 reword나 rephrase 같은 멀쩡한 단어를 놔두고 이런 말을 쓴다.)', '크리티컬 패스(critical path, 최상 경로)' 등.[4]

당신도 사무실이나 회의실, 학회 등에서 떠돌고 있는 여러 전문 용어를 들어 보았을 것이다. 어쩌면 동료나 고객 등과 이야기할 때 이런 표현을 직접 써 본 적도 있을 것이다. 그러나 언론에 내보내는 메시지는 더 광범위한 이해당사자들에게 전달하고 호소하기 위한 것임을 명심하라. 쉬운 말을 쓰면 혼란의 여지를 줄이고 메시지의 접근성을 높이는 것은 물론, 메시지를 더욱 진실하게 느껴지도록 만들 수 있다.

문장을 짧게 하라

홍보 담당자들은 다양한 이유로 문장을 길게 만들어야 한다고 느낄 때가 많은데, 이것은 같은 업종의 다른 홍보 담당자들이 그 기사를 읽을 것이기 때문에 이때 말을 잘하는 사람처럼 보이기 위해 한 문장에 최대한 많은 정보를 집어넣으려 하기 때문이고, 문장을 길게 만드는 또 다른 이유로 홍보 담당자가 정작 무슨 말을 해야 할지 잘 모르기 때문에 청자들이 어느 시점에선가 원하는 바를 얻어 갈 수 있도록 끊임없이 입을 놀리는데, 이렇게 하면 결과적으로 기자들이 이 긴 문장 속에서 원하는 인용문을 찾아내기가 매우 힘들어지는 문제가 있다.

후유, 여든 개가 조금 못 되는 단어로 위의 문장을 이어서 쓰는 것만 해도 매우 힘들었다. 이렇게 기자의 질문에 백 단어로 된 문장으로 대답한다면 기자가 그 백 단어 전체를 인용할 가능성은 극히 희박하다. 아마 그중 열 개 단어 정도만 인용할 것이고, 그러다 보면 그 짧은 문장은 당신의 메시지에 담긴 맥락을 전혀 반영하지 못할 가능성이 높다.

기자에게 질문을 받으면 백 단어로 된 한 문장으로 대답하지 말고, 열 단어로 구성된 열 개 문장으로 답변하는 편이 훨씬 낫다. 중요한 것은 짧은 문장을 쓰되 짧게 대답하지 않는 것이다. 답변이 짧아지면 무뚝뚝하거나 방어적으로 보일 수 있지만, 반대로 짧은 문장을 쓰면 대답에 집중력이 실려 있다는 인상을 줄 수 있다. 짧은 문장은 명쾌한 생각을 드러낸다. 임팩트도 있다. 인용도 가능하다. 문장을 길게 써야 할 경우가 있다면 앞 장에서 설명한 문제 해결책 공식 메시지뿐이다.

문장을 짧게 하려면 확실한 요지를 말하고, 그것이 끝나면 마침표를 찍고 그 다음에 요지로 넘어가라. 물론 말보다 실천이 어렵긴 하다. 스트레스를 받는 상황에서는 머리가 빠르게 돌아간다. 즉, 입에서 말이 나오는 것보다 훨씬 빠른 속도로 생각이 만들어진다. 그러다 보니 '그리고' 같은 단어를 써서 말과 생각을 다음으로 이어 가려는 경향이 생긴다. 하지만 문제는 이때 다음으로 말할 생각이 아예 없거나 아직 정리되지 않았다는 점이다. 따라서 문장의 길이를 줄이고 싶다면 '그리고, 그런데, 하지만, 그러나, 따라서' 같은 접속사나 접속 역할을 하는 표현에 유념해야 한다. 이런 접속사 모두가 문장을 불명확하게 만들고, 메시지의 초점을 흐릴 뿐 아니라 나중에 후회할 말을 하게 될 가능성을 높이므로 주의하자.

마법의 숫자 3

요지가 두 개 담긴 말은 세 개 담긴 말보다 인용하기 힘들고 네 개는 너무 많다. 쇼핑 목록처럼 너무 많은 요지를 쭉 늘어놓다 보면 개념과 아이디어들이 어딘가에 묻히게 된다. 또한 세 개의 요지로 구성된 메시지를 전달할 때는 자세한 설명에 들어가기 전에 미리 각 요지부터 소개하는 것이 좋다. 예를 들어 보자.

"환자의 진료 기록을 전산화하면 관리 효과가 높아집니다. 첫째, 전산화된 진료 기록은 환자에게 유리합니다. 둘째, 전산화된 기록은 보건 당국의 예산을 절감시킵니다. 셋째, 전산화된 기록을 통해 말 그대로 많은 생명을 구할 수 있습니다. 그러면 지금부터 각 요지에 관해 더욱 자세히 설명하도록 하겠습니다."

이렇게 하니 각 요지를 파악하기 얼마나 쉬운가. 처음 말문을 열 때 이처럼 요지를 하나씩 밝히면 기자에게 미리 요약된 인용문을 전달하는 것이나 마찬가지고, 후에 설명하면서 맥락도 더욱 명확히 밝힐 수 있다.

독립적인 문장을 구사하라

독립적인 문장이란 앞이나 뒤에 나온 말과 상관없이 독립적으로 이해될 수 있는 어구나 생각, 문장, 인용문을 말한다. 독립적인 문장을 쓰면 맥락을 관리하는 데 도움이 된다. 또한 각 문장 그 자체로 뜻이 통해 전후 맥락 없이 특정 문장만 인용될 가능성을 줄여 준다.

사람은 종종 언론의 질문에 인과적으로 연결되거나 얽혀 있는 문장으로 답해야 한다는 압박을 느낄 때가 있다. 하지만 그렇게 하다 보면 나중에 그 메시지가 편집 과정을 거쳐 엉뚱한 말로 변할 가능성만 높아질 뿐이다. 여러 문장을 서로 엮어 서로 의존하게 만들면 문장별로 인용되는 경우 의미가 통하지 않게 된다. 정부의 발달 장애 아동 교육 정책에 대한 다음 네 문장을 한번 살펴보자.

"그 말에는 동의할 수 없습니다. 그들이 원하는 대로 하다 보면 효과가 없을 겁니다. 발달 장애 아동을 가르치는 데는 많은 고민이 필요합니다. 우리가 취하고자 하는 방식은 학부모 및 교사들과 연계하여 발달 장애 아동의 니즈를 충족시키는 것입니다."

문제는 두 번째 문장을 듣기 전까지 첫 번째 문장이 불완전하고, 두 번째 문장 역시 세 번째 문장을 들어야 뜻이 통한다는 것이다. 질문에 대한 진정한 답은 네 번째 문장에 이르러서야 나온다. 이처럼 다른 문장에 기댄 문장만으로 주장을 펼치다간 자칫 다음 날 신문에 달랑 두 번째 문장("그들이 원하는 대로 하다 보면 효과가 없을 겁니다")만 실리는 불상사가 발생할 수도 있다. 그러면 또 이렇게 소리칠 것 아닌가.

"앞뒤 말을 모두 잘라먹었어! 나머지는 다 어디 간 거야?"

홍보 담당자는 자신이 한 말 중에 어떤 부분이 언론의 필터를 통과할지 모르기 때문에 언제나 각 문장이 독립적으로 의미가 통하게 만들어야 한다. 다음은 독립적인 문장들로 구성된 답변의 좋은 예다.

질문 : 다양성에 관해선 평판이 나쁘지 않습니까?

답변 : 저희 ACME 산업에서는 다양성 준수를 자랑으로 여기고 있습니다. 다양성 문제에 관한 한 언제나 매우 높은 기준을 가지고 있습니다. 다양성 존중이야말로 저희 사업 방식의 일부입니다.

이런 답변이라면 기자가 어떤 문장을 택해 기사화하든 조리 있고 사려 깊게 들릴 뿐 아니라 ACME 산업을 긍정적인 이미지로 보여 줄 수 있다. 메시지와 답변에 맥락을 실으려면 언제나 독립적인 문장으로 구성하는 것을 명심하라.

수식어를 피하라

수식어란 어떤 주장의 범위에 제한을 가하거나 문장 속 다른 단어들의 의미를 바꾸는 단어나 어구를 뜻한다. 때로는 어떤 말을 얼버무리거나 수위를 조절하는 역할을 하기도 한다. 구체적으로 '제 생각에는', '제가 믿기로는', '제가 느끼기엔', '제가 바라는 건' 같은 표현을 말한다. 이런 유형의 표현을 쓰는 건 곧 자신의 말에 확신이 없다는 뜻이기도 하다. "저는 저희가 백신 소프트웨어 부문의 세계적인 선두 기업이라고 생각합니다"라는 말에는 확신이 없다. 반대로 "우리가 백신 소프트웨어 부문의 세계적인 선두 기업입니다"라는 말에는 확신이 가득하다. '제 생각에는', '제가 믿기로는', '제가 느끼기엔' 같은 표현이야말로 의견과 사실을 판가름한다. 자신감과 확신을 내보이고 싶다면 이런 수식어를 피하는 것이 좋다.

'하지만'을 없애라

홍보 담당자들은 '하지만'이라는 말을 너무 많이 하고, 이 때문에 해로운 결과가 따르기도 한다. '하지만'이라는 단어에는 두 가지 문제가 있다. 첫째, 그 단어는 앞에서 표명한 선의의 효력을 지워 버린다. "우리 정부는 노숙자를 위한 주택 지원 운동을 지지합니다. 하지만…" 같은 문장을 살펴보자. 그 다음으로 긍정적인 표현이 이어질 수 있겠는가? 이는 남편이 아내한테 이런 말을 하는 것이나 똑같다. "당신 머리 모양이 정말 예뻐. 하지만…" 두 번째 문제는 첫 번째 문장 다음으로 일종의 변명이 뒤따른다는 신호를 보낸다는 점이다. 예를 들어 "건설 프로젝트의 예산이 초과된 것이 사실입니다. 하지만 그것은 자재비 인상 때문입니다"라는 문장을 살펴보자. 어딘가 방어적인 분위기를 풍긴다. 이때 해결책은 '하지만'이라는 단어를 빼고 대신 '그리고'를 넣는 것이다.

"예, 건설 프로젝트의 예산이 초과된 것이 사실입니다. 그리고 그것은 자재비 인상 때문입니다."

단어 하나만 바꾸었을 뿐인데 답변이 변명에서 설명으로 확 바뀌었다.

'그러나'라는 단어 역시 '하지만'과 같은 부정적인 효과를 갖는다. '하지만'이나 '그러나' 같은 말이 필요하다고 느낄 때면 다음 두 가지 대안을 생각해 보자. 먼저 문장을 '비록'이라는 단어로 시작하는 것이다.

"비록 예산을 초과했지만 그것은 프로젝트의 범주가 넓어졌기 때문입니다."

두 번째 대안은 메시지를 두 개의 문장으로 나누는 것이다.

"정부는 노숙자를 위한 주택 지급 운동을 지지합니다. 다만 우려되는 점은 노숙자를 위해 정부에서 제안하는 계획이 최선의 선택인지 여부입니다."

'하지만'을 없애라는 규칙에 단 한 가지 예외가 있다. 바로 이 '하지만'이 주장을 전달하고 강조하는 데 도움이 될 때다. 예를 들어 "식품 의약국에서 사람의 생명을 살리는 새 특효약을 승인했습니다. 하지만 이 약은 너무나 비쌉니다"라는 문장을 보자. 여기에서는 '하지만'을 써서 일부러 앞 문장의 긍정적 효과를 축소시켰다. 뒤 문장을 강조하기 위해서다. 여기에서 '하지만'이 빠진다면 가격이 비싸다는 어려움보다 약품 승인이라는 긍정적 뉴스에 초점이 맞춰질 것이다.

"'…'라고 누가 말했다." 테스트

당신의 메시지를 듣는 사람이 편안하게 느낄지 확인하고 싶다면 메시지를 소리 내어 말한 다음 맨 뒤에 "'…'라고 누가 말했다"라는 말을 덧붙여 보면 좋다. 예를 들면 "'언론 메시지에는 설득력이 있어야 한다'라고 앤셀이 말했다"처럼 말이다. 맨 뒤에 "앤셀이 말했다"라는 말을 붙이면 그 메시지가 내일 자 신문에서 읽기 좋게 표현될지 미리 알아볼 수 있다. 다음 문장은 쉽게 읽히지 않는 대표적인 예다.

"'사법 제도에 접근을 요하는 사람들은 법정에서 더 나은 대우를 받을 수 있도록 법적 변호를 받을 기회가 주어져야 한다'라고 앤셀이 말했다."

이 긴 문장을 다음 문장과 비교해 보자.

"'누구나 변호를 받을 권리가 있다'라고 앤셀이 말했다."

메시지의 유형

여기에서 메시지란 당신이 언론을 통해 보도하고 싶은 것을 말한다. 한마디로 당신이 직접 기자와 이해당사자들에게 전달하고 싶은 말이라는 뜻이다. 언론 인터뷰 전에 미리 메시지를 준비한다면 기사에 좋은 영향을 미칠 수 있다. 또한 기사 작성에 필요한 것들을 기자에게 전달하여 일을 쉽게 만들어 줄 수도 있다. 미리 메시지를 준비하지 못하면 인터뷰할 때 실수나 잘못을 저지를 가능성이 높아지고, 자신의 의도를 전혀 알려 주지 못한 채 질문에만 답하기 급급해질 수밖에 없다. 이 경우 홍보 담당자는 자신의 이야기를 전혀 들려줄 수 없게 된다는 문제가 따른다.

하지만 누구에게나 통하는 메시지 작성 방식 같은 건 없다. 이야기와 상황에 따라 서로 다른 유형의 메시지가 필요하다. 당신의 이야기를 들려주는 것, 사실을 알려 주는 것, 시각을 제시하는 것, 우려나 관심을 표명하는 것, 사람들을 선동하는 것 등 그 종류도 다양하다. 여러 유형의 메시지를 합쳐 사용하는 것이 좋을 때도 있고, 특정 상황에 가장 적합한 유형을 하나 선택해야 할 때도 있다.

지금부터는 가장 효과적인 언론 메시지 유형에는 어떤 것이 있는지 알아보고, 그것의 사용 방법과 실제 사례를 설명하도록 하겠다.

'나의 뉴스는…' 메시지

'나의 뉴스는' 메시지는 다른 사람이 아닌 당신의 시각에서 나와야 한다. 이익 단체에서 당신의 기업이 강을 오염시키고 있다고 주장한다면 이때 뉴스는 "ACME 산업이 강을 오염시킨다는 비난을 받다"라는 식으로 나갈 수 있다. 하지만 그건 당신의 뉴스가 아니다. 당신의 뉴스라면 "우리는 환경 보호 캠페인을 떳떳하게 펼치고 있다"가 되어야 한다. 물론 그 말이 사실이라는 가정하에서다. 예를 더 들어 보겠다.

남의 뉴스 : ACME는 특허권 분쟁 해결을 위해 소기업에 5억 달러를 지급하기로 합의했다.

나의 뉴스 : 이번 합의로 두 기업이 협력하고 함께 혁신할 길이 열릴 것이다.

남의 뉴스 : 날씨가 따뜻해서 동계 올림픽 활강 종목 준비에 적신호가 켜졌다.

나의 뉴스 : 비록 날씨가 따뜻하지만 최고 수준의 경기를 치르는 데 필요한 기술력과 인력, 전문성을 갖췄다.

남의 뉴스 : 석유 회사에서 정유 팀 직원을 대량 해고했다.

나의 뉴스 : 정유 팀의 경영을 합리화함으로써 미래의 경쟁력을 높일 수 있을 것이다.

나의 뉴스 메시지를 작성할 때는 그것이 언론에서 보도할 유일한 메시지라고 상상하라. 따라서 이야기의 핵심을 되도록 쉽게 쓴 짧은 문장 하나에 담아 전달할 수 있어야 한다. '나의 뉴스는' 메시지는 이야기의 핵심을 담는 동시에 사람들에게 전달하고 싶은 정보와 시각, 혹은 감정을 제공해야 한다.

'나의 이야기를 들려준다' 메시지

뉴스 보도를 보면 주요 관련자 세 명의 이야기가 실리는 경우가 많다. 당신이 이 세 명 중 한 명이라면 적극적이면서도 간결한 이야기를 들려주는 것이 매우 중요하다. 당신의 이야기 중에서 핵심이 담긴 몇 마디 말을 찾겠다고 기자들이 어마어마한 양의 정보를 처리하려 들진 않을 것이다. 그들의 수고를 덜어 줌과 동시에 뉴스 보도에 더 큰 영향력을 미치고 싶다면 원하는 말을 세 개의 쉽고 짧은 문장으로 답하는 것이 좋다. 아래 세 문장은 현재 미국에서 담배 회사들이 내놓고 있는 핵심 주장이다.

- 담배는 합법적인 제품이다.
- 성인 인구 중 20퍼센트가 담배를 피운다.
- 담배 한 갑 가격의 3분의 2 이상이 세금이다.

기자가 이 중 어떤 문장을 택하더라도 담배 회사 홍보 담당자의 주장은 받아들여지는 셈이다. 이처럼 '나의 이야기를 들려준다' 메시지는 기자가 짧은 인용문을 원하는 간단한 인터뷰에서 특히 유용하다.

'이해당사자들에게 뜻하는 바' 메시지

어떤 이야기를 보도할지 말지 정할 때 기자나 편집자, 제작자들은 문제의 그 뉴스가 어떤 사람들에게 영향을 미치는지 알아야 할 필요가 있다. 뉴스로서 인정받으려면 그 이야기는 어딘가, 누군가에게 중요한 가치를 지녀야 한다. 따라서 이 메시지는 당신의 뉴스나 이야기가 다른 이들에게 어떤 영향을 주는지 알려 준다. 당신의 뉴스는 의미 있고, 흥미롭고, 혹은 유용한 정보를 제공하는가? 당신의 뉴스는 사람들의 삶에 직접적인 영향을 주는가? 여기 '이해당사자들에게 뜻하는 바' 메시지의 세 가지 예가 있다.

그냥 이야기 : 연방 단속 기관에서는 조사에 협조하는 측에 우대 조치를 제안했다.
이해당사자들에게 뜻하는 바 : 이제 단속 기관의 수사를 도우면 감옥에 가지 않고 민사 소송도 피할 수 있다.

그냥 이야기 : 기업이 적대적 인수 시도를 거부한다.
이해당사자들에게 뜻하는 바 : 주주들은 보유한 주식에 대해 더 많은 대가를 받을 자격이 있다.

그냥 이야기 : 무선 통신사들이 사용 요금제를 원한다.

이해당사자들에게 뜻하는 바 : 우리도 수도 회사나 전기 회사처럼 사람들에게 요금을 매길 필요가 있다.

사실 메시지

사실이 빠진 뉴스는 추측과 직감, 가십으로 가득할 것이다. 기사의 틀을 짜고 이야기를 쓰려면 사실이 필요하다. 사실 메시지는 주로 숫자, 통계, 날짜, 백분율 등으로 이뤄져 있다. 또한 정보를 다루는 솜씨를 뽐낼 필요가 있을 때 더욱 효과가 크다. 예를 들어 현 의료 체계에 불만을 제기하기 위해 보험이 없어 응급 치료를 받지 못하는 사람들을 거론한다면 그것을 뒷받침할 사실과 통계가 있어야 한다.

이것은 특정 문제를 다른 시각에서 보게 만들 때도 유용하다. 캐나다의 석유 회사 페트로 캐나다는 높은 휘발유 가격이 부당하다고 느끼는 사람이 많음을 깨닫고 가격 정책에 대한 다른 시각을 제공할 광고 캠페인을 시작했다. 휘발유 1리터당 가격의 45퍼센트가 원유를 생산하는 데 들어가고, 32퍼센트는 세금으로, 20퍼센트는 정유와 운송, 유통, 마케팅, 판매에 들어간다고 했다. 2007년의 판매 수익이 휘발유 가격의 약 3퍼센트라는 것을 여러 가지 수치를 통해 증명한 것이다.[5] 이 통계치를 접한 소비자 모두가 석유 회사에 더 큰 동정심을 느끼게 된 건 아니더라도 최소한 가격 책정에 관련된 여러 가지 사실을 알게 되었다. 다음은 미국 신문 협회(NAA)에서 제공한 분기별 통계치를 이용한 사실 메시지의 예다.

- 미국 전역의 신문사들은 온라인 광고를 통해 6억 2300만 달러를 벌었다.[6]

- 신문사 웹사이트에는 7400만 명의 방문자가 다녀갔다.[7]
- 신문사 웹사이트를 방문한 사람은 기사를 검색하며 총 27억분 동안 머물렀다.

사실은 어떤 문제나 상황을 정확하고 편견 없이 보여 주지만 그 자체만으로는 이야기 전체를 들려주지 못한다. 기껏해야 1, 2차원적으로 사건을 다루며 해석의 여지를 무수히 남기는 데 그친다. 이것이 바로 기자들이 사실을 해석하기 위해 전문가와 분석가들의 힘을 빌리는 이유이자 다음의 채색 메시지가 필요한 이유다.

채색 메시지

스포츠 경기가 텔레비전으로 중계될 때면 일반적으로 두 명의 아나운서, 즉 캐스터와 해설자가 등장한다. 캐스터는 경기장에서 벌어지는 모든 일을 하나씩 설명해 주는 사람이다. 게임의 '사실'을 제공하는 것이다. 그리고 해설자는 소위 코멘터리, 즉 해설을 제공한다. 여기에는 게임에 대한 해석이라든가, 각 장면에 대한 평가, 선수에 관한 설명 등이 포함된다. 이와 마찬가지로 채색 메시지는 사실 메시지의 효과를 더욱 높이는 역할을 한다. 이런 유형의 메시지는 사실에 대한 해석을 제공하는 한편 그 일로 영향을 받은 이들에게 우려를 표명한다. 게다가 사실에 가치를 더하고, 복잡하거나 낯선 개념을 이해할 수단을 제공하기도 한다. 이런 채색 메시지에는 네 가지 유형이 있다. 바로 맥락 채색 메시지, 관심 채색 메시지, 절대 채색 메시지, 비유 채색 메시지다.

네 메시지에 대해 간략히 설명하면 다음과 같다.

- **맥락 채색 메시지**는 사실이 의미하는 바를 해석하고 설명한다.
- **관심 채색 메시지**는 사람들에게 당신이 걱정하고 있음을 알린다.
- **절대 채색 메시지**는 끈질긴 공격에 대응하거나 가치를 강조한다.
- **비유 채색 메시지**는 말로써 그림을 그리고 복잡한 메시지를 단순화한다.

네 가지 유형의 메시지가 모두 필요한 뉴스가 있는 반면, 하나나 두 개 정도의 메시지만 있어도 무방한 것들도 있다. 어떤 상황에 어떤 유형의 채색 메시지가 필요한지 지금부터 각 유형별로 살펴보도록 하자.

맥락 채색 메시지 이름에서 알 수 있듯 맥락 채색 메시지는 사실 메시지에 맥락을 더해 준다. 또한 테마와 의미, 해석을 담아 그 사실이 의미하는 바를 설명한다. 맥락 채색 메시지는 복잡한 사실이 담겨 있는 이야기에서 특히 그 가치를 발휘한다. 예를 들어 보자.

"유전체 DNA를 세포핵 속 염색질에 넣으려면 억제 염색질 구조 발생 시 전사 현상처럼 DNA 의존성 과정을 가능케 하는 기계가 필요하다."

이 경우 적절한 맥락 채색 메시지는 "인간 세포를 분리하는 것은 매우 까다로운 과정이다"가 될 것이다.

날씨가 어때요?

맥락 채색 메시지 작성법을 더욱 쉽게 기억하고 싶다면 날씨를 예로 드는 것도 좋다. 날씨와 관련된 다음 사실들을 먼저 살펴보자.

- 오늘 기온은 22도다.
- 시속 72킬로미터로 남서풍이 불겠다.
- 비 올 확률은 25퍼센트다.

위의 사실에 맥락을 더해 주는 맥락 채색 메시지는 다음과 같다.
- 오늘은 포근한 날이다.
- 바람이 세게 분다.
- 비가 올지도 모른다.

날씨 보도를 쓸 때 보통 기자들은 맥락 채색 메시지를 인용하는 한편 사실 메시지를 더해 다음과 같이 이야기한다.
"앤셀의 말을 빌리면 비 올 확률이 25퍼센트다. '오늘 비가 올지도 모른다'라고 앤셀이 말했다."

다음은 사실 메시지와 그에 상응하는 맥락 채색 메시지의 예다.
사실 : 이 안전 캠페인에 300만 달러가 투자되었다.
맥락 : 이 새 안전 프로그램에 투자한 것은 바람직하다.

사실 : 재활용 프로그램을 통해 매립지로 갈 쓰레기 25톤이 줄었다.
맥락 : 환경 보호 프로그램은 지역 사회에 매우 중요하다.

사실 : 우리의 송전 신뢰도는 99퍼센트다.
맥락 : 우리는 안전하고 믿을 수 있는 전기를 제공한다.

일반적으로 사실 메시지와 맥락 채색 메시지는 따로 쓰인 문장에서도 효과를 발휘하지만 함께 붙여 쓸 때 더 잘 통하는 경우도 있다. 예를 들어 기자가 실적이 저조한 기업을 인수하려는 당신의 의도에 대해 묻는다면 당신의 답변에는 사실 외에도 맥락이 담겨 있어야 한다.

질문 : 이 기업을 인수하는 데 금액을 얼마 제시할 계획입니까?

답변 : 4000만 달러요.

이 답변은 사실을 말해 주고 있지만 여기에서 그친다면 그 이유 등에 대해 추가 질문이 이어질 것이다. 이 답변에서 빠진 것이 있다면 바로 맥락이다.

질문 : 이 기업을 인수하는 데 금액을 얼마 제시할 계획입니까?

답변 : 우리가 제시하고자 하는 4000만 달러라면 새로운 제품 생산 라인과 제조 시설을 손에 넣어 초기 투자보다 훨씬 더 큰 가치를 돌려받을 수 있을 겁니다.

숫자와 통계만 줄줄 읊지 말고 맥락 채색 메시지를 이용하여 맥락과 당신의 시각을 함께 제시하도록 하라.

관심 채색 메시지　사람은 때로 누군가 자신의 말에 귀를 기울이고 자신의 불안감을 알아주기를 바란다. 얼마 전 내 스마트폰에 저장돼 있던 할 일 목록이 갑자기 삭제된 일이 있었다. 정말로 속이 상한 나는 그 회사의 서비스 센터에 전화를 걸었다. 통화를 하는 도중 나도 모르게 언성을 높였는지, 서비스 센터 직원이 나더러 목소리를 낮추라고 했다. 정작 화가 치솟은 건 바로 그 순간이었다. 수화기 반대편에 있는 사람은 할 일 목록을 모조리 잃은 것이 내게 얼마나 속상한 일인지 전혀 알아주지 않는다는 기분이 들었기 때문이었다. 그 순간 그는 내게 전혀 도움이 되지 않는 사람 같았다. 물론 내 문제를 해결해 줄 수 있는 사람은 아무도 없었다. 그래도 그가 나의 이런 심정을 조금이라도 알아주었다면 기분이 조금 나아졌을 것이다.

관심 채색 메시지는 당신이 남들과, 특히 당신이 저지르거나 당신의 책임하에 저질러진 일 때문에 영향을 받은 사람들과 공감하고 있음을 보여 준다. 예를 들어 당신이 운영하는 노인 요양원에 퍼진 독감으로 입주자 몇 명이 목숨을 잃었다면 "안타깝게도 몇 분이 돌아가셔서 슬픔을 금할 길이 없습니다" 같은 관심 채색 메시지가 적절할 것이다.

관심 채색 메시지는 정도에 따라 차등을 주어 작성할 수 있다. 예를 들어 직원이나 고객이 목숨을 잃었다면 홍보 담당자는 그런 '비극적이고도 충격적인' 사건에 대해 깊은 '슬픔'을 표명해야 한다. 이처럼 끔찍한 상황에서는 관심 채색 메시지가 어떤 답변에서도 빠질 수 없는 중요한 부분이 되어야 한다. 하지만 누군가 젖은 바닥에서 미끄러져 다리가 골절되었다면 '불행한', '안타까운', '진심으로 유감스러운' 같은 표현이 더 적절할 것이다. 또 파업 사태가 벌어진 경우 홍보 담당자는 고객에게 "'불편을 끼쳐 드려 매우 안타까운' 심정이며, 노사 관계에 대해 '심히 우려하고' 있다" 같은 말을 할 수 있다.

직원이 목숨을 잃은 비극적인 상황의 경우 관심 채색 메시지에는 온기가 담겨야 한다. 산업 재해로 직원 두 명이 사망한 예를 들어 보자.

이 경우 "ACME 산업은 우리 동료들에게 벌어진 일에 대해 큰 충격을 받았습니다"도 좋지만 "우리 동료들에게 벌어진 일에 대해 저희는 큰 충격을 받았습니다" 같은 표현이 더 바람직하다. 'ACME 산업' 대신 '저희'라는 표현을 쓰면 더 정감이 있고 진심처럼 들리기 때문이다. 회사 이름 대신 '우리'나 '저희' 같은 1인칭 복수를 칭하는 말을 쓰면 메시지에 모두의 진심이 담긴 것 같은 느낌을 준다.

입증되지 않은 혐의를 둘러싼 상황이라 하더라도 유감의 뜻을 표하는 것이 좋다. 예를 들어 당신 사무실에서 성희롱이 벌어졌다는 주장이 제기됐다면 당연히 '우려가 된다'거나 '걱정스럽다' 같은 말이 들어가야 한다. 이 외에 당신의 관심이나 우려가 반드시 필요하지 않은 경우에도 관심 채색 메시지는 유용하게 쓰일 수 있다. 예를 들어 어떤 환경 단체가 당신 공장에서 나오는 증기가 지역 사회의 곤충을 해치고 있다고 주장한다면 그것 역시 정중히 다루어야 한다. 주장이 말도 안 되고 우스꽝스럽다고 느껴질 때에도 그들의 말을 들었음을 알리는 것이 좋다. "이 문제에 대해 우려하시는 분들이 있다는 것을 알고 있습니다"라고 말한다고 해서 그들의 주장에 힘을 실어 주는 것은 아니다. 오히려 남의 생각을 존중하는 태도를 보여 줄 수 있다.

절대 채색 메시지 절대 채색 메시지는 다른 이들의 불안감을 공감하는 동시에 자신의 가치를 내세울 기회를 준다. 절대 채색 메시지의 목표는 논란을 잠재우는 것이다. 많은 대기업이나 조직, 정부에서 비평가들을 맞상대함으로써 나쁜 뉴스를 더욱 심각하게 만드는 실수를 범한다. 이럴 때 절대 채색 메시지를 쓰면 그들과 공통의 이해를 구축하여 같은 가치를 공유한다는 사실을 알릴 수 있다. 또한 비평가와 이해당사자들에게 당신이

해당 사건의 심각성을 인지하고 있음을 보여 준다. 특히 당신 회사나 조직이 공격받고 있을 때 이 효과는 더욱 크다.

당신 회사에서 화학 물질 유출 사건이 벌어졌다고 치자. 니켈과 카드뮴이 함유된 유해한 합성 물질이 유출되어 강으로 흘러들어갔다. 이 사실을 알게 된 그린피스에서 공장 바깥에 진을 치고 당신 회사를 '환경 범죄자'라 부르고 있다. 이 상황에서 쓸 수 있는 절대 채색 메시지는 다음과 같다.

"환경은 반드시 보호해야 합니다."

자, 내가 이런 말을 할 줄 알았는가? 아마 몰랐을 것이다. 환경을 보호해야 한다는 말이 틀렸는가? 그렇지 않다. 그렇다면 "환경은 반드시 보호해야 합니다" 같은 말은 누구 입에서 나올 것 같은가? 모르긴 해도 그린피스일 가능성이 높다. 당신 회사에서 그런 말을 했다는 걸 듣고 나면 그린피스의 운영진은 이렇게 나올 것이다.

"어, 그거 우리가 할 말인데!"

누구 입에서 나오든 환경을 보호해야 한다는 건 옳은 말이다. 누구도 반박할 수 없는 절대적 사실인 것이다.

절대 채색 메시지를 말할 수 있는 방법은 단 하나뿐이다. 그리고 절대적 사실이기 때문에 누구 하나 반기를 들 수도 없다. 다른 예를 들자면 다음과 같다.

- 도심 지역의 주택 가격은 반드시 적정선을 유지해야 한다.
- 의약품은 반드시 안전해야 한다.
- 직원들은 반드시 정당한 처우를 받아야 한다.

이번엔 다음 두 문장을 비교해 보자.

"환경은 반드시 보호해야 한다."

"우리는 반드시 환경을 보호해야 한다."

두 번째 문장도 절대 채색 메시지라 볼 수 있는가? 물론이다. 하지만 여기에서는 '우리'가 누구냐는 문제가 남는다. 회사를 말하는 것인가, 아니면 일반적인 사람을 말하는 것인가? 진정한 의미의 절대 채색 메시지는 '나'나 '우리' 같은 대명사나 회사 이름 등을 사용하지 않는 것을 원칙으로 한다. 올바른 절대 채색 메시지가 되려면 "환경은 반드시 보호해야 한다"여야 한다.

절대 채색 메시지에 쓰이는 단어

절대 채색 메시지에는 강력한 한 방이 필요하다. "지속 가능한 개발이 무엇보다 중요하다"라는 말은 "지속 가능한 개발은 반드시 무엇보다도 중요하게 받아들여야 한다"라는 말만큼 강력하지 못하다. 절대 채색 메시지를 만드는 강력한 단어에는 다음과 같은 것들이 있다.

- **반드시** : "기업은 반드시 윤리를 지켜야 한다."
- **필요** : "지역 사회는 깨끗한 환경이 필요하다."
- **마땅하다** : "누구나 공정한 대우를 받아 마땅하다."
- **기대** : "직원은 모두 공정한 임금을 기대한다."

작성한 메시지가 절대적인지 아닌지 판단할 수 있는 두 가지 요령이 있다. 첫 번째는 메시지에 부정의 뜻을 넣었을 때 말이 되는지 안 되는지 보는 것이다. 예를 들어 다음과 같은 말은 아주 우습게 들릴 것이다.

- 도심 지역의 주택 가격은 절대 적정선을 유지해선 안 된다.
- 의약품은 절대 안전해선 안 된다.
- 직원들은 절대 정당한 처우를 받아선 안 된다.

절대 채색 메시지를 알아보는 두 번째 방법은 비평가들이 같은 말을 하는 모습을 상상해 보는 것이다. "환경은 반드시 보호해야 한다"거나 "의약품은 반드시 안전해야 한다" 같은 말을 하는 사람들의 모습은 쉽게 상상할 수 있다.

어떤 조직이 실제로 잘못을 저지르고 그에 대해 비판을 받는 경우라도 절대 채색 메시지의 효력은 유효하다. 예를 들어 어떤 정부 기관이 국민의 세금을 흥청망청 쓰고 있다는 사실이 입증되었다고 치자. 이때 답변은 문제 해결책 공식에 따른 메시지로 시작해(그 사실을 인정하고 해결) 다음과 같은 절대 채색 메시지로 마무리할 수 있다.

"국민의 세금이 부적절하게 사용되었으므로 정부 감사에 적극적으로 협조해 앞으로의 절차에 문제가 없도록 하겠습니다. 국민이 낸 세금은 반드시 올바르게 쓰여야 합니다."

한편 그 기관이 세금을 낭비하고 있다는 주장이 근거가 없는 경우라면 절대 채색 메시지를 다음과 같이 수정해 말할 수 있다.

"국민이 낸 세금은 반드시 올바르게 쓰여야 하고, 현재 그렇게 하고 있습니다."

이처럼 절대 채색 메시지 뒤에 사실을 확인하는 몇 마디 단어를 붙임으로써 그 효과를 더해 줄 수도 있다.

절대 채색 메시지는 한 줄 이상으로 길어져선 안 된다. 절대 채색 메시지를 쓰기가 어렵게 느껴진다면 맥락 채색 메시지를 길잡이로 쓰는 것도 좋다. 예를 들어 다른 기업 인수가 현재 기업 상태에 득이 되지 않는다며 주주들이 불만을 터뜨리는 경우라면 먼저 "우리는 장기적으로 가치를 제공하는 인수를 할 것입니다"라는 맥락 채색 메시지를 작성한 뒤, 그것을 "인수는 반드시 가치를 제공해야 합니다"로 바꾸는 것도 좋다. 이제 그 누구도 부인하거나 반박할 수 없는 효과적인 절대 채색 메시지가 완성되었다.

비유 채색 메시지 이 메시지는 연상이나 비교, 유사성 등을 통해 효과를 얻는 어구나 표현을 말한다. 복잡한 아이디어나 다면적인 문제를 설명하는 생생하고 편리한 방법이기도 하다. 러시아의 블라디미르 푸틴이 쓴 표현처럼 즉각적인 그림을 그려 주기도 한다. 부정 축재 가능성을 두고 언론으로부터 의심의 눈초리를 받았던 그는 해당 보도에 대해 이렇게 말했다.

"누군가의 코에서 파낸 것을 종이에 마구 문질러 댄 것."[8]

참으로 역겹긴 하지만 아주 효과적인 그림 아닌가? 비유 채색 메시지는 다음 네 가지 기본 표현으로 구성된다.

- 관용 표현
- 은유
- 직유
- 유추

관용 표현이란 여러 단어를 합쳐 표현을 만들었을 때, 각 단어를 따로 썼을 때와 뜻이 달라지는 경우를 말한다. 특정 상황이나 사건을 설명하는 그림이나 이미지를 통해 이런 의미를 만들어 낸다. 관용 표현에는 다음과 같은 것들이 있다.

- 초의 양 끝을 태운다.
- 황소의 뿔을 붙잡는다.
- 스위치 앞에서 잠든다.

앞의 세 가지 예는 각각 일을 너무 많이 해서 지친다, 문제에 정면으로 맞선다, 맡은 바를 소홀히 한다는 뜻을 지닌다. 하지만 사용이 편리하다보니 때로 진부하게 느껴지기도 한다.

은유란 실제로는 공통점이 있지만 언뜻 보면 서로 다른 두 가지를 비교하는 표현을 말한다. 한마디로 은유란 "X는 Y다"라고 할 수 있다. 은유의 예에는 다음과 같은 것들이 있다.

- 사업이란 끊임없는 전투다.
- 회계 팀의 캐런은 기계다.
- ACME 산업은 작은 연못의 큰 물고기다.

위의 표현은 각각 사업 성공이 얼마나 힘든 일인지 생생히 보여 주고, 캐런이 마치 기계처럼 효율적으로 움직인다는 사실을 알려 주며, ACME 산업이 한정된 시장을 지배하고 있다는 사실을 들려준다. 두 가지 대상이 서로 같다(X는 Y다.)고 주장하는 은유는 비유 채색 메시지 중에서도 가장 직접적인 유형이라고 할 수 있다.

직유 역시 일종의 비유지만 '~처럼'이나 '~같이'와 같은 단어를 쓴다. 한마디로 "X는 Y와 같다"라고 하는 것이다. 직유의 예로는 다음과 같은 것들이 있다.

- 어떤 나라에서 총은 마치 휴대 전화 같다.
- 톰은 쥐처럼 조용하다.
- 새라는 피 냄새를 맡은 상어 같았다.

이런 구조에 장점이 있다면 두 개념이나 대상을 비교하면서도 각각의 특성이 그대로 남는다는 점이다. 총과 휴대 전화는 완전히 다른 대상이다. 총을 가지고 누군가와 통화를 할 수는 없는 노릇이 아닌가. 그저 세계의 어느 지역에서 총이 휴대 전화처럼 흔히 쓰인다는 것뿐이다. 이처럼 직유는 두 대상 사이의 공통점이 제한적일 때, 혹은 단순하거나 단일한 비교를 할 때 가장 유용하다.

은유나 직유처럼 유추 또한 서로 다른 대상이나 사건을 비교한다. 그러나 은유와 직유는 주로 무언가를 묘사하는 반면, 유추는 두 가지 대상을 논리적으로 연결하거나, 어떤 입장을 주장하거나, 복잡한 무언가를 이해하기 쉽게 만드는 데 쓰인다. 한마디로 두 가지 대상이 어떤 면에서 비슷하다면 다른 면에서도 유사점을 보일 것이라고 주장하는 셈이다. 유추는 짧게 쓸 수도 있지만 대다수의 경우 은유나 직유가 확장된 형태를 띤다. 미국 하원 의원 제임스 그린우드는 엔론의 회계사였던 데이비드 던컨에게 이런 말을 해서 큰 화제를 모았다.

"던컨 씨, 엔론은 은행을 털고, 아서 앤더슨(엔론의 회계 감사를 담당했던 컨설팅 회사 - 옮긴이)이 도주 차량을 제공했으며, 듣자 하니 당신이 그 차량을 몰았다더군요."[9]

실리콘 밸리에서 열린 바이러스 백신 소프트웨어 회사를 위한 언론 전략 교육 프로그램에서는 한 엔지니어가 완벽한 유추를 발표하기도 했다.

"우리 제품이 요새라면 다른 회사 제품은 나무 울타립니다."

이 한 문장은 곧 뉴스를 타고 세계로 퍼졌다.

기자들은 이런 비유 채색 메시지에 사족을 못 쓴다. 예전에 신제품을 발표하는 기자 회견에 참석한 적이 있었는데, 그때 발표를 맡았던 홍보 담당자는 명확하고 간결한 메시지를 내놓지 못했다. 그의 입에서 나오는 말은 죄다 지루하고 평범했다. 그러던 중 돌연 그가 이런 말을 했다.

"이 신제품은 커널(KFC의 마스코트 할아버지-옮긴이)에게 쫓기는 닭보다 빠르게 팔릴 겁니다."

그 말 한 마디에 번쩍 눈을 뜬 기자들은 각자 노트에 '커널… 쫓기는… 닭…'이라고 써 내려갔고, 이 말은 다음 날 신문마다 실렸다.

비유 채색 메시지는 좋은 뉴스일 때 가장 큰 효과를 발휘하는 반면 나쁜 뉴스라면 반드시 피해야 한다. 대체 뭐라고 말할 것인가? "주가가 추풍낙엽처럼 떨어지고 있다?" 절대 안 될 말씀이다. 피해야 할 비유 채색 메시지의 좋은 예로 다음과 같은 것들이 있다.

- 침몰하는 배와 같은 꼴이다.
- 충돌한 열차 잔해나 마찬가지다.
- 머리 잘린 닭처럼 미쳐 날뛰고 있다.

물론 예외는 있다. 원자력 발전소 직원들에게 방사능 유출에 관한 주제로 교육하고 있을 때 그중 한 사람이 이런 메시지를 작성했다.

"시간당 1렘의 방사능이 유출되었다."

방사능 1렘은 대체 어느 정돈가? 유해한 것인가? 치명적인가? 이런 경우라면 비유 채색 메시지를 쓰는 것이 적합할 것이다.

"시간당 1렘의 방사능에 노출된 것은 엑스레이 촬영을 한 것과 같은 수준이다."

자, 이제 어느 정도 마음이 놓일 것이다.

행동 촉구 메시지

"모기약을 쓰지 마라!"는 사람들에게 행동을 촉구하는 메시지다. 행동 촉구 메시지란 바로 이런 것이다. 방금 들은 정보를 바탕으로 일어서 행동하라는 일종의 슬로건 말이다. 이것은 당신이 들려주는 말의 결과로 그들이 무언가를 하게 만들기 위한 메시지다.

어떤 뉴스를 읽거나 본 사람들은 때로 강한 감정을 느끼고 조금이나마 도움이 되고 싶어 한다. 이때 행동 촉구 메시지는 어떻게 하면 이 일에 관여할 수 있는지 알려 준다. 이익 단체들은 이럴 때, 특히 여론이 양극화될 때 사람들에게 행동을 촉구하는 기술이 매우 뛰어나다. 낙태 문제를 한번 생각해 보자. 생명을 중시하는 쪽과 산모의 선택을 중시하는 쪽이 팽팽히 맞서 각 이해당사자의 마음을 움직이고, 시위나 온라인 진정서 등을 통해 그들이 행동하게 만들지 않는가.

행동 촉구 메시지는 정부나 어떤 산업 부문 등에 압력을 가해야 할 필요가 있는 상황에서 특히 유용하다. 예를 들어 지구 온난화를 논하기 위해 모인 전 세계 마흔 명의 시장들은 "대기 중 온실 가스 농도 안정화를 위해 장기적 목표를 세우라"라고 G8에 촉구했다. 런던 전 시장이자 이 그룹의 대변인인 켄 리빙스턴은 이렇게 말했다.

"이것은 G8을 향한 긴급한 경종이다."[10]

'질문을 받았을 때' 메시지

언론에 내보낼 메시지를 작성할 때는 주로 보도를 원하는 정보나 진술에만 집중하게 되어 있다. 홍보 담당자의 목표는 이 메시지를 이용해 준비한 이야기를 들려주는 것이다. 하지만 기자에게는 이 사건을 면밀히 조사하고 홍보 담당자들을 불편하게 만들 질문을 던질 책임이 있다. 이런 경우에는 미리 준비한, 하지만 방금 받은 질문과는 거의 관련이 없는 메시지를 쓰지 않는 것이 무엇보다 중요하다. 대신 어렵거나 불편한 질문이 나올 것을 예상하고 그에 답할 수 있는 메시지를 미리 준비해야 한다.

이 '질문을 받았을 때' 메시지는 스스로 거론할 생각은 없지만 기자는 분명 언급할 질문이나 문제에 대비한 메시지다. 예를 들어 정치인이 공약을 발표하는 자리에서 과거 마약 상용에 대한 질문이 나올 것을 예상했다면 그 문제에 답할 '질문을 받았을 때' 메시지를 준비해야 한다. 실제로 과거 버락 오바마가 상원 의원이었을 당시 잡지 편집자들과 만난 자리에서 이런 문제가 언급되자 그는 이렇게 대답했다.

"어렸을 때(대마초를) 흡입한 적이 있습니다. 10대 소년으로서 느끼는 혼란과 어려움 때문이었지요. 10대 소년은 그런 혼란을 자주 느끼는 법입니다."[11]

설득력 있는 메시지 작성 양식

언론과 접촉할 때에는 자신이 말하고자 하는 바를 정확히 아는 것이 무엇보다 중요하다. 한 쪽으로 구성된 설득력 있는 메시지 작성 양식을 이용하면 기자의 니즈를 충족함과 동시에 하고 싶은 이야기를 적극적으로 전하는 메시지를 만들 수 있다. 다양한 메시지 유형과 재료를 한데 합친 이 양식은 좋은 뉴스와 나쁜 뉴스 모두에 이용할 수 있다. 부록에 견본이 실려 있으니 복사해 쓰기 바란다.

이 양식은 처음 만든 이후 수정을 거듭하며 기자들이 기사를 쓰는 데 필요한 여러 요소들을 반영했다. 현재 전 세계의 많은 전문 홍보 담당자들이 매일 이 양식을 이용하고 있다.

양식을 작성하기 위해서는 가장 먼저 2장에서 작성한 가치관 나침반을 옮겨 와야 한다. 나쁜 뉴스 상황이나 널리 비판받고 있는 경우라면 3장에서 만든 문제 해결책 공식 메시지를 옮겨 적는다. 그리고 나서 각 유형별 메시지의 빈칸을 채워 넣는다. 메시지 유형의 정의와 예는 앞에 나온 '메시지의 유형' 부분을 참고하기 바란다. 거기에서 메시지별로 제시한 설명과 사례가 이 양식과도 직접적으로 일치한다. 이어서 완성된 메시지 작성 양식을 소개하도록 하겠다.

바이오잭스 사례 4 :
설득력 있는 메시지 작성 양식의 실제

1장에서 매우 값비싼 암 치료제 바이오잭스의 제조사인 JLA 생명 과학의 CEO 조안 스미스를 만나 본 바 있다. 처음 만났을 때 그녀는 바이오잭스의 가격과 접근성에 대한 인터뷰를 하고 있었다. 이 인터뷰로 작성된 기사에는 부정적인 인용문이 많았고, 그로 인해 회사 이미지에 큰 손상을 주었다. 기억을 되살리는 의미에서 보도되었던 인용문 몇 가지를 다시 소개할까 한다.

- "바이오잭스가 위험한 것도, 효과가 입증되지 않은 것도 아닌데 말이죠."
- "우리는 탐욕스럽지 않습니다."
- "우리는 사람들을 죽이는 게 아닙니다."

뒤의 6장에서 조안은 인터뷰를 다시 하면서 똑같이 힘든 질문을 받을 것이다. 하지만 달라지는 것이 있다면 바로 그녀의 답변이다.

이제 답변을 통해 어떤 이미지를 내보이고 싶은지 잘 아는 조안은 앞의 '메시지의 유형'에서 제공한 방법과 사례를 이용해 다음과 같은 설득력 있는 메시지 작성 양식을 썼다.

조안의 설득력 있는 메시지 작성 양식

뉴스는… JLA 생명 과학이 새로운 암 치료제 가격 책정에 있어 탐욕스럽다는 비난을 받고 있다.

가치관 나침반(2장)

공감하는	분노	교육	윤리적
N	E	W	S

문제 해결책 공식 메시지(3장) : 안타깝게도 생세포로 만든 약품의 높은 제조 비용 때문에 바이오잭스의 가격이 높으므로 정부는 이 중

요한 약품의 구매 비용을 지원해 줌으로써 암과 싸우는 이들을 도울 필요가 있습니다.

나의 뉴스는… 암세포 성장을 억제해 수명을 늘려 줄 신약인 바이오잭스를 구매하지 못하는 환자들이 있다.

짧은 세 문장으로 당신의 이야기를 들려주어라 :

1. 바이오잭스는 항암 효과가 뛰어난 약이다.

2. 암 환자들이 바이오잭스를 쓰면 더 오래 살 수 있지만 정부에서 돕지 않으려 한다.

3. 이 치료제가 덜 비싸게 공급되기를 바란다.

이해당사자들에게 뜻하는 바 메시지 : 암 환자들을 도울 수 있는 약을 지원하지 않겠다는 관료주의적 결정으로 그들이 고통받고 있다.

세 가지 사실 메시지 :

1. 바이오잭스의 임상 실험에 1800명의 환자가 참여하고 있다.

2. 바이오잭스를 투약한 환자 중 60퍼센트의 암세포 성장이 억제됐다.

3. 암 환자 중 40퍼센트가 정부의 약값 지원에 의존하고 있다.

맥락 채색 메시지 : 정부는 바이오잭스의 도움을 받을 수 있는 암 환자들을 지원해야 한다.

관심 채색 메시지 : 우리는 도움이 필요한 사람들의 손에 이 약이 들어가기를 바란다.

절대 채색 메시지 : 암 환자들은 효과 높은 약품을 반드시 손에 넣어야 한다.

비유 채색 메시지 : 개인 보험이 없는 암 환자는 타이타닉호에 탄 승객과 같다. 돈이 많은 승객만 구명보트에 탈 수 있다.

행동 촉구 메시지 : 환자들은 이 중요한 신약의 약값을 지원받기 위해 당국에 전화하거나 편지를 써야 한다.

질문을 받았을 때 메시지 :
질문 : 바이오잭스가 필요하지만 약값을 감당할 수 없는 환자를 그냥 포기할 셈인가?
답변 : 우리 회사의 도움의 손길 프로그램을 통해 최대한 많은 환자들을 돕기 위해 최선을 다하고 있다.

설득력 있는 메시지로 무장했으니 이제 이것을 효과적으로 전달하는 방법을 배울 필요가 있다.

다음 장에서는 최적의 메시지를 전달하기 위해 긴장감을 조절하고, 보디랭귀지와 어조를 이용하고, 일반적인 실수를 피하는 방법을 설명하도록 하겠다.

4장 복습

- 쉬운 단어와 표현을 쓰면 혼란을 줄이고, 메시지의 접근성을 높이며, 진심을 담을 수 있다.

- 문장을 짧게 써라. 백 단어로 된 한 문장 대신 열 단어로 된 열 개 문장으로 답하는 것이 낫다.

- 메시지와 답변에 맥락이 실리도록 독립된 문장으로 답하라.

- '제 생각에는', '제가 믿기로는', '제가 느끼기엔' 같은 수식어는 사실을 의견으로 바꿔 버린다. 자신감과 확신을 전달하고 싶다면 수식어에 유의하라.

- 홍보 담당자들은 '하지만'을 너무 많이 쓰고, 이 때문에 문제가 생기는 경우도 많다. '하지만'이라는 단어에는 두 가지 문제가 있다. 앞 문장에서 표명한 선의의 효력을 없애고 변명이 뒤따른다는 신호를 보낸다.

- 부록에 실린 한 쪽 분량의 설득력 있는 메시지 작성 양식을 쓰면 기자의 니즈를 충족함과 동시에 하고 싶은 이야기를 적극적이고 긍정적으로 전할 수 있다.

PART
5

메시지 전달하기

"이제부터 더욱 조심성 있게 말하겠다. 내 말이 이제
완전히 새로운 수준까지 증폭됨을 알기 때문이다."
– 전 미국 대통령 후보 마이크 허커비 –

　　말은 치약과 같다. 한번 짜내면 도로 집어넣을 수 없기 때문이다. 온타
리오의 전 부총리 조지 스미더먼은 "중요한 건 백 마디 말을 하면 그중에
되돌리고 싶은 말이 꼭 있다는 것이다"라고 한탄하기도 했다.[1]

　　언론의 질문에 답할 때 홍보 담당자는 단어 하나하나를 통제해야 한
다. 즉 무엇을, 어떻게 말할지 둘 다 알고 있어야 한다는 뜻이다. 하지만 기
자들이 속사포처럼 질문을 쏟아 낼 때 임기응변으로 답하려면 타고난 재
능만으로는 안 된다. 남의 이목이 집중되는 가운데 힘든 질문에 답하는 것
은 다른 어느 것보다도 겁나는 일이다. 하지만 메이저리그에서 활약하거
나 피아노 공연을 하는 것과 달리 효과적인 메시지 전달은 누구나 학습을
통해 배울 수 있는 기술이다. 자신감 있게 또렷이 말하는 능력은 연구와

연습을 통해 얼마든지 개발할 수 있다.

이 장에서 제시하는 전략과 테크닉을 통해 목소리와 몸짓, 자연스러운 에너지를 이용해 주변을 장악하고, 메시지를 전달하기 위한 최상의 기회를 조성하는 법을 배우게 될 것이다. 또한 미리 준비한 발표를 하든, 즉흥적으로 답변을 하든, 공격적인 기자 회견을 하든 진심 어린 답변을 하는 것처럼 보일 기술을 얻게 될 것이다.

미친 듯 돌아가는 두뇌를 붙들어라

내게 교육을 받는 사람들은 무엇보다도 빠르게 머리를 굴리는 방법을 배우고 싶다고 말한다. 꽤 훌륭한 목표 같지 않은가? 천만의 말씀이다. 그들은 이미 너무 빨리 머리를 굴리고 있고, 그게 바로 문제다. 스트레스가 심한 상황에서 빠르게 생각하려 애쓰다 보면 두뇌가 미친 듯 돌기 시작한다. 그래서 다급히 자문한다. "이제 뭐라고 말하지?" 앞으로 무슨 말을 해야 할지 생각하느라 정신이 팔린 사람은 지금 이 순간 하고 있는 말을 통제하지 못한다. 이들은 반대로 천천히 생각하는 법을 배울 필요가 있다. 두뇌가 움직이는 속도를 늦추고, 말 한 마디 한 마디를 통제해야 한다. 그렇게 하려면 가장 먼저 배워야 할 것이 제대로 숨 쉬고 천천히 말하는 법이다.

들이쉬고… 내쉬고…

불안을 느낄 때 우리의 자율(반사적) 신경계에서는 아드레날린, 노르아

드레날린, 코르티솔처럼 스트레스를 유발하는 호르몬이 분비된다. 이런 호르몬이 분비되면 심장 박동이 빨라지고, 혈압이 올라가고, 동공이 확대되고, 침이 마르며, 땀이 나고, 산소가 모자라는 등의 현상이 일어난다. 그러면 두뇌 활동이 견딜 수 없을 정도로 빨라지면서 때로는 정신이 혼미해지고 인지 기능과 언어 능력이 분리되기도 한다. 한마디로 두뇌와 혀가 따로 놀기 시작하는 것이다. 제대로 숨 쉬는 법을 배우면 자율 신경계를 다스리는 것은 물론 두뇌와 혀가 완벽한 조화를 이루며 함께 움직이게 하는 데도 도움이 된다.

지구상의 모든 인간은 같은 식으로 숨을 쉬며 태어나지만 3세가 되면 스트레스 때문에 정상적인 호흡 패턴에 영향을 받게 된다. 그 결과 대부분의 성인은 제대로 호흡하지 못한다.

요가에서 가르치는 우자이 호흡법은 우리의 타고난 호흡 패턴을 되돌려준다. 횡격막을 이용한 이 호흡 기술을 쓰면 먼저 공기가 아랫배를 가득 채우고, 그 다음 가슴을 통해 위로 올라간다. 산소의 처리량을 늘리고 내부 체온을 높임으로써 자연스럽게 자율 신경계 일부를 이완시킨다.

스트레스가 심한 상황에서 침착성을 유지하고 집중력을 잃지 않으려면 다음의 우자이 호흡법을 따라 해 보자.

들이쉬기 : 배가 나온다.
내쉬기 : 배가 들어간다.

천천히 숨을 쉰다.

들이쉬기 : 배가 나온다.

내쉬기 : 배가 들어간다.

매 호흡이 3초에서 5초간 지속되게 한다.

들이쉬기 : 배가 나온다.
내쉬기 : 배가 들어간다.

숨을 쉴 때마다 배가 올라갔다 내려가는 것을 확인한다.

들이쉬기 : 배가 나온다.
내쉬기 : 배가 들어간다.

코로 숨 쉬어라. 공기를 데우는 동시에 걸러 준다.

들이쉬기: 배가 나온다.
내쉬기 : 배가 들어간다.

가능하다면 언제나 이런 식으로 호흡해 본다. 연습이 큰 도움이 된다. 요가를 배우는 것도 좋고, 그것이 힘들다면 최소한 인터넷에서 정확한 우자이 호흡법 영상을 검색해 본다. 연습해 보면 알겠지만 정확한 호흡이야 말로 마음과 몸을 하나로 만드는 열쇠다. 언론과 인터뷰를 할 때도 질문에 귀를 기울이며 정확한 호흡을 하고 있어야 한다. 어려운 질문을 받으면 숨을 멈추고 겁에 질려 '뭐라고 대답하지?'라고 생각하게 되기 때문이다.

천천히 말하라

누군가 봇물 터진 듯 말을 쏟아 내고 있더라도 그 사실 하나만으로 그가 긴장했다고 볼 수는 없다. 때로 긴박감을 전달하거나 열정을 드러내기 위해 빠른 속도로 말하는 경우도 있기 때문이다. 하지만 홍보 담당자가 기자의 질문을 받고 미친 듯 답변을 쏟아 내고 있다면 그건 그가 두뇌와 혀 분리 현상, 즉 말이 의도한 것보다 더 빠르게 입 밖으로 나오는 일시적 문제를 겪고 있을 가능성이 크다. 이럴 때 천천히 말하면 말을 통제하는 데 도움이 된다.

일상적인 대화에서 일반인은 분당 약 175단어를 말한다고 한다.

민주당 경선 당시 버락 오바마는 분당 110단어를 말했다. 연설문 전문 작가로서 전 대통령 조지 H. W. 부시를 위해 일했던 댄 맥그로티는 이렇게 생각을 담아 신중히 말하면 "메시지의 내용에 상관없이 메시지 자체에 진지함을 더한다"라고 했다. 반대로 힐러리 클린턴은 같은 경선 당시 분당 평균 188단어를 말했다. 맥그로티는 〈글로브 앤드 메일〉과의 인터뷰에서 "(연설 같은 상황에서) 125~130이 넘어가면 어마어마한 속도"라고 말했다.[2]

하지만 스트레스를 받는 상황에서 천천히 말하기는 말보다 실천이 훨씬 어렵다. 속도를 늦추고 싶다면 각 단어별로 모음을 살짝 늘여서 말해라. 우스꽝스러울 정도로 늘여선 물론 안 되지만 아주 가볍게 늘일 수 있다면 각 단어마다 시간을 조금 더 들여 전체적인 속도를 늦출 수 있다. 또 다른 방법으로 문장, 생각, 어구마다 의식적으로 잠깐씩 멈추는 것도 좋다.

멈춤의 힘

적절한 시점마다 말을 잠시 멈추는 것은 메시지 전달에 필수적인 요소일 뿐 아니라 사람들의 관심을 모으는 효과도 있다. 말이 청중을 쫓아내는 반면 침묵은 그들의 관심을 사로잡을 수 있다는 말이다. 말이 안 된다고 생각하는가?

어떤 학회에 참석했다고 치자. 한 발표자가 자신에게 주어진 60분 동안 최대한 많은 정보를 알려 주기 위해 끊임없이 말하고 있다. 그가 주절대는 말을 몇 분간 듣다 보면 청중은 이내 한눈을 팔고 신문을 읽거나 휴대 전화로 이메일을 확인하기 시작할 것이다. 한 문장이 곧장 다음 문장으로 이어지기 시작하면 청중석의 거의 모두가 무언가를 읽거나 스마트폰을 들여다보고, 아니면 점심으로 뭘 먹을까 생각한다. 하지만 그때 갑자기 발표자가 말을 멈춘다면 무슨 일이 벌어지는가? 모두가 곧장 고개를 든다. 갑작스러운 침묵이 청중의 주의를 사로잡은 것이다. 왜일까? 무언가 중요한 일이 곧 일어날 것이기 때문이다. 끊임없이 이어지는 말이 듣는 이의 관심을 흩트린다면 적절한 타이밍의 침묵은 청중의 관심을 모은다.

이렇게 말을 멈추면 듣는 사람이 그 말과 정보를 이해할 시간이 생겨 메시지가 더욱 잘 침투될 수도 있다. 따라서 중요한 요점을 전달하고 나면 1, 2초 정도 쉬면서 그 말이 그들의 머릿속으로 잘 들어가게, 그 말의 중요성이 재차 강조되게 하라.

멈춤의 또 다른 장점은 말을 잘하는 사람처럼 보이게 해 주고 설득력을 높여 준다는 점이다. 빠르게 말하는 홍보 담당자들은 중간에 '어', '음', '그러니까' 같은 말을 잘한다. 이런 말을 자꾸 내뱉다 보면 표현력이 떨어지는 것처럼 보일 수 있다. 지금 그 사람의 두뇌와 혀가 분리된 상태임을 가리키는 확실한 증거기도 하다. 이런 때라면 말을 멈추고 숨을 깊이 들이쉰 다음, 정확히 말하고자 하는 것만 말하라. 인터뷰나 발표 도중에 어찌할 바를 모르겠거든 숨을 쉬면서 말을 멈추고 마음을 가다듬어라.

보디랭귀지가 말한다

메시지를 전달할 때는 단순히 말하는 행위 이상이 필요하다. 캘리포니아 주립 대학의 앨버트 메라비언 박사는 보디랭귀지가 사람들의 메시지 인식 방식에 미치는 영향에 대해 연구한 바 있다. 연구 결과에 따르면 사람이 말할 때 그 메시지는 말뿐 아니라 몸을 움직이고, 얼굴을 이용하고, 목소리가 달라지는 방식에 따라 해석된다고 한다. 그래서 메시지 중 55퍼센트가 몸과 얼굴을 통해 해석되고, 38퍼센트가 음조의 변화에 따라 받아들여진다. 계산을 해 보면 놀랍게도 실제 쓰인 말을 통해 겨우 7퍼센트만 이해된다는 것을 알 수 있다.[3] 이는 의사소통의 효과에 있어 비언어적 수단이 매우 중요함을 뜻한다. 언론과의 관계에서는 특히 더욱 그렇다.

보디랭귀지가 선거를 판가름한다

1992년 선거 당시 전국으로 중계되는 생방송 토론회에서 조지 H. W. 부시 대통령은 흘끔흘끔 시계를 쳐다보았고, 유권자들은 그가 거기서 빠져나가고 싶어 한다는 인상을 받았다. 하지만 상대인 빌 클린턴 후보는 경제에 대한 질문을 던진 여성에게 다가가 그녀의 눈을 들여다보면서 대답했다. 대답을 들은 그녀는 고개를 끄덕였다. 답변이 만족스럽다는 표시였다. 클린턴은 질문자와의 거리를 좁히고 상대의 관심을 끄는 보디랭귀지를 이용함으로써 이 문제와 그에 대한 해결책을 질문자와 공유한다는 인상을 줄 수 있었다. 여론 조사 위원 프랭크 런츠는 이렇게 말했다.

"그 작은 몸짓이 수십만 사람들의 마음을 움직여 클린턴을 뽑게 만들었다."[4]

진심을 담아 말하는 것처럼 보이려면 다양한 신체 부위의 움직임이 조화를 이뤄야 한다. 다행히 우리 인간은 거의 모든 개인적 소통에서 수많은 비언어적 신호를 끊임없이 주고받는다. 자세, 몸짓, 표정, 눈의 움직임 같은 신호는 대화가 어려울 때 정신적인 노력을 줄여 주는 한편, 복잡한 감정이나 개념을 전달할 때 이해를 돕는다. 메시지가 잘 전달되려면 시각, 청각, 언어가 한데 어우러져야 한다. 달리 말해 보여 주는 모습, 말하는 방식, 말하는 바가 서로 어울려야 한다는 뜻이다. 메시지를 성공적으로 전달하기 위해 얼굴과 몸, 어조를 이용하는 몇 가지 핵심 방법이 있다.

얼굴을 써라

표정은 비언어적 의사소통에서 쓰이는 가장 일반적이고도 강력한 도구로 꼽는다. 표정은 말의 뜻을 바꾸고, 대화를 통제하고, 성격을 전달하고, 감정을 표현한다. 따라서 홍보 담당자는 말을 할 때 표정과 말하는 바가 반드시 일치해야 한다. 그렇지 않다면 혼란스러운 메시지가 전달되어 그 메시지와 화자의 신뢰도를 깎아내리는 결과가 발생한다. 예를 들어 당신 얼굴이 천성적으로 웃는 상이라면 심각한 문제나 주제를 논할 때 미소 띤 얼굴이 메시지를 방해할 수 있다.

언어와 비언어적 요소를 일치시키려면 언제나 표정이 말의 분위기 및 어조와 잘 맞도록 해야 한다. 메시지가 즐겁거나 긍정적이라면 미소를 지어라. 혹시 당신도 나처럼 필요에 따라 미소를 짓는 게 힘들다면 그저 눈썹을 조금 치켜세우기만 해도 얼굴이 밝아지면서 긍정적이고 편안한 인상을 줄 수 있다. 반대로 메시지가 슬프거나 부정적이라면 눈썹을 살짝 찌푸리는 식으로 우려를 표명하라.

무언가 강력한 메시지를 전달하고 싶다면 고개를 살짝 숙이고 대신 눈을 위로 치켜떠서 눈빛으로 상대를 붙잡는 듯한 인상을 주면 좋다. 표정과 감정의 관계에 대해 더 많은 것을 알고 싶다면 폴 에크만 박사의 저서를 추천한다. 그는 이 주제에 관해 획기적인 책과 기사를 쓴 것 말고도 표정의 이용과 해석 방법에 대해 많은 정보가 담긴 웹사이트를 운영하고 있으니 참고하기 바란다.

눈이 많은 것을 말한다

우리 눈은 가장 훌륭한 의사소통 도구 중 하나다. 우리의 생각과 감정을 드러내는 것은 물론, 서로를 이해하게 도와주며 또한 화자와 청자 사이에 유대를 형성하기도 한다. 당사자가 알든 모르든 모든 구두 의사소통은 쌍방향 대화다. 심지어 즉각적인 답변이 이뤄지지 않는 연설, 강의, 발표도 그렇다. 한 사람이 메시지를 보내고 또 다른 사람이 그것을 받는 것이다. 이때 시선을 맞추면 이 쌍방향 의사소통을 보장할 수 있다. 청중을 쳐다보면 그들이 관심을 집중하고 있는지 아닌지 알 수 있지 않은가. 그들이 당신 말에 관심을 보이는가? 당신의 메시지를 이해하고 있는가?

청중의 주목을 끌 수 있는 좋은 방법이 있다. 청중 중 한 사람이나 한 부분을 보면서 한 가지 생각을 완전히 전달한 다음 시선을 옮기는 것이다.

청중은 기본적으로 셋으로 나뉜다. 당신 앞의 사람들, 당신 오른쪽의 사람들 그리고 당신 왼쪽의 사람들이다. 이 세 부분의 청중과 모두 눈을 맞춰야 그들이 소외된 기분을 느끼지 않는다. 이 테크닉은 세 명의 기자를 앞에 뒀든, 300명의 성난 시위자를 앞에 뒀든 언제나 효과 만점이다. 기자 회견이나 질의응답 시간이라면 당신에게 질문을 한 사람과 먼저 눈을 맞추고 대답이 끝날 때까지 시선을 유지하라. 답변의 범위를 넓혀 다른 청중에게도 전달하고 싶다면 먼저 질문자를 바라보았다가 시선을 옮겨 청중 전체를 바라보면 된다.

손으로 말하라

지금껏 많은 이들이 손을 움직이지 말라고 했을 것이다. 하지만 말할 때는 손을 쓰는 것이 좋다. 손은 매우 훌륭한 시각적 도구다. 당신 말에 생기를 더해 주기 때문이다. 수갑이라도 찬 듯 손을 절대 움직이지 않는 사람이 많다. 부모든, 선생님이든, 커뮤니케이션 컨설턴트든 누군가 손을 움직이지 말라고 했기 때문일 가능성이 크다. 하지만 실제로는 말을 할 때 손을 움직이는 것이 자연스러워 보인다. 일상생활에서는 대화할 때 늘 손을 쓰지 않는가? 언론 인터뷰라고 딱히 다를 바가 뭐 있겠는가?

말할 때 양손을 몸 옆에 붙이고 움직이지 않는다면 언론과 대화하는 상황에서 오는 온갖 불안감이 몸을 빠져나갈 길이 없다. 밖으로 배출되지 못한 불안감은 머리부터 발끝까지 내려갔다가 다시 튕겨 머리로 돌아오게 되고, 그러면 불안감만 더욱 커진다. 말할 때 손을 쓰면 털어 내듯 불안감을 배출할 수 있다.

본래 말투가 단조로운 사람은 손을 움직이면 말에 힘을 실을 수 있고, 그러면 그 메시지가 더욱 명확하게 전달될 수 있다. 교향악단을 지휘하는 지휘자처럼 손을 써서 말하는 속도, 억양, 어조를 조절할 수도 있다. 관건은 손의 움직임과 말의 리듬을 맞추는 것이다.

먼저 손가락을 가볍게 벌리고 살짝 힘을 풀어 구부린 뒤 신중히 움직인다. 또한 말을 하면서 내용에 맞게 동작을 바꾼다. 어떤 아이디어나 개념을 자세히 설명하는 중이라면 손을 가볍게 돌리는 듯한 동작이 좋고, 두 가지 개념이나 사례를 비교 설명한다면 한쪽에서 시작해 다른 한쪽으로 손을 옮긴다. 사과하거나 반성하는 빛을 보이려면 손바닥을 내보이는 것이 좋다.

이런 식으로 신중한 손짓을 이용하면 실제로 말에 더 많은 에너지와 열정을 실을 수 있어 결과적으로 말과 동작이 일치하게 된다. 손뼈가 목소리 뼈와 연결돼 있다고도 할 수 있겠다.

무심코 쓰는 보디랭귀지에 유의하라

사람은 불안하면 몸이 잔뜩 굳어지면서 무의식적이거나 본의 아닌 행동을 하게 된다. 어떤 사람들은 머리를, 또 어떤 이들은 안경을 만지작거

린다. 심지어 보디랭귀지를 능숙하게 구사하는 빌 클린턴 전 대통령도 청문회 당시 케네스 스타 특별 검사의 추궁 앞에서는 자기도 모르게 콧잔등을 긁는 모습이 자주 목격되었다. 거짓말을 할 때 모세 혈관이 확장되어 코가 가려워지기 때문이다. 우리 몸은 거짓말을 하지 않는다.

가장 두드러지게 나타나는 무의식적 행동은 고개를 끄덕이는 것이다. 언론과의 인터뷰 도중 고개를 끄덕이면 상대가 하는 말에 동의한다는 인상을 주기 쉽다. 설사 동의하지 않는다고 해도 말이다. 예를 들어 기자가 "현재 월 스트리트에서는 CEO인 당신이 회사를 곤두박질치게 만들고 주주들에게 회복할 수 없는 손해를 끼쳤다는 것이 일반적인 생각입니다. 거기에 대해 어떻게 생각하십니까?"라고 묻는데 당신이 고개를 끄덕였다고 치자. 그렇다면 기자는 이렇게 기사를 쓸 수 있다.

"자신의 무능력에 대한 증거를 제시하자 앤셀은 고개를 끄덕였다."

사람들이 다른 이의 말을 들을 때 고개를 끄덕이는 데는 적어도 두 가지 이유가 있다. 첫째, 고개를 끄덕이는 것은 종종 '듣고 있다'거나 '관심이 있다'는 뜻을 전달한다. 하지만 때로는 빨리 말을 마치라고, 그래야 내가 다시 끼어들어 대화를 주도할 수 있지 않겠느냐는 뜻으로 습관적으로 고개를 끄덕이는 사람들도 있다. 어쨌거나 기자의 질문을 들을 때에는 고개를 끄덕이는 행위를 피하도록 하라.

흔히 나타나는 또 다른 무의식적 행동으로 침을 삼키는 것이 있다. 이것은 특히 남자들에게서 두드러지게 나타난다. 이런 행동을 볼 수 있는 것은 주로 까다로운 질문이 나왔을 때다. 그러면 응답자는 마치 거짓말을 하거나 허세를 부리다 걸린 사람처럼 다소 과장된 방식으로 침을 삼킨다. 남자가 이런 행동을 하면 목에 튀어나온 후두 융기가 위로 꿀꺽 올라갔다 내려오면서 '딱 걸렸다'는 인상을 풍기게 된다. 사실 이것은 <u>스스로 통제</u>할 수 없는 행동이긴 하지만 그렇다고 반드시 다른 이들에게 이런 모습을 보일 필요는 없다. 신경이 곤두서서 침을 삼키지 않고는 못 배기겠다면 잠깐 고개를 숙였다가 침을 삼킨 뒤 재빨리 고개를 들면 된다.

때로는 불안하지 않아도 입안에 침이 고여 그것을 삼켜야 할 때도 있다. 이때는 침을 삼키는 대신 혀끝을 앞니 뒤에 살짝 댄 뒤 입을 통해 숨을 들이마셔 보자. 그러면 고여 있던 침이 금세 사라지면서 입이 마르는 것을 알 수 있다. 반대로 입이 바짝 말라 침이 필요할 땐 어찌하는가? 그때는 볼 안쪽을 살짝 깨물면 침이 나온다.

삼가야 할 또 다른 행동으로 답변을 마친 뒤 입술을 꾹 다무는 것이 있다. 홍보 담당자들 중에는 마음이 편치 않을 때 답변을 한 뒤 입을 꾹 다무는 이들이 있다. 마치 기자에게 "자, 내가 할 말은 다 했으니 이제 당신이 말할 차례요"라고 말하는 것처럼 말이다. 이럴 때에는 입술을 살짝 벌리고 있는 편이 낫다. 이와 같은 모든 부적절한 보디랭귀지를 피하고 싶다면 무엇보다도 숨을 제대로 쉬면서 손을 이용하는 것을 명심하라. 걷잡을 수 없을 정도로 몸이 제멋대로 굴기 전에 말이다.

목소리를 이용하라

메시지를 전달할 때엔 목소리 사용법도 매우 중요하다. 적당한 어조를 이용하면 의도한 의미를 확립하고 뒷받침하는 데 도움이 된다. 크고 또렷한 목소리는 말하는 바에 담긴 힘과 화자의 신념을 의미한다. 목소리가 조금 올라가거나 단호해지면 '난 열정적이다'는 뜻을 전달한다. 반대로 목소리가 낮아지면 슬픔이나 실망감을 전달한다. 목소리를 올바르게 사용하려면 먼저 어조의 작용 기제와 그것의 의미, 장점을 명확히 이해해야 한다.

흥미로운 목소리

단조롭고 생기 없는 목소리는 지루하고 설득력이라곤 없어서, 그걸 듣다 보면 차라리 옛날 코미디 재방송으로 채널을 돌리고 싶어진다. 사람들이 당신의 메시지에 흥미를 갖게 만들고 싶다면 그것을 흥미롭게 만들어주어야만 한다. 특히 언론 인터뷰의 경우 메시지가 뚜렷이 두드러지게 만들어야 한다. 이때 어조는 당신의 메시지가 중요하고 흥미롭다는 신호를 청자에게 전달한다. 따라서 당신의 말에 특정한 시각이 있음을 상기시키고 에너지와 감정을 더한다.

어조란 말할 때 생기는 목소리의 높고 낮음의 변화다. 심리적으로나 생리적으로나 표정은 어조에 큰 영향을 준다. 예를 들어 미소를 지을 때는 물렁입천장이 올라가면서 음파가 더욱 유동적으로 바뀌기 때문에 목소리 역시 자연스럽고 듣기 좋아진다. 일반적으로 입을 크게 벌리고 치아를 많이 보일수록 목소리 톤은 더 좋아진다. 그래서 많은 이들이 낮은 목소리로 말을 시작한다. 뒤에 가서 어떤 요지나 감정적인 부분을 강조할 때 목소리를 높일 여지를 두기 위해서다. 앞에서 설명한 것처럼 호흡법이 좋아지면 어조와 억양의 사용 범위 역시 크게 넓힐 수 있다. 숨이 가빠지면 성대가 수축하지만 숨을 천천히, 깊이 쉬면 성대가 더 유연해지기 때문이다.

진심처럼 말해라

말하는 중간에 특정 단어나 어구 등을 더 크게, 부드럽게, 높게, 혹은 낮게 말하면 그 메시지의 의미를 완전히 바꿀 수 있다.

다음 메시지에서 기울여 쓴 특정 단어를 강조해 말할 때 그 의미가 어떻게 달라지는지 살펴보자. 제대로 효과를 내고 싶다면 각 메시지를 소리내어 읽어 보는 것이 좋다.

강조와 의미

"**물론** 우리는 그 유출 사태에 상심하고 있습니다."

당신이 이 사태에 대해 상심하지 않는다고 생각하는 이들이 있음을 암시한다. 따라서 당신이 오만하다는 인상을 줄 수 있다.

"물론 *우리는* 그 유출 사태에 상심하고 있습니다."

당신 측이 이 사태에 대해 상심하고 있는 유일한 사람이거나 다른 이들은 당신이 상심하고 있다고 믿지 않음을 암시한다.

"물론 우리는 그 유출 사태에 *상심하고* 있습니다."

당신의 우려를 강조하고, 당신이 책임감이나 유감을 느끼고 있음을 보여 준다.

"물론 우리는 *그 유출 사태*에 상심하고 있습니다."

우리 공장에서 벌어진 것이 아니라 단순히 '그 유출 사태'라고 표현함으로써 당신의 책임이 아님을 강조한다.

어떤 경우에는 메시지를 듣는 상대를 강조하고, 또 어떤 경우에는 당신 자신이나 당신 회사, 혹은 지금 상황을 강조할 수도 있다. 비극적인 사건이 벌어졌다면 사건의 이해당사자들이나 희생자들을 강조하여 말하게 될 것이다. 문장 속에서 적절한 강조점을 찾고 싶다면 서로 다른 단어에 힘을 실어 말할 때 그 의미가 어떻게 바뀌는지 소리 내어 말해 보는 것이 좋다.

어조가 전달되지 않을 때

당신 회사에서 대규모 리콜 사태가 벌어졌다고 치자. 이때 당신이 "당연히 리콜 사태에 대해 상심하고 있지요"라고 했다면 전달되는 뜻이 모호해진다.

이 말이 텔레비전이나 라디오를 통해 진심 어린 어조로 전해졌다면 시청자나 청취자가 당신 말에 담긴 뜻을 받아들일 수 있을 것이다. 하지만 반대로 이 말이 신문에 실렸다면 역효과를 낼 수 있다. 자칫 차갑고 오만하게 들릴 수 있기 때문이다.

"'당연히 리콜 사태에 대해 상심하고 있지요'라고 앤셀이 쏘아붙였다."

자, 어떤가? 따라서 신문 같은 인쇄 매체와 인터뷰할 때는 '당연히'나 '물론' 같은 말은 피하는 것이 좋다. "당연히 우려하고 있습니다" 대신 그냥 "우려하고 있습니다"라고 말해라.

목소리와 어조를 조절하는 법을 완벽히 익히고 싶다면 거울 앞에 서서 메시지를 반복해 말하면서 표정이 어조에 어떤 영향을 주는지 살펴봐

라. 그런 다음 거울을 보는 상태에서 최소한 2분 이상 목소리를 녹음해라. 녹음한 것을 들어 보고 목소리가 어떤지, 표정에 따라 어조가 어떻게 달라지는지, 또 특정 단어를 강조하면 메시지가 어떻게 달라지는지 알아보자. 이렇게 하면 표정과 보디랭귀지, 어조, 억양을 일치시키는 것뿐 아니라 올바른 호흡법을 연습할 기회가 될 것이다.

메시지 전달의 효과를 극대화하라

언론과 아주 중요한 만남을 준비하고 있다고 치자. 인생을 바꿔 놓을 〈월 스트리트 저널〉과의 인터뷰일 수도 있고, 획기적인 제품의 출시 발표를 위한 기자 회견일 수도 있다. 그토록 중대한 일이니 신중을 기해 세 개의 사실 메시지를 준비했고, 적절한 채색 메시지도 작성했으며, 심지어 주요 개념을 설명할 수 있는 좋은 비유도 생각해 두었다. 그간 프레젠테이션 기술도 갈고 닦았고, 적어도 거울로 볼 땐 자신감 있고 편안해 보인다. 어느 모로 보나 뜨거운 조명과 카메라, 마이크를 직면할 준비가 된 것이다.

하지만 자신감은 금물이다. 아무리 철저히 준비하더라도 언론과의 만남에서 벌어지는 모든 일을 마음대로 통제할 수 없는 것이 현실이다. 기자 회견이나 인터뷰는 매우 유동적인 상황이다. 형식이 달라지기도 하고, 기자들이 엉뚱한 질문을 던지기도 하며, 예상치도 못한 일이 터져 당신이 준비한 모든 것을 망칠 수도 있다. 이렇게 사안이 중대할 때에는 성공적인 메시지 전달을 완수하기 위해 반드시 해야 할, 그리고 하지 말아야 할 것들이 있다.

해야 할 것

안타깝게도 성공적인 인터뷰나 기자 회견을 보장하는 성공 공식 같은 건 없다. 하지만 메시지를 명확하고 효과적으로 전달하기 위해 할 수 있는 일이 세 가지 있다.

- 메시지 전달에 앞서 소리 내어 말해 봐라.
- 준비한 메시지를 답변에 이용해라.
- 추가로 할 말이 있느냐고 묻거든 그렇다고 대답해라.

메시지를 소리 내어 말해라. 메시지 작성을 마친 다음에는 그것이 대화체처럼 들리는지 큰 소리로 읽어 봐라. 글로 쓴 말은 입으로 하는 말과 다르게 들릴 때가 많다. 그러니 화자가 먼저 그것을 소리 내어 말하면서 편안함을 느껴야 한다. 특히 다른 사람이 대신 써 준 경우에는 더욱 중요하다. 특이하거나 흔히 쓰지 않는 단어가 있다면 메시지가 부자연스럽고 표리부동하게 들릴 수 있다. 혹시 다른 사람의 메시지를 대신 써 주는 경우라면 짧고, 효과적이고, 인용하기 쉽게 쓰는 것을 명심하라.

메시지를 답변에 이용해라. 헨리 키신저는 기자 회견 도중에 이런 농담을 한 것으로 유명하다.

"준비한 내 답변을 듣기 위해 질문할 사람 있습니까?"[5]

참으로 재치 있는 말이 아닐 수 없다. 실제로 경험이 적은 홍보 담당자들은 준비한 메시지를 전달하기에 적당한 질문이 나올 때까지 기다리는 경우가 많다. 그럴 때 적당한 질문이 나오지 않으면 그 메시지는 보도될 기회를 놓치고 만다. 준비한 메시지가 그날 저녁 뉴스나 내일 신문에 나오길 바란다면 입을 열고 말해라. 텔레파시로는 기자에게 전할 수 없음을 명심하라. 예를 들어 의료 보험 정책에 관한 우려를 논하고 싶다면 다음 두 대화를 비교해 보자.

질문 : 의료 보험 연합의 회원 수가 몇 명입니까?

답변 : 만 명이 있습니다.

질문 : 의료 보험 연합의 회원 수가 몇 명입니까?

답변 : 우리 주의 의료 보험 정책에 대해 걱정하는 회원 만 명이 있습니다. 문제는 우리 주의 자원이 턱없이 부족하다는 점입니다. 노인 인구를 비롯해 수많은 취약 계층 사람들이 의료 보험이라는 제도의 틈새에서 혜택을 받지 못하고 있어요.

만약 기자나 질문자가 계속해서 당신이 원하는 메시지와 거리가 먼 질문만 한다면 먼저 그 질문에 답한 뒤, 말을 이어 대화를 당신의 메시지로 이끌 수 있는 길을 찾아라. '사실은', '실제는', '진실은', '문제는', '가장 중요한 것은', '제가 보기에는' 같은 표현을 쓰면 좋다. 언론이나 홍보 분야에서는 이러한 표현이 메시지를 서로 이어 준다 해서 '다리'라고 부른다. 너무 과용하면 답변을 회피하려는 것처럼 보일 수도 있지만, 적절히 쓰기만 한다면 상대의 질문을 자신의 메시지 방향으로 이끌고 올 수 있는 효과적인 수단이 된다. 예를 들어 보자.

질문 : 오늘 발표에 대해 말씀해 주시죠.

답변 : 생산 시설을 약 7000제곱미터 확장함과 동시에 추가로 300명을 고용할 계획입니다. 현재 미래를 매우 낙관적으로 보고 있습니다.

질문 : 노사 관계가 그리 좋지 못하다는 여론에 대해서는 어떻게 생각하십니까?

답변 : 우리 직원들은 모두 헌신적으로 열심히 일합니다. 사실 이번에 추가로 고용하는 300명은 회사 성장에 더욱 보탬이 될 것입니다. 이 7000 제곱미터 규모의 새 생산 시설은 우리 지역 사회에 매우 좋은 소식이 될 겁니다.

물론 상대가 어떤 메시지를 전달했다고 해서 기자가 그것을 있는 그대로 기사로 쓸 의무는 없다. 기자는 언제든 상대의 답변을 다른 말로 바꿔 표현할 자유가 있다. 이것이 바로 언론의 편집 과정을 잘 이겨 낼 수 있는 메시지를 만들어야 하는 이유다.

더 하실 말씀 있습니까? 그렇다고 해라. 기자가 추가로 할 말이 있느냐고 묻는 건 이상한 저의가 있어서가 아니다. 그저 기자 자신이 무언가 중요한 질문을 빼먹은 건 아닌지 걱정이 돼서, 그게 아니라면 단순히 더 이상 물을 게 없어서 그럴 수도 있다. 답변자는 이것을 공짜 디저트처럼 여겨야 한다. 아직 꺼내지 못한 메시지를 전달하거나, 중요한 메시지를 반복할 수 있는 황금 기회기 때문이다. 더 할 말이 있느냐고 묻는 건 늘 바쁜 기자에게도 도움이 된다. 녹음한 인터뷰 내용을 전부 다시 듣지 않고도 그 마지막 말에서 전체 내용을 요약할 좋은 인용구를 딸 수 있기 때문이다.

하지만 주의할 것도 한 가지 있다. 상대를 함정에 빠뜨릴 의도는 없다 하더라도 결과적으로 마지막 낚시질로 이어질 가능성이 있기 때문이다. 인터뷰가 거의 끝났는데 쓸 만한 것을 건지지 못한 경우나 기대한 내용이 끝까지 나오지 않았을 때 특히 그렇다. 이런 경우 홍보 담당자는 자칫 방어막이 내려간 상태에서 자기도 모르게 기자에게 완전히 새로운 기삿거리를 내어 줄 위험이 있다. 특히 긴장이 풀리기 시작했거나 조금 말이 많은 타입이라면 더욱더 문제다. 그러니 반드시 명심하라. 당신 입에서 나오는 모든 것은 그대로 기사가 될 수 있다는 것을.

하지 말아야 할 것

임원이든, 홍보 담당자든 언론의 집중적인 스포트라이트를 받는 사람은 기자가 쏟아 내는 어렵고 당황스러운 질문에 대처할 옳은 길을 찾지 못할 때가 많다. 다음은 그 사람들이 이런 순간에 저지르는, 준비한 메시지를 망치고 이해당사자들을 설득할 기회를 날리게 만드는 실수들이다.

- 머릿속에 든 걸 죄다 쏟아 낸다.
- 부정적인 말을 반복한다.
- "사실입니다", "좋은 질문입니다", "답변이 조금 복잡합니다" 같은 말로 문장을 시작한다.

머릿속에 든 걸 죄다 쏟아 내지 마라. 2004년 민주당 후보로 대선에 나섰던 존 케리는 생각하는 모든 걸 입 밖에 꺼내야 하는 성미 때문에 삽시간에 인기를 잃고 말았다. 뉴멕시코 앨버커키의 한 선거 유세장에서 밥 커크패트릭이란 은퇴한 엔지니어가 그에게 이스라엘 - 팔레스타인 분쟁에 대해 어떻게 생각하는지 물었다. 결론부터 말하자면 커크패트릭 씨는 원하던 답을 듣긴 했다. 하지만 케리는 먼저 공화당 후보가 자신의 군 이력을 비방하는 건 '사실상 미국 국민을 공격하는 행위'라고 입을 떼더니, 이건 곧 부시 대통령의 '연장 근무 수당에 대한 공격'이라고 말을 이었다. 그리고 이야기는 흐르고 흘러 '월급이 9000달러도 안 되는 일자리'로 넘어갔고, 이건 다시 해외의 일자리 아웃소싱 문제로 바뀌었다. 그러고 나선 이것이 부실한 산업 안전 규정으로 바뀌었다가, 곧 환경 정책에 대한 '공격'이라는 주장으로 이어졌다. 그리고 마지막으로 자신은 부시 행정부보다는 중동의 평화 협정을 더욱 지원하기 위해 노력할 것이라며 말을 마쳤다.

베트남 전쟁 참전 이력, 연장 근무, 아웃소싱, 산업 안전, 환경을 돌고 돌아 끝에 가서야 중동 지역을 언급한 것이다. 상황이 이러다 보니 일반 대중이 질문에 제대로 답하지 않는 정치인들에 신물이 나는 것도 당연한 현상이다. 커크패트릭 씨는 나중에 이렇게 말했다.

"그에게 논의를 피하고 싶은 주제였다는 느낌이 들더군요."[6]

케리를 향한 호감이 확 줄어든 것은 당연지사다.

부정적인 말을 반복하지 마라. 부정적이거나 선동적인 말이 들어간 뉴스는 훨씬 눈에 띄는 법이다. 게다가 부정적인 표현을 많이 쓰는 홍보 담당자는 마치 숨겨야 할 게 있거나 욱하는 성미가 있는 것처럼 보이기 쉽다. 게다가 이미 수상쩍은 사람은 더욱 죄 있는 사람처럼 보인다. 한마디로 부정적인 답변은 이미 형성된 부적절한 인식을 더욱 강화하는 역할을 한다. 예를 들어 기자가 "당신은 무능력합니까?"라고 물었을 때 가장 자연스러운 대답은 "아니요, 무능력하지 않습니다"일 것이다. 하지만 이처럼 무능력이라는 주제를 인정하는 식으로 대답하면 그 질문에 일종의 타당성을 부여하게 된다.

홍보 담당자들이 부정적인 말을 쓰게 만들기는 식은 죽 먹기다. 사람들은 부정적 표현이 들어간 질문을 받으면 당황하여 답변을 바로 떠올리지 못한다. 그래서 그 질문을 반복하면서 시간을 벌려 한다. 예를 들어 기자가 이렇게 물었다고 치자.

"전 CEO가 횡령을 저질렀습니까?"

그럼 당황한 홍보 담당자가 이렇게 되묻는다.

"전 CEO가 횡령을 저질렀느냐고요? 아니, 아닙니다. 전 CEO는 모든 면에서 청렴결백했습니다."

이 경우, 기자의 질문을 소리 내어 확인하는 바람에 'CEO'라는 단어와 '횡령'을 한 문장에 쓰는 실수를 범하고 말았다.

커뮤니케이션 컨설턴트 루 햄프턴은 부정적인 단어의 영향을 설명하기 위해 아래와 같이 부정적 단어들을 열거했다.

부정적인 단어의 영향력

사기꾼
오염시키는
파괴하는
바가지를 씌우는
숨기는
다치게 하는
무시하는
훔치는
거짓말하는
죽이는

그런 다음 이 단어를 부정문으로 만들라고 했다.

부정적 단어의 영향력 2

> 사기꾼이 아닌
>
> 오염시키지 않는
>
> 파괴하지 않는
>
> 바가지를 씌우지 않는
>
> 숨기지 않는
>
> 다치게 하지 않는
>
> 무시하지 않는
>
> 훔치지 않는
>
> 거짓말하지 않는
>
> 죽이지 않는

분명 '파괴하는'이나 '바가지를 씌우는' 같은 단어는 제품 판매에 보탬이 되지 않을 것이다. 그렇다고 그런 단어를 쓰는 것이 그리도 잘못된 일인가? 어쨌거나 기사에는 '파괴하지 않는', '바가지를 씌우지 않는'이라고 실리지 않는가? 환경을 '파괴하지 않는' 기업이나 조직이라는 이야기는 언뜻 긍정적인 뉴스처럼 들린다. 하지만 안타깝게도 '~하지 않는' 같은 표현은 오염이나 파괴처럼 부정적인 단어가 끼치는 영향력을 그다지 줄여주지 못한다. 햄프턴은 UCLA 의과 대학에서 실시한 두뇌 이미지 연구를 인용하며 성인은 문장 내에서 '~하지 않는'이라는 단어를 인지하는 데 시간이 50퍼센트 정도 더 걸린다고 말했다. 이미 사기꾼, 오염, 바가지처럼 부정적인 단어가 생생히 머릿속에 그려져 있기 때문이다.[7]

그렇다고 해서 부정적인 뜻을 지닌 단어를 절대 쓰지 말라는 건 아니다. 일부 언론 전문가들은 부정적인 단어는 무슨 수를 써서라도 피해야 한다고 조언한다. 하지만 뉴스가 정말로 나쁠 때, 예를 들어 CEO가 진짜로 횡령을 했거나 침몰한 배의 선장이 술에 취해 있었다면, 진실이 얼마나 부정적이든 수위를 낮추려는 노력조차 일을 무마하려는 시도로 보인다.

말을 시작할 때 쓰지 말아야 할 표현들이 있다. 초보 홍보 담당자들은 대개 널리 알려진 표현이나 답변을 가져다 쓴다. 그러나 다음 세 가지 말로 답변을 시작할 때는 반드시 세심한 주의를 기울여야 한다.

- 사실입니다.
- 좋은 질문입니다.
- 답변이 조금 복잡합니다.

기자가 인용문을 어떻게 시작하느냐에 따라 "사실입니다"라는 말은 문제를 일으킬 수도 있다. 예를 들어 "당신의 CFO가 증권 거래 위원회에 거짓말을 했다는 게 사실입니까?"라는 질문을 받았다고 치자. 이때 홍보 담당자가 "우리 CFO가 증권 거래 위원회의 규정과 방침을 준수하는 것은 사실입니다"라고 답한다면 기자는 홍보 담당자의 말 중에서 "사실입니다"만 잘라 자신의 질문과 함께 기사에 실을지도 모른다.

CBS의 시사 프로그램 '60분'이 어떻게 시작하는지 주의 깊게 본 적 있는가? 화면에 스톱워치가 뜨고 재깍재깍 소리가 나면서 프로그램 진행자가 이런 질문을 던진다.

"당신의 CFO가 증권 거래 위원회에 거짓말을 했다는 게 사실입니까?"

다음 순간 화면이 바뀌면서 안절부절못하는 홍보 담당자가 "사실입니다…"라고 하며 다시 시계의 재각재각 소리가 들려온다. 이 간단한 편집으로 시청자는 이 회사가 증권 거래 위원회의 지침을 어겼다는 인상을 받게 되는 것이다. 물론 전후 맥락을 잘라먹은 대표적인 '악마 편집'의 사례라고 할 수 있겠지만 역시나 중요한 것은 편집이라는 사실을 잊지 말아야 한다.

기자에게 "좋은 질문입니다"라고 말해도 괜찮은지 궁금해하는 사람들이 많다. 내 경험에 비추어 말하자면 홍보 담당자가 어떤 식으로 말하느냐에 따라 뜻이 달라지곤 했다. 먼저 홍보 담당자가 "*그거* 좋은 질문입니다"라며 '그것'을 강조하면 나는 상대가 그 질문을 기다리고 있었다는 인상을 받았다. 그래서 상대의 술수에 말려들었다는 기분이 들어 더 어렵고 힘든 질문을 찾기 위해 애를 쓰곤 했다. 홍보 담당자가 "그거 **좋은** 질문입니다…"라며 말끝을 흐리면 그 사람이 내 질문에 크게 당황했다는 느낌이 들었다. 즉, 기자로서 그 질문과 관련된 내용을 더욱 파고들 수밖에 없게 된다는 뜻이다. 어쨌거나 결과적으로 홍보 담당자에게는 일이 쉽게 돌아갈 리 없어진다.

마찬가지로 "답변이 좀 복잡한데요…" 같은 말을 들으면 기자는 다음 두 가지 중 하나로 해석한다. 첫째, 홍보 담당자가 기자를 멍청하다고 생각하거나 둘째, 도대체 뭐라고 답해야 할지 몰라서 답변이 복잡하다는 변명 뒤에 숨으려 한다는 것이다. 어떤 답변이나 설명을 하든 '복잡하다'는 말은 쓰지 않는 것이 좋다. 복잡한 문제를 단순하고 쉽게 만들어 이해당사자들이 소화하기 쉽게 만들어 주는 것이 바로 홍보 담당자의 역할이기 때문이다. 그것이 훌륭한 메시지의 목적인 것은 말할 것도 없다.

달달 외는 메시지

앞 장 초반에 언급한 것처럼 〈성격 및 사회 심리학 저널〉에 실린 연구에 따르면 "과거에 자주 접한 의견일수록 후에 쉽게 떠올릴 수 있고, 다시 접할 때 더욱 친숙하게 느낀다"라고 한다.[8] 어떤 의견을 여러 번 들을수록 그 의견을 편안하게 느끼게 된다는 것이다.

그렇다면 홍보 담당자들도 미리 준비한 메시지만 끈질기게 되풀이해야 할까? 절대 그렇지 않다. 자신의 메시지를 언론에 효과적으로 전달하는 열쇠는 기자가 던지는 질문에 적절한 반응을 보이는 행위와 스스로 말하고자 하는 바를 제시하는 행위 사이의 균형점을 찾는 것이다.

어떤 기업 임원이나 정치인, 홍보 담당자들은 기자가 무엇을 묻든 질문에 아랑곳하지 않고 자신이 전하고자 하는 메시지만 반복하는 것이 성공적인 인터뷰 비결이라고 굳게 믿는다.

토론토의 전 시장 멜 라스트맨의 예를 들어 보자. 그는 생각한 바를 숨기지 않고 이야기하는 것과 그 과정에서 사소한 실수를 잘 저지르는 것으로 유명하다. 토론토에서 올림픽을 유치하기 위해 해외 순방을 떠나기 전, 그는 이번 방문길에 아프리카에 들를 것이냐는 질문을 받았다. 옛날 영화를 너무 많이 본 것인지, 그는 식인종에게 잡아먹힐까 겁이 나 못 가겠다고 대답했다.

"내가 몸바사엔 무슨 일로 가겠소? 거기 가는 게 조금 겁이 나기도 해요. 펄펄 끓는 솥에 빠져서는, 아프리카 사람들이 그 주변에서 펄쩍펄쩍 춤이라도 출 것 같다니깐."

이 말을 들은 사람들이 가만히 있을 리 없었다. 사회 지도자들은 이 말이 아프리카 태생 사람들에 대한 인종 차별적 발언이라 주장하며 맹렬히 그를 비난했다. 화들짝 놀란 라스트맨은 논란을 잠재우기 위해 사과를 하기로 했지만 그의 사과는 상황을 더욱 악화시켰을 뿐이다. 라스트맨과 기자들 사이에 오고 간 다음 대화를 살펴보면 질문을 무시하고 자기 메시지만 반복하는 데 어떤 문제가 있는지 쉽게 알 수 있을 것이다.

기자 : 사임해야 할 것 같습니까?

라스트맨 : 그런 말을 해서 진심으로 죄송합니다. 그런 말을 해서 죄송해요.

기자 : '죄송하다'는 말로 충분합니까?

라스트맨 : 그런 말을 해서 죄송합니다.

기자 : 이 일로 올림픽 개최 가능성에 얼마나 큰 피해가 갔다고 생각하십니까?

라스트맨 : 그런 말을 해서 죄송합니다. 부적절한 발언이었습니다.

기자 : 그건 제가 물은 게 아니잖습니까.

라스트맨 : 그게 제 답변입니다.

기자 : 이 도시에 얼마나 큰 피해를 입히신 겁니까?

라스트맨 : 정말로 죄송합니다.

기자 : 사임을 고려하고 계십니까?

라스트맨 : 그런 말을 해서 진심으로 죄송합니다.

기자 : 그런 말을 한 대가로 사임을 고려하고 있습니까?

라스트맨 : 그런 말을 해서 진심으로 죄송합니다.

기자 : 사임을 고려하고 있느냐고요.

라스트맨 : 정말로 죄송합니다.

기자 : 어떤 대책을 마련하고 있습니까?

라스트맨 : 그런 말을 해서 죄송합니다. 제 발언은 부적절했습니다.

기자 : 계획대로 올림픽 유치를 위해 유럽을 방문할 예정입니까?

라스트맨 : 그런 말을 해서 정말로 죄송합니다.

기자 : 그런 말을 해서 죄송합니까?

라스트맨 : 예, 그렇습니다.

기자 : 그럼 왜 그런 말을 했습니까?

라스트맨 : 그런 말을 해서 죄송합니다. 제 발언은 정말로 부적절했고, 그 일로 마음 상하신 모든 분께 사과하고 싶습니다.

기자 : 왜 그런 말을 했나요?

라스트맨 : 절대 해선 안 될 말이었고, 그런 말을 해서 죄송합니다. 죄송하다는 말 말고 또 뭐가 듣고 싶은 겁니까? 제가 잘못했어요.

기자 : 말실수한 겁니까?

라스트맨 : 그렇습니다. 그래서 사과하고 있는 거고요.

기자 : 왜 그런 말을 한 겁니까?

라스트맨 : 그런 말을 해서 죄송합니다.

기자 : 어떻게 보상하실 겁니까?

라스트맨 : 그런 말을 해서 죄송합니다.

기자 : 당신은 인종 차별주의자입니까?

라스트맨 : 그런 말을 해서 죄송합니다. 죄송하고 또 죄송합니다. 제 발언은 부적절했습니다. 다시 한 번 제 말에 마음 상하신 분들께 사과드립니다.[9]

'죄송하다'는 말만 되풀이하라고 조언했을 것이 분명한 라스트맨의 보좌관들이 다행히 그때쯤 그를 구출하러 끼어들었다. 물론 그에게는 좋은 메시지가 필요했고, '죄송하다'는 말은 분명 효과가 있다. 그걸 열여덟 번이나 반복하는 바람에 거기 담긴 진심이 싸구려로 전락했다는 사실만 빼면 말이다. 특히 이 상황을 처음부터 끝까지 지켜본 사람이라면 십중팔구 눈살을 찌푸렸을 것이다.

메시지를 마치 주문처럼 줄줄 외는 행위는 질문과 아무 관련도 없는 답변만 고집하는, 상대를 조종하기 위한 전술이다. 홍보 전문가들이 긍정적인 말만 하고 무슨 질문을 받든 준비한 메시지를 반복하라고 가르치는 것을 본 적이 많다. 이런 식으로 문제를 회피하는 행위는 불신을 퍼뜨리고 신뢰도를 깎아먹을 뿐이다. 메시지를 지겹도록 되새김질하는 홍보 담당자들은 묵묵부답으로 일관하는 믿을 수 없는 사람으로 낙인찍히게 되어 있다. 그렇게 되면 당신이 그토록 공들여 준비한 메시지도 이해당사자들을 납득시키지 못할 것이다.

같은 메시지, 다른 표현

같은 말이 반복될까 걱정된다면 표현을 달리 하면 된다. 같은 말을 세 번 반복하는 대신, 같은 주장을 다른 식으로 전달할 방법을 세 가지 찾으면 된다.

예를 들면 다음과 같다.

- 우리의 신제품은 PC 세상에 혁명을 일으킬 것입니다.
- 우리는 PC 세상을 새롭고도 짜릿한 경험을 할 수 있는 곳으로 바꿀 것입니다.

- PC에 대한 사람들의 인식과 사용 방법이 완전히 달라질 것
  입니다.

표현은 다르지만 주제는 여전히 동일한 것을 알 수 있다.

메시지 전달력 개발

이쯤 되면 시끌벅적한 청중 앞에 서서, 아니면 쏟아지는 질문 공세 속에서 이 모든 정보를 어떻게 기억하겠느냐는 생각이 들지도 모른다. 경험이 쌓이면 이 모든 테크닉과 전략은 실행에 옮기기 쉬워진다. 하지만 당장 도움이 필요한 사람들을 위해 다음과 같이 성공적인 메시지 전달에 필요한 다섯 가지 핵심 행동을 추려 보았다.

1. 호흡하라.
2. 말을 멈춰라.
3. 손을 써서 말해라.
4. 눈을 맞춰라.
5. 메시지를 소리 내어 말해라.

물론 해야 할 일을 아는 것과 실제로 그것을 해내는 것은 별개의 문제다. 두 가지 주제 사이에서는 한 박자 말을 쉬어야 한다는 것을 알면서도 카메라가 돌아가기 시작하는 순간 죄다 까먹어 버린다면 무슨 소용이 있겠는가? 다음은 위의 다섯 가지 핵심 행동을 프레젠테이션이나 인터뷰, 기자 회견 등에서 이용할 수 있게 도와줄 몇 가지 요령이다.

연습, 연습 또 연습

모든 유능한 홍보 담당자에게는 한 가지 공통점이 있다. 연습을 많이 한다는 것이다. 자유투를 연습하는 프로 농구 선수나 복잡한 수술을 위해 훈련하는 의사처럼 홍보 담당자 역시 자신감 있게 메시지를 전달하기 위해 기본 프레젠테이션 기술을 연습해야만 한다.

호흡법을 연습하는 가장 좋은 방법은 그것을 상기할 수단을 갖추는 것이다. 예를 들어 '숨쉬기'라고 적은 작은 카드를 셔츠 주머니에 넣고 다니는 것도 좋다. 주머니에서 무엇을 꺼낼 때마다 제대로 호흡해야 한다는 사실을 떠올리게 말이다. 아니면 알람시계에 포스트잇을 붙여 놓는 것도 좋다. 아침에 눈을 뜬 순간부터 제대로 호흡하는 것을 잊지 않도록 말이다. 알람을 끈 다음 5분간 호흡을 연습한다. 제대로 된 호흡법이 얼마나 긴장감을 줄이고 몸을 편안히 만들어 주는지 알고 나면 깜짝 놀랄 것이다.

꽉 막힌 차 안에 갇혀 있는 순간만큼, 특히 지켜야 할 약속이 있을 때만큼 스트레스를 받는 때도 없다. 그런 때를 대비해 계기판에 숨을 쉬라는 메모를 붙여 놓는 것도 좋다. 그렇게 하면 당신의 몸이 점차 적응하여 스트레스를 받는 상황에서 제대로 호흡할 수 있게 될 것이다.

사무실, 집, 특히 책상 위 전화기 앞에도 그 메모를 붙여 놓도록 하자. 중요한 프레젠테이션을 할 때에는 본인만 볼 수 있도록 강연대에 포스트잇을 붙이거나 노트 꼭대기에 '숨쉬기'라고 써 두자. 혹시라도 기자들이 이 노트를 볼까 걱정된다면 그저 '숨'이라고만 써 놓으면 된다. 이런 작은 행동들이 모이면 일종의 운동 학습 효과를 발휘하여 가장 힘든 상황에서도 제대로 호흡할 수 있게 될 것이다.

말을 멈추고, 손을 써서 말하고, 눈을 맞추는 연습을 하려면 만찬회나 각종 행사, 가족 모임 같은 상황을 이용해라. 이런 행사는 모두 자연스러운 의사소통 행위를 관찰하고 효과적인 전달 능력을 갈고 닦을 수 있는 기회다.

방 안을 돌아다니며 사람들과 어울릴 때 유심히 귀를 기울이고 상대와 눈을 맞춰라. 무언가를 말할 때는 당신 말이 상대의 머릿속에 잘 기억되도록 중간중간 말을 멈추도록 해라. 여러 명에게 한 번에 말할 기회가 생기면 한 사람을 향해 한 가지 생각을 전달하도록 해라. 그런 다음 옆 사람으로 넘어가 눈을 맞추며 다음 생각을 이야기하라. 일반적인 대화에서 다른 사람들이 어떻게 손을 쓰는지 유심히 살펴보고, 이야기의 어조에 따라 그들의 몸짓이 어떻게 달라지는지도 관찰하라. 대화 도중 시험 삼아 여러 몸짓을 써 보고, 특별히 효과적이거나 편안하게 느껴지는 몇 가지 동작을 기억해 둬라.

이런 식으로 다른 사람들과 어울리면서 커뮤니케이션 기술을 연마할 수도 있지만 성공적인 메시지 전달 방법을 종합적으로 익힐 수 있는 가장 좋은 길은 중요한 인터뷰나 프레젠테이션 전에 다음과 같은 연습을 하는 것이다.

메시지 전달 연습

이 단순하고도 강력한 5단계 연습을 통해 메시지 내용에 더욱 익숙해질 수 있고, 주변 상황을 통제할 수 있으며, 지나친 긴장과 불안을 줄일 수 있다. 최고의 효과를 내고 싶다면 동료나 친구, 가족 앞에서 연습하도록 한다. 도와줄 사람이 없는 경우 거울 앞에서 해도 좋다.

1단계 : 메시지를 소리 내어 말해라. 앞에서 언급한 것처럼 입에서 나오는 말은 글로 쓰는 말과 크게 다르다. 메시지를 소리 내어 읽어 보면 그것이 대화체처럼 들리는지 알아볼 수 있다. 실전처럼 일어서서 말한다. 메시지에 당신이 전달하고픈 아이디어와 개념, 주제가 잘 담겨 있는가? 입에서 자연스럽게 흘러나오고 상대도 그것을 어색하지 않게 느끼는가?

2단계 : 메시지를 소리 내어 말하고, 호흡에 집중해라. 이제 메시지를 다시 소리 내어 말하면서 제대로 호흡하는 연습을 해라. 천천히 깊게 숨을 들이마신다.

들이쉬기 : 배가 나온다.
내쉬기 : 배가 들어간다.

숨 쉬는 걸 자꾸 잊는다면 노트에 '숨쉬기' 혹은 '숨'이라고 적는다.

3단계 : 메시지를 소리 내어 말하고, 호흡에 집중하고, 주제가 바뀌면 말을 멈춰라. 이제 세 번째로 메시지를 소리 내어 읽으면서 이 모두를 결합하는 연습을 한다. 제대로 숨 쉬는 것을 명심하면서 중요한 말을 하고 난 뒤에 잠시 멈춰라. 강조하고 싶은 생각이나 메시지의 경우 특히 중요하다. 청중이 당신의 메시지에서 무엇을 얻기를 바라는가? 말을 멈추기가 힘들거든 노트에 '멈춰'나 '천천히'라고 써 놓는 것도 좋다.

4단계 : 메시지를 소리 내어 말하고, 호흡에 집중하고, 주제가 바뀌면 말을 멈추고, 손을 써라. 위와 같은 과정을 다시 한 번 거치되, 이번에는 신중한 손짓을 곁들여라. 손짓이 말의 리듬 및 의미와 일치하는가? 그렇지 않다면 손에 담긴 힘과 자신감에 부합하도록 어조를 높일 필요가 있다.

5단계 : 메시지를 소리 내어 말하고, 호흡에 집중하고, 주제가 바뀌면 말을 멈추고, 손을 쓰고, 눈을 맞춰라. 이쯤 되면 메시지를 외워 말할 수 있을 정도로 익숙해졌을 것이다. 또한 호흡도 편안해지고, 적당한 타이밍에 말을 멈출 수도 있을 것이다. 청중과 시선을 맞출 때에는 한 사람당 한가지 생각을 전달해야 함을 명심하라. 전체 청중의 관심을 모으기 위해 시선을 옮기는 법을 연습해라. 연습할 때 앞에 선 사람이 한 명뿐이라면 방안에 여러 지점을 정해 그것이 청중이라고 생각하고 연습하라.

문제점이나 약점이 발견되면 그 부분을 집중적으로 다시 연습해라. 몇분만 추가로 투자하면 실력을 월등히 높일 수 있다. 메시지를 전달하는 도중 너무 당황하여 정신이 아득해지거나 무슨 말을 해야 할지 모르겠거든 숨을 쉬고 말을 멈추는 것을 잊지 마라.

바이오잭스 사례 5 : 메시지 전달 기술의 실제

1장에서 조안 스미스를 처음 만났을 때 그녀는 자기 회사의 새로운 암치료제 바이오잭스의 가격에 대해 공격적인 질문을 받았다. 그녀는 미리 준비한 답변을 통해 긍정적인 이미지를 심어 줄 수 있을 것이라 생각했지만 보도된 기사 내용은 무척이나 실망스러웠다. 기사를 보자마자 처음 꺼낸 말이 "앞뒤 말을 모두 잘라먹었어요. 내가 말한 나머지는 다 어디에 있죠?"였으니 말이다. 그래서 그 뒤 여러 장에 걸쳐 가치관 나침반, 문제 해결책 공식, 설득력 있는 메시지 작성 양식 같은 다양한 도구를 이용해 6장에서 다시 한 번 등장할 재인터뷰를 준비했다.

이제 최종 준비 단계는 메시지 전달을 연습하는 것이다. 이를 위해 나는 그녀와 함께 앞서 설명한 5단계 메시지 전달 연습을 했다. 연습 도중에는 몇 가지 테크닉을 이용해 그녀의 프레젠테이션 스타일 중 약점을 수정했다. 당신의 동료나 가족, 친구, 누구든 이 간단한 테크닉으로 중요한 인터뷰나 프레젠테이션 전에 준비를 도울 수 있을 것이다.

일단 타원형 탁자와 의자 여덟 개가 놓인 일반적인 회의실을 준비했다. 그리고 그녀에게 회의실 앞에 서서 설득력 있는 메시지 작성 양식을 이용해 준비한 메시지를 읽게 했다.

그녀가 메시지 전체를 기세 좋게 읽어 내려갔고, 나는 즉각적으로 몇 가지 문제점을 발견할 수 있었다. 첫째, 그녀는 불안한 듯 양손을 앞에 꼭 모아 쥐고 있었다. 그리고 메시지를 읽는 동안 목소리는 단조로웠고 아무 표정이 없었다. 또한 말을 잇는 중간에 "음…"이라는 말을 많이 했으며, 나와 직접 시선을 맞추지 못하고 방 안 이곳저곳을 불안한 듯 훑어보았다. 솔직히 말해 지켜보기가 불안할 정도였다.

다 끝난 뒤 그녀가 어땠느냐고 물었다.

"이제 시작이니까요."

내가 웃으며 대답했다.

우리는 호흡의 중요성에 대해 이야기하며 올바른 호흡법이 무엇인지 함께 알아보았다.

"호흡은 훌륭한 의사소통에 필요한 일종의 운영 체제 같은 겁니다."

내가 그녀에게 말했다. 그리고 메시지 노트 위에 '숨쉬기'라고 적으라고 했다. 그런 다음 메시지 전체를 다시 읽게 했다.

이제 제대로 호흡하니 말이 조금 느려졌고, 중요한 부분을 반복해 말하는 것 또한 확연히 나아졌다. 하지만 여전히 양손을 꼭 쥐고, 상당히 불편해 보였으며, "음…" 하는 소리를 많이 냈다.

그녀의 말이 끝나자 나는 "잘하고 있어요"라고 말해 주었다. 그런 다음 다시 한 번 메시지를 읽되, 이번에는 하나의 개념이나 아이디어를 읽은 다음에는 잠깐 말을 멈춰 보라고 했다.

"말이 너무 빠르거나 잠깐 말을 멈춰야 할 타이밍에는 내가 손을 들게요. 괜찮겠어요?"

조안이 고개를 끄덕였다.

"그리고 말 중간에 '음…'이라고 하는 나쁜 버릇이 있어요."

"저도 알아요. 하지만 어쩔 수가 없네요."

"괜찮아요. 그러면 지금부터는 당신이 '음…'이라고 할 때마다 내가 박수를 한 번 칠게요."

그러면서 나는 박수 치는 시늉을 했다.

조안은 두어 번 심호흡을 하더니 다시 메시지를 처음부터 읽기 시작했다. 확실히 호흡에 집중하면서 "음…" 하는 소리를 덜 내려고 애쓰고 있었다. 메시지가 끝날 때까지 박수를 친 건 딱 두 번뿐이었다. 말이 너무 빨라지거나 잠깐 말을 멈춰야 할 때면 내가 한 손을 들어올렸다. 메시지를 다 읽어 갈 즈음 그녀는 의식적으로 말을 천천히 하면서 주요 개념 한 가지가 끝날 때마다 말을 멈출 수 있게 되었다.

"훨씬, 아주 훨씬 나아졌어요."

그녀가 말을 마치자 내가 말했다. 이 말을 들은 그녀가 미소를 씩 지었다.

"말하면서 이 모든 걸 생각하는 게 힘들어요."

"힘든 게 좋은 겁니다. 그만큼 노력하고 있다는 뜻이니까요. 한 번 더 해 봅시다. 이번에는 손을 그렇게 모아 쥐지 말고 자연스럽게 움직여 보세요. 제가 지금 하는 것처럼요. 알겠죠?"

이러면서 나는 손짓을 해 보였다.

"좋아요."

그녀가 대답하고 다시 회의실 앞에 서서 양손을 앞으로 내밀었다. 막 입을 열려는 찰나, 그녀가 다시 날 바라보았다.

"손을 갖고 뭘 어떻게 하면 되죠?"

"가슴 정도 높이로 들고 어깨보단 조금 넓게 벌리세요. 손가락은 살짝 벌려 끝을 자연스럽게 구부리고요. 이렇게요."

이 말과 함께 내가 시범을 보였다.

그녀도 내 동작을 따라 했다.

"말을 시작한 다음에는 손이 자연스럽게 말을 따라 움직이게 하세요. 그리고 명심해요. 의도가 담긴 힘 있는 움직임이어야 해요. 힘없이 흐느적 거리는 게 아니라. 알겠죠?"

그녀가 다시 메시지를 읽기 시작했다. 이제는 노트를 볼 필요도 없었다. 반쯤 지났을 때 내가 그녀의 말을 멈췄다.

"왜요?"

"손 말이에요. 움직이는 게 아니라 그냥 손가락을 꼼지락거리기만 하고 있어요."

이 말을 들은 조안이 얼굴을 찌푸렸다.

"하지만 대담하게 움직이는 건 어딘가 어색해서요."

"모든 손짓이 다 대담할 필요는 없어요. 청중을 달래듯 해야 할 때도 있고, 열정을 보여 줘야 할 때도 있죠. 어조가 손짓과 맞아야 하고, 손짓은 어조와 맞아야 해요. 둘이 일치할 필요가 있다는 거죠. 어떤 경우에는 목소리를 높여 몸짓에 맞춰야 할 때도 있고, 반대로 몸짓을 더욱 세게 해서 어조에 맞춰야 할 때도 있어요. 이 경우 당신의 메시지는 아주 중요해요. 사람들의 목숨이 경각에 달려 있고, 감정적으로도 심각한 문제죠. 확신을 실어 말하면서 손이 그 말에 담긴 중요성과 감정에 생기를 불어넣게 해야 해요."

"알겠어요."

조안이 대답하고 다시 정신을 집중하여 처음부터 시작했다. 호흡이 일정했다. "음…" 소리를 내기에 내가 박수를 한 번 치고 두 차례 말의 속도를 늦춘 것 말고는 중요한 말마다 강조하면서 점차 생기를 띠어 갔다. 더이상 준비한 글을 읽거나 미리 계산된 말을 하는 것처럼 보이지 않게 되었다. 대신 말과 몸짓이 메시지에 담긴 진정한 확신을 반영하면서, 이해당사자들을 향한 진심 어린 관심을 보여 주게 되었다.

"정말 잘했어요."

그녀의 말이 끝나자 내가 말했다.

"괜찮았죠?"

"아니, 정말 잘했어요. 하지만 한 번만 더 해 봅시다."

이 말을 들은 조안이 끄응 소리를 냈다.

"딱 한 번만 더요."

나는 그녀를 달래며 다시 회의실 앞으로 돌려보냈다. 그러면서 주의가 필요한 부분에서 손뼉을 치거나 손을 들겠지만 이번에는 한 가지를 추가하겠다고 했다. 청중 전체와 시선을 교환하면서 그들의 주목을 끌기 위해서였다.

"청중이 어디 있어요?"

그녀가 웃으며 물었다.

회의실 안에는 우리 둘뿐이었기에 탁자 주변의 의자들을 가리킬 테니 내 신호에 맞춰 그쪽을 바라보라고 했다.

"먼저 나를 쳐다보며 시작했다가 내가 여기저기를 가리킬게요. 내가 한곳을 가리키면 그쪽을 바라보면서 한 가지 개념이나 요지를 끝내고 그다음 다른 쪽을 쳐다보는 겁니다. 하나의 생각에 하나의 얼굴, 알겠죠? 준비됐어요?"

조안은 두어 번 심호흡을 한 뒤 처음부터 다시 시작했다. 이제 호흡이 자연스럽고, 말을 멈추는 타이밍이 적절했으며, 손이 더 활기차게 움직였다. 처음에는 시선을 옮기는 것이 조금 어색해 보였지만 곧 한 가지 요지를 끝내고 말을 멈추고, 이어서 다른 쪽을 바라보는 편안한 리듬을 찾기 시작했다.

다 끝나자 나는 미소를 지을 수밖에 없었다. 장족의 발전이었다. 물론 그리 놀랄 일은 아니었다. 수천 명의 다른 교육생이나 고객들에게서 같은 성과를 본 적이 있기 때문이었다. 정작 놀라운 점은 이 간단한 연습이 그처럼 극적인 변화를 가져올 수 있다는 사실이다.

앞에서 말한 대로 각자 집이나 사무실에서도 이와 같은 연습을 할 수 있다. 프레젠테이션 기술을 더욱 연마할 수 있도록 자신을 관찰하면서 나쁜 버릇이 나오면 지적해 달라고 아무에게나 부탁하면 된다. 조안처럼 시간을 들여 약점을 찾고 시정한다면 이해당사자들의 관심을 모으는 일이 얼마나 수월해지는지 깨닫게 될 것이다.

5장 복습

- 깊이 호흡하고 천천히 말하는 것을 명심하라.

- 말하는 동안 손을 쓰면 자연스러워 보이는 것은 물론, 불안감을 줄일 수 있다.

- 무심코 나타나는 몸짓에 유의하라. 이 무의식적인 행동으로 당신의 긴장이나 스트레스를 들킬 수 있다. 특히 고개를 끄덕이고, 침을 삼키고, 입을 꾹 다무는 행동을 피하라.

- 청중 전체의 관심을 모으는 데는 눈을 맞추는 것이 좋다. 많은 청중을 상대할 때는 한 곳을 바라보며 한 가지 생각이나 요점을 전달하고 그 다음 곳으로 시선을 옮겨라.

- 어조(목소리의 높낮이 변화)를 이용해 메시지에 에너지와 감정을 불어넣어라.

- 프레젠테이션 전에 메시지를 소리 내어 읽으면서 대화체처럼 들리는지, 인용하기에 적당한지 점검하라.

- 기자가 원하는 질문을 하지 않거나 의도한 주제에서 벗어난다면 대답에 메시지를 담아라.

- 기자가 질문에서 이용한 부정적 단어를 되풀이해서 말하지 마라. 그렇게 하면 그 부정적 전제를 받아들인다는 뜻이 될 수 있다.

- 인터뷰나 프레젠테이션 도중 당황하여 어찌 할 바를 모르겠다면 숨을 쉬면서 말을 멈추고 정신을 가다듬어라.

PART 6

상황이 힘들어질 때

"추문이나 논란은 일상적 뉴스 따위를 한 방에 KO시킨다."

− 영국의 전 총리 토니 블레어 −

실직, 이혼, 질병 등등, 살다 보면 예상치 못한 어려움이 우리를 덮친다. 모든 상황을 계획할 수도, 통제할 수도 없다. 예측도, 예상도 불가능한 이런 상황들은 실수나 실패, 심지어 비극을 함께 몰고 오기도 한다. 언론을 상대하는 일도 이와 크게 다르지 않다.

당신이 헤드라인을 장식하는 동안에는 하루하루가 새로운 모험이자 위기가 될 수 있다. 기사를 빨리, 그것도 남보다 빨리 쓰려는 생각에 사로잡힌 기자들은 공격적이거나 낚시질 성향의 질문도 서슴지 않는다. 원하는 말을 얻기 위해 어색한 침묵, 끈질긴 질문, 매복 전술도 마다하지 않는다. 홍보 담당자나 뉴스의 주인공들이 이 어려운 상황을 마무리 짓는 길은 딱 두 가지뿐이다. 허술하게 대처하다가 결국 상황이 더욱 악화되어 심각한 홍보 대재앙으로 번지거나, 잘 대처하여 부정적 언론 노출을 줄이고 대외 이미지 피해를 최소화하거나. 이렇듯 언론과의 힘든 상황을 성공적으로 헤쳐 나가려면 거의 모든 순간마다 예상치 못한 어려움이 도사리고 있음을 알고, 이에 대처하기 위해 구체적인 전략을 세워야 한다.

이 장에서는 언론을 다룰 때 발생할 수 있는 가장 힘든 상황 몇 가지를 살펴보고 효과적으로 대처할 수 있는 단계적 전략을 제시하도록 하겠다. 기습적인 만남, 적대적 질문, 끈질긴 기자 등을 다루는 테크닉도 포함되어 있다.

기습적인 만남

캐나다에서 가장 큰 은행인 캐나다 왕립 은행(RBC)의 회장이자 CEO, 대표 이사인 존 클레그혼이 오찬 장소를 막 떠나려던 순간, 베티 하이드라는 이름의 할머니가 나타났다. 북미 지역의 여느 은행과 마찬가지로 RBC 또한 지역별 지점 수를 줄이고 있었다. 많은 고객들이 ATM이나 온라인 뱅킹으로 옮겨 가고 있었기 때문이었다. 하지만 그 할머니는 오타와에 있는 지점을 닫지 말아 달라고 부탁했다. 할머니는 대부분의 노인은 컴퓨터가 없고, 1주일에 한 번씩 은행에 들르는 일이 바깥바람을 쐴 수 있는 기회라고 호소했다. 따라서 은행 지점을 줄이는 건 많은 이들에게 피해를 줄 것이라고 했다.

오찬 장소를 나서던 클레그혼은 할머니 한 분이 소비자 권익 보호를 주제로 하는 텔레비전 프로그램의 카메라맨과 함께 자신을 향해 다가오는 것을 보았다. 할머니가 문제를 설명하기 시작하자 180센티미터가 훌쩍 넘는 그의 온몸이 뻣뻣이 굳어지며 방어 태세를 갖추기 시작했다. 방금 전까지 쿠키를 굽다가 나온 듯한 선량한 모습의 할머니와 길 한복판에서 논쟁을 벌이게 된 것 아닌가. 전형적인 선악 대결 구도였다. 차라리 전속력으로 차를 몰아 수녀님들이 잔뜩 탄 밴을 들이받는 편이 나을지도 몰랐다. 그가 그 대결에서 승리하지 못하리라는 것은 시작하는 그 순간부터 명백했다.

다음은 CBC의 텔레비전 쇼 '마켓플레이스'에서 펼쳐진 그날의 만남을 기록한 것이다.

베티 하이드 : 인터넷 뱅킹을 쓰지 않는 우리 15퍼센트의 은행 고객에 대해 이야기하고 싶은데 말이에요.

존 클레그혼 : 그렇죠. 그게….

베티 하이드 : 그리고 500명이나 되는 사람이 오타와의 비치우드 지점을 닫지 말아 달라고 진정서를 냈지. 나 같은 노인들이 많이 사는 동네고, 우리 같은 사람들은….

존 클레그혼 : 음….

베티 하이드 : …은행 서비스를 중요하게 생각하는데. 이런 서비스를 더 이상 하지 않겠다니, 어디 이야기 좀 들어봅시다.

존 클레그혼 : 그게, 그 특정 지점에 대해서는 제가… 자세한 내용은 잘 모르겠습니다. 지점이 1600곳이나 되는지라….

베티 하이드(끼어들며) : 이 문제에 대해 내가 두 번이나 편지를 보냈잖수.

존 클레그혼 : 그게 아니라, 알지요. 전… 저는….

이 시점에서 대화 장면이 끝나고 화면은 만남이 끝난 뒤 베티 하이드 여사와의 인터뷰로 넘어갔다. 그녀는 속상한 표정으로 클레그혼이 부사장에게 연락하라고 했다고 전했다. 클레그혼이 하이드 여사에게 보낸 메시지는 명확했다. 그녀의 말 그대로 "더 이상 날 귀찮게 하지 말라"는 것이었다.[1] 다른 건 몰라도 클레그혼이 크게 당황한 것만은 분명했다. 방송 화면으로 미뤄 볼 때 할머니와 마주친 순간부터 그에게 벌어진 일은 다음과 같았다.

- 숨을 멈췄다.
- 듣기를 멈췄다.
- 즉시 이런 생각을 하기 시작했다. '뭐라고 대답하지?'
- 반박하기 시작했다.

물론 이런 상황에 처한 사람이라면 대부분 비슷한 반응을 보였을 것이다. 하지만 더 나은 길이 있다. 전혀 예상치 못한 기습적인 만남이 일어났다면 다음 단계에 따라 행동해라.

1단계 : 숨 쉬어라.

2단계 : 경청하라.

3단계 : 일단은 무슨 말을 할지 머리를 굴리지 말고 그냥 듣기만 해라.

4단계 : 문제를 잘 이해했는지 질문을 통해 확인하라.

5단계 : 진정으로 경청하고 있음을 알리기 위해 방금 들은 상대의 우려를 반복해 말하라.

6단계 : 자신이 상황을 제대로 요약했는지 물어라. 틀렸다고 하면 자신이 정확히 이해하는 것이 중요하니 다시 말해 달라고 요청하라.

7단계 : 여전히 뭐라고 해야 할지 모르겠다면 적어도 관심을 가지고 있음을 보여 주는 메시지를 전하라. "이 상황으로 얼마나 상심하셨는지 잘 알겠습니다."

화나고 상심한 사람들은 당신에게 두 가지를 원한다. 첫째는 당신이 그들의 문제를 알아주는 것이다. 둘째는 당신이 문제를 해결해 주는 것인데, 일반적으로 복도나 주차장 한복판에 서서 그렇게 하는 건 거의 불가능하다. 그렇다면 그 자리에서 회사 정책을 바꾸지 않으면서도 -사실 그건 좋은 생각이 못 된다- 자신의 신뢰도와 품위를 지키면서 대화를 마무리 지을 수 있는 방법은 무엇인가? 상대의 우려와 감정에 공감하면서 자신의 가치관 나침반을 참고하면 된다. 클레그혼의 경우에는 이렇게 말하는 것이 좋았을 것이다.

"여사님께 정말 중요한 일인가 보군요. 사무실로 돌아가서 곧장 이 문제를 살펴보겠습니다. 오늘 오후 3시에 댁에 계실 건가요? 그때 댁으로 전화를 드려 설명해도 되겠습니까? 전화번호가 어떻게 되지요?"

그런 다음 비서에게 전화번호를 받게 하는 대신 자기가 직접 종이나 스마트폰에 전화번호를 받아 적는 것이다. 캐나다에서 가장 큰 은행의 우두머리가 한 노인 고객의 전화번호를 받아 적는 모습은 그가 얼마나 고객에게 관심을 기울이는지 증명하는 동시에 그 만남에서 가장 인상 깊은 장면이 되었을 것이다.

혹시 궁금해하는 사람이 있을까 싶어 덧붙이는데, 이 만남 이후 클레그혼은 RBC의 그 지점을 6개월간 열어 두었다가 관심이 사그라질 무렵 쥐도 새도 모르게 닫아 버렸다.

혼자 감당할 수 없는 문제일 때

공공 부문이든 민간 부분이든 의료 보험이나 교육, 에너지, 범죄, 부정 등 공공연하게 퍼진 심각한 문제로 고생하는 조직이 있기 마련이다.

이런 문제 중 상당수는 하나의 기업이나 조직이 해결하기 힘든 제도 상의 문제다. 이런 문제에는 중대한 사회적 변화나 범국가적인 공공 운동 이 필요하다. 이 밖에도 특정 산업이나 부문에 내재된 문제점도 있다. 자 동차, 항공, 공공재 산업이 직면하고 있는 수많은 유산 비용(legacy cost, 기업 이 직원뿐 아니라 퇴직자 및 그들의 가족을 위해 부담하는 각종 연금과 의료 보험 등 - 옮긴이) 과 발달상의 어려움을 생각해 보라.

혼자 감당할 수 없는 문제에 대처할 때는 공동 책임 공식을 쓰는 것도 좋다.

공동 책임 공식

이 공식은 접속사를 이용해 두 개의 문장을 합쳐 놓은 문제 해결책 공 식과 매우 흡사하다.

똑같이 두 개의 문장을 연결해 쓰되, 첫 번째 문장에서는 현재 상황이 나 제도상의 문제를 공동의 책임으로 돌리고, 두 번째 문장에서는 해결책 을 제시함으로써 일종의 생색을 내는 것이다.

예를 들어 2004년 토론토에서 발생한 대규모 SARS 발병 사태로 도시 내 거의 모든 사업체가 큰 타격을 받았다. 감염된 사람들이 격리 수용되 고, 사업체들은 손실을 입었으며, 관광 산업은 개점휴업에 들어갔다. 기업들은 전염병의 기세가 사그라지기만 기다리며 좀처럼 활발한 활동을 보이지 않았다. 이때 유통 업체의 임원이 SARS에 받은 타격에 관한 인터뷰를 했다면 공동 책임 공식을 이용해 다음과 같이 말할 수 있을 것이다.

"모든 기업이 SARS로 큰 타격을 받았지만 우리는 소비자의 구매를 촉진할 수 있는 실질적 장려책을 제공할 계획입니다."

이런 답변은 해당 집단에 공통으로 발생한 문제의 본질(모든 기업이 타격을 받았다)을 규명하는 동시에 해결을 위한 계획(고객 수를 늘리기 위한 장려책)을 제시한다.

또 다른 예로 전기 저장소에 불이 나 시내 중심가에 정전이 발생한 경우를 들어 보자. 정전으로 많은 개인과 사업체가 불편을 겪고 심지어 경제적인 손해를 입었다. 그들은 가장 먼저 전기 회사로 비난의 화살을 돌리겠지만 사실 원인은 국가 전체 전력망의 기반 시설이 노후했기 때문이다. 이 경우 효과적인 공동 책임 공식 메시지는 다음과 같다.

"북미 전역의 전력 회사들이 노후한 기반 시설 문제로 씨름을 하고 있고, 그것이 바로 우리가 수백만 달러를 투자해 지역 사회 저장소를 업그레이드하기로 한 이유입니다."

책임을 확실히 나누는 방법

공동 책임 공식으로 메시지를 만들기는 사실 조금 까다롭다. 자칫 잘못 편집되면 당신만의 문제로 보일 수 있기 때문이다. 예를 들어 당신 회사가 공공 예산을 받아 새로운 스포츠 경기장을 짓고 있는데 예산 초과를 우려하는 목소리가 높다고 치자.

먼저 다음과 같은 공동 책임 공식 메시지를 살펴보자.

"모든 대규모 건설 프로젝트에 있어 예산을 잘 지키는 것은 어려우므로, 우리는 비용 절감을 위해 최선을 다하고 있습니다."

나쁘지 않다. 하지만 이 문장으로는 제대로 책임을 나누기 힘들다. 기자가 중간 부분만 따 "예산을 잘 지키는 것은 어렵다"라고 쓴다면 당신 회사만의 문제처럼 보이기 때문이다.

이번에는 위의 문장을 아래 메시지와 비교해 보자.

"예산을 잘 지키는 것은 모든 대규모 건설 프로젝트가 겪는 공통의 어려움이므로, 우리는 비용 절감을 위해 최선을 다하고 있습니다."

이 문장에서는 '모든 대규모 건설 프로젝트'라는 말을 문장 중간에 넣음으로써 기자가 글을 중간에 자르기 힘들어졌고, 따라서 이것이 당신 회사만의 문제인 것처럼 보이지 않게 되었다.

단, 공동 책임 공식을 쓸 때는 주의해야 할 점이 한 가지 있다. 다른 기업에서도 쉽사리 일어날 수 있는 문제를 겪고 있다 하더라도 변명처럼 들릴 수 있을 때에는 써선 안 된다는 것이다.

예를 들어 당신의 자동차 회사가 연료 분사 문제 때문에 수십만 대의 차량을 리콜한다고 치자. 이때에는 다음과 같은 메시지는 부적절하다.

"언젠가는 거의 모든 자동차 회사가 리콜 상황에 처하게 되므로 연료 분사 문제를 해결할 계획을 세웠습니다."

다른 자동차 제조 회사들은 연료 분사 문제로 리콜하는 것이 아니지 않은가. 이 문제는 당신 회사만의 것이니 당연히 전적으로 책임질 필요가 있다.

바보 같은 말을 했을 때

앞 장에서 토론토의 전 시장 멜 라스트맨의 이야기를 들려준 바 있다. 속에 있는 말을 서슴없이 꺼내는 것으로 유명한 이 사람은 아프리카에 가면 식인종에게 잡아먹힐까 겁이 난다는 농담을 하는 바람에 자신은 물론이고 토론토를 웃음거리로 만들었다. 나는 기자로서 여러 번 멜 라스트맨을 인터뷰한 적이 있기 때문에 그의 발언이 의도적이었다고 생각하진 않는다. 다만 그 말이 불러올 여파를 생각지 않고 바보같이 농담을 한 것이 문제였다. 이 일은 토론토 전역에서 큰 논란을 불러일으키며 결국 사임 압력으로까지 이어졌다. 그는 기자 회견을 열어 그 발언에 대해 사과하려 했지만 이 시도 역시 처참히 실패하고 말았다.

5장으로 돌아가면 이 기자 회견 기록문 전체를 읽을 수 있다. 여기에서는 그중에서도 가장 힘들었던 순간만 다시 살펴보도록 하자.

라스트맨 : 그런 말을 해서 죄송합니다. 제 발언은 정말로 부적절했고, 그 일로 마음 상하신 모든 분께 사과하고 싶습니다.

기자 : 왜 그런 말을 했나요?

라스트맨 : 절대 해선 안 될 말이었고, 그런 말을 해서 죄송합니다. 죄송하다는 말 말고 또 뭐가 듣고 싶은 겁니까? 제가 잘못했어요.

기자 : 말실수한 겁니까?

라스트맨 : 그렇습니다. 그래서 사과하고 있는 거고요.

기자 : 왜 그런 말을 한 겁니까?

라스트맨 : 그런 말을 해서 죄송합니다.

기자 : 어떻게 보상하실 겁니까?

라스트맨 : 그런 말을 해서 죄송합니다.

기자 : 당신은 인종 차별주의자입니까?

라스트맨 : _____

인종 차별주의자냐고 묻는 질문은 분명 매우 직설적이었다. 이런 질문은 최고로 경험 많은 사람들조차 크게 당황하게 한다. 그 질문에 대해 라스트맨 시장은 이렇게 대답했다.

"그런 말을 해서 죄송합니다. 죄송하고 또 죄송합니다. 제 발언은 부적절했습니다. 다시 한 번 제 말에 마음 상하신 분들께 사과드립니다."[2]

기자 회견 전에 보좌관들과 미리 리허설을 했을 테지만 그는 노골적으로 질문을 피하며 준비한 말만 앵무새처럼 되풀이했다. 그렇다면 인종 차별에 대한 질문에 대해서는 뭐라고 답했어야 할까? 그의 입에서 나올 법한 답변 중에서도 가장 그럴듯한 것을 네 개 추려 보았다.

- "아니요, 인종 차별주의자가 아닙니다." (부정적 표현 사용)
- "예, 인종 차별주의잡니다." (사실도 아니고, 이런 말을 할 가능성은 매우 낮음)
- "대답하기조차 불쾌한 질문이군요." (방어적으로 들림)
- "답변하지 않겠습니다." ("전 무언가 숨기고 있습니다"와 같은 말)

분명 이 중 괜찮은 답변은 없어 보인다. 하나같이 부정적인 해석이나 더 집중적인 질문, 그것도 아니면 더 큰 논란으로 이어질 것이 분명하다. 그렇다면 어떤 질문에 크게 당황할 때나 뭐라고 답하든 곤란할 경우에는 대체 뭐라고 말해야 할까?

당황 방지 전략

솔직히 말해 제아무리 뛰어난 뉴스메이커나 홍보 담당자라 하더라도 언제나 만점짜리 답변을 내놓을 수 있는 것은 아니다. 당황 방지 전략은 말하자면 활활 불타고 있는 복도에 갇혔는데 비상구를 찾을 수 없을 때 유용하게 쓸 수 있는 도구다. 이 전략은 다음 네 단계로 이뤄져 있다.

1단계 : 숨 쉬어라. (지금쯤 자기도 모르게 숨을 참고 있을 것이다.)

2단계 : "죄송합니다"나 "다시 말씀해 주시겠습니까?"라고 공손히 말한다. 그런 다음 계속 숨을 쉬면서 말은 하지 않는다. 잠시 침묵이 이어진다고 해서 불안해할 필요는 없다. 침묵에 익숙해져라. 어차피 당신의 연설이 필요한 자리가 아니니 걱정하지 마라.

3단계 : 기자가 질문을 반복한 다음에 이렇게 말해라. "제가 이해할 수 있도록 이 질문의 맥락을 조금 설명해 주시지요."

4단계 : 기자의 설명을 들은 다음, 그 질문에 숨겨진 의미를 파악해 적절히 답변한다.

당황 방지 전략의 1, 2단계는 평정을 되찾고 두뇌와 혀의 리듬을 맞출 기회다. 3단계는 기자로 하여금 질문을 조금 더 단순화하게 만든다. 기자는 질문의 의도를 조금 자세히 설명할 것이고, 이를 통해 답변자는 추가로 정보를 확보하는 것은 물론, 생각할 시간도 얻는다. 예를 들어 보자.

기자 : CEO가 성희롱을 했다는 게 사실입니까?

홍보 담당자(심호흡하며) : 죄송합니다, 뭐라고요?

그러고 나면 기자가 홍보 담당자를 쳐다보며 다시 질문하기 전까지 약간의 침묵이 흐를 것이다.

기자 : 당신 기업의 CEO가 성희롱을 한 것이 사실인지 물었습니다.

홍보 담당자 : 제가 이해할 수 있도록 이 질문의 맥락을 조금 설명해 주시죠.

기자 : 단순한 질문입니다. 당신 회사의 CEO가 여러 명의 여성 임원을 성희롱했다는 이야기가 들리는데, 그것이 사실입니까?

이 시점에 이르면 많은 홍보 담당자들이 어떻게 말을 이어야 할지 몰라 머뭇거리기 일쑤다. 그런 경우라면 4단계로 넘어가 이 질문에 숨겨진 의미를 파악해 보자. 예를 들어 CEO가 성희롱을 저질렀다는 주장은 그가 기업인으로서의 정직성과 전문가로서의 자질이 부족한 것 아니냐는 의미를 갖는다. 자, 이 CEO가 진정 티끌 하나 없는 사람이고, 이 주장이 전혀 근거가 없다는 가정하에 아래와 같이 답변할 수 있겠다.

홍보 담당자 : 저희 CEO는 기업가다운 태도로 일관하며 언제나 모든 사람을 존중하는 분입니다.

이번에는 최근 예산 삭감으로 근로 환경이 위험해진 것 아니냐는 질문을 받았다고 치자. 이 질문에 숨겨진 의미, 즉 애초에 이런 질문을 던진 이유가 무엇인가? 예산을 줄여 근로 안전에까지 돈을 아끼는 것이냐고 묻는 건 당신 기업이 근로자의 복지와 안녕에는 관심이 없고 돈에만 눈이

먼 것 아니냐는 뜻이 담겨 있다. 이 질문에 담긴 감정적 의미를 명확히 이해했다면, 그리고 당신의 말이 사실이며 그를 뒷받침할 증거를 내세울 수 있다면 다음과 같은 답변을 내놓을 수 있다.

"근로 환경은 언제나 안전해야 합니다."

이번에는 인종 차별주의자가 아니냐는 라스트맨 시장을 향한 질문에 대해 당황 방지 전략을 써 보자.

기자 : 당신은 인종 차별주의자입니까?

라스트맨(심호흡하며) : 죄송합니다만 뭐라고요?

기자 : 인종 차별주의자냐고 물었습니다.

라스트맨 : 제가 이해할 수 있도록 이 질문의 맥락을 조금 설명해 주시죠.

기자 : 아프리카인이 미개한 식인종이라며 그들을 비하하는 발언을 했잖습니까. 그런 발언을 인종 차별주의적이라고 생각하는 사람들이 많습니다. 당신은 인종 차별주의자입니까?

라스트맨(이 질문이 다문화에 대한 편협주의를 가리킴을 이해하고) : 다양성이야말로 우리 토론토를 더욱 강하게 만들어 주는 요소입니다. 저는 우리 시의 다양성과 그것이 우리 모두에게 제공하는 문화적 풍부함을 무척 소중하게 생각합니다. 저를 아는 사람이라면 누구나 제가 어떤 생각을 하고 있는지 잘 알 겁니다.

이 전략을 쓰면 시간과 정보를 더 벌 수는 있지만 그렇다고 그 질문이나 문제가 그 자리에서 마무리되는 것은 아니다. 기자가 특정 질문을 끈질기게 고집한다면 그 질문을 마무리하고 다음 질문으로 넘어가게 만들 전략이 필요하다.

마무리 전략

기자들은 어떤 질문이든 쉽게 포기하지 않는다. 똑같은 질문을 하고 또 하는 것은 물론이고 당신의 바짓가랑이가 너덜너덜해질 때까지 끈질기게 물고 늘어진다.

이렇게 같은 질문을 자꾸 반복하는 데는 보통 두 가지 이유가 있다. 첫째, 홍보 담당자가 대답을 회피할 때다. 그런 경우라면 기자에게는 같은 질문을 계속할 정당한 이유가 있다. 기자가 상대를 물고 놓아주지 않는 두 번째 이유는 홍보 담당자가 기자가 원하는 식으로 대답하지 않기 때문이다. 기자가 노리고 있던 부정적이고 논란의 소지가 될 단어를 쓰지 않거나, 그를 '나쁜 놈'이나 '동네 바보'로 몰고 가기에 부족한 경우다.

같은 질문이 반복된다면 그건 기자가 정작 당신의 메시지에는 관심이 없다는 뜻이다. 또한 그 질문과 당신 입에서 나올 답변이 이 기사에서 매우 중요한 역할을 하게 될 것이라는 뜻이기도 하다. 이런 식으로 집중적인 공격을 받는 홍보 담당자는 대개 자포자기하여 그토록 피하려 했던 말이나 표현을 자기도 모르는 사이에 써 버리고 만다. 멜 라스트맨 사건에서라면 "난 인종 차별주의자가 아닙니다"가 바로 그것이 되겠다.

이런 상황을 모면하는 데 반드시 필요한 것이 바로 질문을 요령 있게 끝내는 마무리 전략이다.

마무리 전략은 기자의 집요한 정도에 따라 다음과 같이 3단계 혹은 4

단계로 이뤄진다.

1단계 : 처음 질문을 받으면 정직하게, 최대한 당신의 목적의식과 준비한 메시지를 반영하게 대답한다.

2단계 : 같은 질문을 다시 받으면 "앞에서 말씀드린 것처럼"이라는 말로 답변을 시작하되, 미리 준비한 것 같지 않도록 표현을 조금 바꿔 아까한 말을 전달한다.

3단계 : 세 번째로 같은 질문을 받으면 "이 질문에 대해 두 번 대답한 것 같습니다. 원하신다면 마지막으로 한 번 더 답변하고 다음 질문으로 넘어가지요"라고 말한 뒤 다시 한 번 표현을 바꿔 메시지를 전달한다.

3단계에서는 질문에 '다시' 혹은 '한 번 더 대답하겠다'라고 해선 안 된다. '마지막'이라는 표현을 써라. 대신 '최종적으로' 같은 표현은 너무 차갑게 들리니 피하는 것이 좋다. '마지막으로 한 번 더'라는 말은 기자의 요청에 순응하겠다는 뜻을 보여 주면서도 마지막이라는 의미를 전달할 수 있다. 다시 한 번 멜 라스트맨의 예를 가지고 마무리 전략을 써 보도록 하자.

기자 : 당신은 인종 차별주의자입니까?

라스트맨 : 다양성이야말로 우리 토론토를 더욱 강하게 만들어 주는 요소입니다. 저는 우리 시의 다양성과 그것이 우리 모두에게 제공하는 문화적 풍부함을 무척 소중하게 생각합니다. 저를 아는 사람이라면 누구나 제가 어떤 생각을 하고 있는지 잘 알 겁니다.

기자 : 제 질문에 답하지 않으셨습니다. 인종 차별주의자입니까, 아닙

니까?

라스트맨 : 앞서 말씀드린 것처럼, 우리 모두 우리 시의 다양성과 그것이 우리 사회에 가져다주는 모든 가치를 자랑스러워하고 있습니다.

기자 : 말을 회피하시는군요. 제 말에 대답하세요! 당신은 인종 차별주의잡니까?

라스트맨 : 이 질문에 대해 두 번 대답한 것 같습니다. 원하신다면 마지막으로 한 번 더 답변하고 다음 질문으로 넘어가지요. 우리의 다양성은 우리 시의 자부심의 원천입니다. 다양성이야말로 우리 시를 보석 같은 곳으로 만들어 주는 요인이죠.

기자가 포기하지 않고 네 번째로 같은 질문을 한다면 '끝막이'라 이름 붙인 4단계를 적용할 때다. 4단계는 전화 인터뷰나 일대일 대면, 심지어는 여러 기자들에게 둘러싸인 상황에서도 쓸 수 있다. 같은 질문이 네 번째로 던져졌다면 이렇게 해라.

4단계 : "다음 회의 시간에 늦어 마지막으로 이 질문에만 답하고 가겠습니다. 우리 지역 사회는 다양성으로 더욱 강해졌습니다. 관심 보여 주셔서 감사하고, 필요한 것이 있으면 언제든 연락 주십시오. 감사합니다. 안녕히 가세요."

당황 방지 전략과 마무리 전략은 따로 쓸 수도 있지만, 대개 당황스러운 질문은 끈질긴 질문으로 이어지기 쉽다. 기자가 당황스러운 질문을 끈덕지게 퍼붓는다면 이제는 당황 방지 마무리 전략을 써야 할 때다.

당황 방지 마무리 전략

이름에서 알 수 있듯 이 전략은 당황 방지 전략과 마무리 전략을 합쳐 놓은 것이다. 다시 한 번 라스트맨 시장의 예를 들어 보겠다.

기자 : 당신은 인종 차별주의자입니까?

라스트맨(심호흡하며) : 죄송합니다만 뭐라고요?

기자 : 인종 차별주의자냐고 물었습니다.

라스트맨 : 제가 이해할 수 있도록 이 질문의 맥락을 조금 설명해 주시죠.

기자 : 아프리카인이 미개한 식인종이라며 그들을 비하하는 발언을 했잖습니까. 그런 발언을 인종 차별주의적이라고 생각하는 사람들이 많습니다. 당신은 인종 차별주의자입니까?

라스트맨 : 다양성이야말로 우리 토론토를 더욱 강하게 만들어 주는 요소입니다. 저는 우리 시의 다양성과 그것이 우리 모두에게 제공하는 문화적 풍부함을 무척 소중하게 생각합니다. 저를 아는 사람이라면 누구나 제가 어떤 생각을 하고 있는지 잘 알 겁니다.

기자 : 좋습니다. 그래서 인종 차별주의잡니까?

라스트맨 : 앞서 말씀드린 것처럼, 우리 모두 우리 시의 다양성과 그것이 우리 사회에 가져다주는 모든 가치를 자랑스러워하고 있습니다.

기자 : 말을 회피하시는군요. 제 말에 대답하세요! 당신은 인종 차별주의잡니까?

라스트맨 : 이 질문에 대해 두 번 대답한 것 같습니다. 원하신다면 마지막으로 한 번 더 답변하고 다음 질문으로 넘어가지요. 우리의 다양성은 우

리 시의 자부심의 원천입니다. 다양성이야말로 우리 시를 보석 같은 곳으로 만들어 주는 요인이죠.

이 과정을 더욱 명확히 살펴볼 수 있도록 다음 요약 6.1에서 세 가지 전략을 보기 좋게 요약해 놓았다. 중요한 언론 인터뷰를 하기 전에 미리 읽어 볼 것을 권한다.

요약 6.1 전략 요약

기습적인 만남

예상치 못한 만남으로 허를 찔렸다면 다음 단계에 따라 행동하라.

1단계 : 숨 쉬어라.

2단계 : 경청하라.

3단계 : 일단은 무슨 말을 할지 머리를 굴리지 말고 그냥 듣기만 해라.

4단계 : 문제를 잘 이해했는지 질문을 통해 확인하라.

5단계 : 진정으로 경청하고 있음을 알리기 위해 방금 들은 상대의 우려를 반복해 말하라.

6단계 : 자신이 상황을 제대로 요약했는지 물어라. 틀렸다고 하면 자신이 정확히 이해하는 것이 중요하니 다시 말해 달라고 요청하라.

7단계 : 여전히 뭐라고 해야 할지 모르겠다면 적어도 관심을 가지고 있음을 보여 주는 메시지를 전하라. "이 상황으로 얼마나 상심하셨는지 잘 알겠습니다."

당황 방지 전략

기자의 질문에 당황했다면 다음 4단계에 따라 행동하라.

1단계 : 숨 쉬어라. (지금쯤 자기도 모르게 숨을 참고 있을 것이다.)

2단계 : "죄송합니다"나 "다시 말씀해 주시겠습니까?"라고 공손히 말한다. 그런 다음 계속 숨을 쉬면서 말은 하지 않는다.

3단계 : 기자가 질문을 반복한 다음에 이렇게 말해라. "제가 이해할 수 있도록 이 질문의 맥락을 조금 설명해 주시지요."

4단계 : 기자의 설명을 들은 다음, 그 질문에 숨겨진 의미를 파악해 적절히 답변한다.

마무리 전략

마무리 전략은 기자의 끈질긴 정도에 따라 3단계, 혹은 4단계로 이뤄진다. 이 전략은 다음과 같다.

1단계 : 처음 질문을 받으면 정직하게, 최대한 당신의 목적의식과 준비한 메시지를 반영하게 대답한다.

2단계 : 같은 질문을 다시 받으면 "앞에서 말씀드린 것처럼"이라는 말로 답변을 시작하되, 표현을 조금 바꿔 아까 한 말을 전달한다.

3단계 : 세 번째로 같은 질문을 받으면 "이 질문에 대해 두 번 대답한 것 같습니다. 원하신다면 마지막으로 한 번 더 답변하고 다음 질문으로 넘어가지요"라고 말한 뒤 다시 한 번 표현을 바꿔 메시지를 전달한다.

4단계 : 기자가 질문을 포기하지 않고 네 번째로 같은 질문을 던진다면 다음과 같이 말하며 이야기를 마무리해라. "다음 회의 시간에 늦어 마지막으로 이 질문에만 답하고 가겠습니다." 그런 다음 본래의 메시지를 표현을 바꿔 다시 말하고, "관심 보여 주셔서 감사하고, 필요한 것이 있으면 언제든 연락 주십시오. 감사합니다. 안녕히 가세요"라며 마무리한다.

당황 방지 마무리 전략

기자가 끈질기게 당황스러운 질문을 하면 이 전략을 쓴다. 이름에서 알 수 있듯 당황 방지 전략과 마무리 전략을 합친 것이다.

1단계 : 숨 쉬어라.

2단계 : "죄송합니다"나 "다시 말씀해 주시겠습니까?"라고 공손히 말한다. 그런 다음 계속 숨을 쉬면서 말은 하지 않는다.

3단계 : 기자가 질문을 반복한 다음에 이렇게 말해라. "제가 이해할 수 있도록 이 질문의 맥락을 조금 설명해 주시지요."

4단계 : 기자의 설명을 들은 다음, 그 질문에 숨겨진 의미를 파악해 적절히 답변한다.

5단계 : 같은 질문을 다시 받으면 "앞에서 말씀드린 것처럼"이라는 말로 답변을 시작하되, 표현을 조금 바꿔 아까 한 말을 전달한다.

6단계 : 세 번째로 같은 질문을 받으면 "이 질문에 대해 두 번 대답한 것 같습니다. 원하신다면 마지막으로 한 번 더 답변하고 다음 질문으로 넘어가지요"라고 말한 뒤 다시 한 번 표현을 바꿔 메시지를 전달한다.

7단계 : 기자가 질문을 포기하지 않고 네 번째로 같은 질문을 던진다면 다음과 같이 말하며 이야기를 마무리해라. "다음 회의 시간에 늦어 마지막으로 이 질문에만 답하고 가겠습니다." 그런 다음 본래의 메시지를 표현을 바꿔 다시 말하고, "관심 보여 주셔서 감사하고, 필요한 것이 있으면 언제든 연락 주십시오. 감사합니다. 안녕히 가세요"라며 마무리한다.

진심으로 사과해야 할 때도 있다.

본래 인간은 자신의 잘못을 인정하고 남에게 준 피해에 대해 사과하는 사람에게는 놀라울 정도로 관대함을 베풀 능력이 있다. 따라서 실수를 저지른 다음에는 책임을 인정하는 것이 가장 좋다. 진심을 담아 사과하려면 먼저 실수나 실패를 인정하고 책임을 지겠다고 말한 뒤 유감을 표명하고, 앞으로 그것을 해결하기 위한 행동을 보여 주어야 한다.

하지만 이에 대해 많은 이들이 걱정하는 바가 있다. 사과는 곧 유죄를 인정하는 것이고, 따라서 사과를 하면 법적으로 책임을 질 가능성이 높아진다는 점이다. 실제로 미국의 일부 주에서는 사과를 유죄 시인으로 여기기도 한다. 그래서 소송을 당할까 걱정하는 변호사들은 보통 의뢰인들에게 사과를 하지 말라고 권고한다.

그런 이유로 최근 온타리오 입법부에서는 자신의 사과가 법정에서 불리하게 쓰일까 걱정할 필요 없이 실수를 인정할 수 있도록 '사과 법안'을 통과시켰다. 현재 캐나다의 세 개 주와 미국의 서른다섯 개 주에서 그런 법안을 따르고 있다.

"그 덕분에 법정 내 소송과 합의, 손해 배상 청구가 현격히 감소했습니다. 벌어진 일에 대해 더 자유롭게 논의하면서 해당 문제를 마무리 지을 수 있게 되었기 때문이죠."[3]

온타리오 의회 의원 데이비드 오라지에티의 말이다. 캘리포니아, 플로리다, 텍사스를 포함해 미국의 여러 주에서도 특정 유형의 사과가 증거로 채택되지 않는다는 점을 주목할 만하다.[4]

앞서 언급했던 트럭 운송 회사의 변호사 짐 골든도 독특한 시각을 제시한다.

"미안하다고 말하는 것과 우리 잘못이니 법적으로 책임이 있다고 말하는 것에는 차이가 있습니다. 저는 법적 책임이 명확한 경우에는 사과뿐 아니라 우리 잘못임을 인정하라고 조언합니다. 우리 측 과실이 아니었다면 이 사건은 일어나지 않았을 것이라고 말이죠."

그런 것을 인정하는 데서 오는 추가적인 법적 책임은 걱정되지 않을까? 골든은 미안하다는 말에 법적인 영향력이 있다고 생각지 않는다.

"사람은 정의가 구현되는 걸 느끼고 싶어 합니다. 스스로 잘못을 인정한다면 그것이 법정에서 증명될 필요가 없다고 느끼는 분위기가 있어요. 직접 사과를 하고, 거기에 진심을 담고, 상대가 그것이 어떤 술수가 아닌 마음에서 우러나는 것이라 느낀다면 대단히 긍정적인 효과를 낸다고 생각합니다. 사고가 일어났을 때 사과를 하면 심리적 치유 과정이 시작되는 데에도 도움이 됩니다. 비극과 슬픔은 금세 극심한 증오와 법적 전투로 바뀌거든요. … 우리 법률 체계는 사람들에게 서로를 아주 효과적으로 증오하는 법을 가르치고 있어요."[5]

매사추세츠에서 환경 오염 사고가 있은 뒤 미국 공군성 환경 차관 테드 맥콜은 다음과 같은 사과문을 발표했다.

"여러분의 수원을 오염시켜 대단히 죄송합니다. 사건 조사 및 정화 작업이 제대로 이뤄지지 않은 점에 대하여 대단히 죄송합니다. 저희 공군성에서 책임을 지고 여러분의 지역 사회를 원래대로 회복시키겠습니다."[6]

이 세 개의 짧은 문장을 통해 맥콜은 공군성의 과실을 인정하고, 지역 사회의 정서를 달랬으며, 둘 사이의 망가진 관계를 바로잡기 시작했다.

비슷한 예로 NASA의 발사 책임자 N. 웨인 헤일 2세는 우주 왕복선 컬럼비아호의 추락에 대해 진심 어린 유감과 사죄의 메시지를 전달한 바 있다. NASA 직원들에게 보낸 세 쪽 분량의 편지에 그는 이렇게 적었다.

"(사태를 바로잡는 데 필요한) 기회와 정보가 있었지만 그것을 활용하지 못했습니다. 조사 위원회나 법정에서 어떤 심판을 내릴지는 모르나, 나의 양심이라는 법정에서 저는 이미 컬럼비아호의 추락을 막지 못한 죄를 지었습니다. 부주의, 무능력, 주의와 신념 부족, 이해 결여, 줏대 상실, 단순한 나태함 등등 그 이유야 많을 것입니다. 하지만 중요한 것은 제가 받은 지시를 이해하지 못했다는 것입니다. 저는 공개적으로 당당히 동의 의사를 밝히지 못했습니다. 그러니 다른 데서 찾을 것 없습니다. 컬럼비아호가 추락하게 놔둔 저의 잘못입니다."[7]

효과 없는 사과

누구나 태드 맥콜이나 N. 웨인 헤일 2세처럼 품격 높은 사과를 하는 것은 아니다.

지난 몇 년에 걸쳐 발표된 사과문 중 상황을 더욱 악화시키거나 요점에서 벗어난 것들을 다음과 같이 모아 보았다.

사과 아닌 사과　600 KCOL 라디오의 프로그램 진행자 스콧 제임스가 동성애자를 소아성애자와 같은 부류로 표현한 것에 대해 이런 사과를 했다.

"마음이 너무 예민해서 제 말실수에 기분 상한 분들이 있다니 유감입니다. 그 말에 상처받았다니 유감스러워요."[8]

제임스는 우리의 기분을 상하게 해서 미안한 게 아니라, 우리가 예민한 것이 못내 유감스러운 모양이다.

"그건 우리 잘못이 아니지."　불량 타이어 때문에 교통사고가 발생한 후 인터뷰를 했던 브리지스톤파이어스톤의 CEO 마사토시 오노는 이렇게 대답했다.

"그 사고의 책임이 우리에게 있는 것으로 간주된다면 그건 또 다른 문제입니다. 하지만 그 사고를 일으킬 수 있는 다른 원인도 많이 있습니다."[9]

"그건 당신 잘못이야."　백악관의 전 예산 책임자 미치 대니얼스는 9·11 테러 희생자 가족들을 위한 보상 방안을 놓고 심한 발언을 했다가 다음과 같은 비겁한 사과를 했다.

"제 말이 오해를 사서 참으로 유감스럽게 생각합니다."[10]

자신의 발언이 유감스러운 게 아니라 우리 모두가 너무 멍청한 나머지 그의 말을 제대로 이해하지 못한 게 유감스럽나 보다. 그럼 대체 사과는 왜 한 건가?

"너무 많이 마셔서요."　배우 멜 깁슨은 난폭 운전으로 경찰에 적발된 뒤 유대인을 욕한 것에 대해 이와 같은 사과를 했다. 반유대인적 발언에 대해 해명하라는 요구에 그는 "알코올 중독 문제가 있다"라는 전형적인 핑계를 대면서 앞으로 언행을 고치겠다고 약속했다.[11] 알코올은 다른 사람을 무시하거나 증오하게 만들지 않는다. 그저 그런 감정이 표면 위로 드러나게 만들 뿐이다.

비굴한 사과 2007년, 중국의 제조업체들이 국제적인 규탄을 받으며 타이어부터 치약에 이르기까지 거의 모든 저질 제품에 대해 국제적 리콜을 당했다. 자국의 수출품이 전 세계에서 푸대접을 받는 데 화가 난 중국 관리들은 외국 대기업들에게 책임을 일부 떠넘기기로 했다.

바비 인형을 비롯해 수많은 인기 완구를 생산하는 마텔은 납 성분이 함유된 안료와 유아가 삼킬 수 있는 작은 자석이 들어간 중국 제조 제품 2000만 개 이상을 리콜했다. 베이징에서 열린 기자 회견에서 마텔은 이번 문제가 자사의 디자인 실수라고 인정했다. 마텔의 국제 운영 담당 선임 부사장 토머스 데브로스키가 기자들 앞에서 식은땀을 흘리는 모습은 참으로 애처로웠다.

"이번 리콜에 대해 마텔에서 전적인 책임을 지겠습니다. 또한 중국 국민과 이 제품을 구매한 모든 고객 여러분께 개인적으로 사과의 말씀을 드립니다."

이 기자 회견에 동석한 중국의 산업 안전 담당 관리 리 창지앙은 여기에 한 술 더 떠 마텔을 국제적 웃음거리로 만드는 데 일조했다. 그는 "마텔이 이런 일에서 교훈과 경험을 얻기를 진심으로 바란다"라고 한 뒤 "마텔이 안전 관리 수준을 더욱 높여야 한다"라고 덧붙이기까지 했다.[12]

마텔은 세계 최대의 시장과 좋은 사이를 유지하기 위해 중국 정부에 기꺼이 고개를 조아린 것이다.

"사과한다고 말하지 않겠어." 전 뉴욕 주지사 엘리엇 스피처의 다음 사과문을 읽어 보면 그가 정확히 무엇에 대해 사과하는지 단 한 마디도 하지 않았음을 알 수 있을 것이다.

안녕하십니까. 법무 장관으로 8년, 주지사로 1년을 보낸 지난 9년간 저는 뉴욕을 다시 세우고 모두를 위한 기회를 창출할 수 있는 진보적인 정치의 비전을 확립하기 위해 노력했습니다. 우리는 뉴욕에 진정한 변화를 일으키기 위해 애썼으며 그러한 노력은 앞으로도 이어질 것입니다. 제 개인적인 문제를 잠시 언급하고자 합니다. 저는 저의 가족에 대한 의무를 저버리고 옳고 그름에 대한 저와 모두의 인식을 위배하는 행동을 했습니다. 먼저 그리고 누구보다도 제 가족에게 사과합니다. 올바른 행실을 약속했던 여러분께도 사과합니다. 장기적인 면에서 정치란 개인의 사정과 관계가 없다고 생각합니다. 중요한 것은 올바른 개념과 공공의 선 그리고 뉴욕주를 위한 최고의 노력이라고 믿습니다. 하지만 저 스스로 세워 두었던 기준을 어기고 말았습니다. 이제 가족의 신뢰를 다시 얻기 위해 얼마간 시간을 투자해야 합니다. 질문은 받지 않겠습니다. 대단히 감사합니다. 빠른 시일 내에 다시 말씀드리도록 하겠습니다. 감사합니다.[13]

위에서 나열한 이기적이거나 무관심한 사과는 오히려 나쁜 결과를 가져왔다. 진정한 후회와 유감을 표현하는 대신 책임을 미루고 보잘것없는 핑계만 늘어놓았다는 인상을 주었기 때문이다.

바이오잭스 사례 6 : 잘된 인터뷰

작은 실수로도 잘못된 메시지가 전달될 수 있음을 깨달은 JLA 생명 과학의 CEO 조안 스미스는 1장에서 했던 인터뷰를 처음부터 다시 해 보려 한다. 기억을 되살리는 의미에서 다시 간단히 설명하겠다. JLA는 최근 새로운 암 치료제 바이오잭스를 시판할 수 있는 승인을 얻었다. 하지만 약값이 매우 비싸 1회 치료에 2만 5000달러나 든다. 지금까지 대부분의 보험 회사는 물론이고 정부마저도 바이오잭스의 약값 지원을 거부했다.

바이오잭스를 둘러싼 논란을 잠재우고자 시도했던 첫 번째 인터뷰는 다음과 같은 결과만 낳고 끝났다.

JLA, '바가지' 약값 논란에 반발
조안 스미스 대표, "우리는 탐욕스럽지 않다."

JLA 생명 과학이 최근 승인받은 고가의 암 치료제 논쟁에 대해 억울하단 입장을 밝혔다. 생세포로 만들어진 새로운 암 치료제 바이오잭스는 1회 치료에 2만 5000달러가 드는 것으로 알려졌다.

조안 스미스 대표는 항간의 논란에 대해 "우리는 암 환자들에게 부당한 돈을 요구하는 게 아니다"라고 항변했다. "회사가 사람들을 죽이는 게 아니다"라고 답하며 바이오잭스의 약값을 지원해 주지 않는 정부를 비난했다.

"바이오잭스가 위험한 것도, 효과가 입증되지 않은 것도 아닌데 말이죠. 정부에서는 그저 가격이 너무 높다는 이유만으로 지원을 거부하고 있어요."

그는 정부가 "생물 제제 약품에 대해서는 무지하다"라고 덧붙였다. 더불어 연구 개발에 들어간 비용이 상당했기에 가격을 낮출 수 없다고 강조했다. "우리는 그렇게 탐욕스럽지 않다"라는 식의 논리를 펴던 그는 다만 "사업가는 이윤을 내야 한다"라고 역설했다. 가격 책정에 있어 수익이 중요한 고려 요소라는 설명이었다.

한편 JLA의 매출과 수익에 관한 질문에는 답변을 거부했다. "우리는 비상장 기업이기 때문에 그 질문에 답할 의무가 없습니다." 홍보와 로비에 200만 달러를 쓰고 있다는 의혹에 대해서는 긍정도, 부정도 하지 않았다. 이 소문에 대해 묻자 돌아온 대답은 "드릴 말씀 없습니다"뿐이었다.

이렇게 작성된 뉴스를 보여 주자 조안은 큰 충격을 받았다. 하지만 그녀의 이야기 중에서 극적인 부분을 골라 기사를 작성한 기자는 잘못한 것이 없다. 좋든 싫든 조안이 이런 말을 한 것이 사실이기 때문이다. 그런데 다행스럽게도 그녀는 다른 홍보 담당자들이 그토록 원하는 기회를 얻었다. 이해당사자들을 설득할 두 번째 기회가 생긴 것이다.

과학인 동시에 예술이기도 한 인터뷰에는 매우 독특한 과정이 필요하다. 성공적인 인터뷰를 하려면 적극적인 반응을 보여야 한다. 기자의 요구에 순응하는 것처럼 보이면서도, 중요한 부분에서만큼은 꺾여선 안 된다. 그렇게 하려면 미리 준비한 메시지를 전달하면서도 동시에 낯설거나 호전적인 질문을 잘 받아들이는 방법을 배워야 한다. 이것에는 다시 인터뷰를 통제하고 기자를 일종의 전달 매개로 이용하는 절묘한 기술이 필요하다.

조안은 4장에서 작성한 메시지에 5, 6장에서 배운 테크닉을 결합하여 바이오잭스를 둘러싼 논란을 잠재우는 동시에 이 약의 장점에 대해 대중의 인식을 높일 계획이다. 다음은 그녀의 마지막 언론 인터뷰를 편집 없이 그대로 옮긴 것이다.

기자 : 바이오잭스는 여러 종류의 암 치료에 있어 일종의 돌파구를 마련한 약이라고 들었습니다. 어떻게 그런 효과를 내는 겁니까?

조안 스미스 : 바이오잭스는 매우 효과적인 항암 치료제입니다. 기존의 약품과 달리 생물 제제, 즉 생세포를 이용해 만들어졌지요. 임상 실험에 참가한 1800명의 환자 중 60퍼센트에서 암세포의 성장이 느려지는 것을 발견했습니다. 바이오잭스는 수많은 암 환자들을 도울 수 있습니다.

기자 : 그렇다면 정부는 왜 바이오잭스의 구매 비용 지원을 거부하고 있는 겁니까?

조안 스미스 : 정부의 입장에 대해서는 제가 말씀 드릴 수 있는 것이 없으니 그 사안에 대해서는 해당 책임자의 말씀을 들어 보시길 바랍니다. (어조를 조금 높여) 제가 말씀드릴 수 있는 것은 더 많은 환자들이 이 중요한 새 치료제를 쓸 수 있도록 약값이 지원되어야 한다는 점입니다. 관료주의적 정책 때문에 암세포의 성장을 늦춰 줄 새 약을 쓸 수 없다니 암 환자들에게 매우 슬픈 일입니다.

기자 : JLA가 수익만 맹목적으로 좇는 건 아닙니까?

조안 스미스(의식적으로 숨을 쉬며) : 우리도 이 치료제를 조금 더 저렴하게 내놓을 수 있으면 좋겠습니다. (손짓) 바이오잭스의 가격이 높은 것은 생세포로 만든 약품의 높은 생산 비용 때문이니, 정부는 이 중요한 약품의 구매 비용을 지원하여 암 환자들을 도와야 합니다.

기자 : 2만 5000달러라는 약값이 환자들에게 바가지를 씌우려는 시도가 아니냐는 의혹에 대해서는 어떻게 생각하십니까?

조안 스미스(다시 의식적으로 숨을 쉬며) : 바이오잭스가 고가인 것은 생세포와 유기체를 가지고 만들기 때문입니다. 바이오잭스는 효과가 매우 높습니다. 임상 실험을 통해 환자 열 명 중 여섯 명에서 암세포의 성장이 억제되는 것을 확인했습니다.

기자 : 암 환자들을 이용하는 게 아닙니까?

조안 스미스 : 말씀드렸다시피 바이오잭스의 가격이 높은 것은 생세포로 약을 생산하는 데 비용이 많이 들기 때문입니다. **(기자와 정확히 눈을 맞추며)** 다시 한 번 말씀드리지만 저희도 약품 생산 가격이 덜 들기를 바랍니다.

기자 : 그래도 높은 가격 때문에 환자들이 약을 쓸 수 있는 기회를 놓치고 있다는 비난은 면하기가 어렵습니다. 이 점에 대해선 어떻게 생각하십니까?

조안 스미스(친근한 어조로) : 이 질문에 대해 두 번 대답한 것 같습니다. 원하신다면 마지막으로 한 번 더 답변하고 다음 질문으로 넘어가지요. 바이오잭스의 가격은 생세포로 만드는 약품의 높은 생산 비용이 반영된 것입니다. 정부에서 약이 필요한 환자들을 지원한다면 분명 그들을 도울 수 있습니다.

기자 : JLA가 사람들을 죽이고 있군요?

조안 스미스(숨을 쉬며) : 죄송합니다만 뭐라고요?

기자 : 당신 회사가 사람들을 죽이고 있다고 했습니다.

조안 스미스 : 제가 이해할 수 있도록 질문의 맥락을 조금 설명해 주시죠.

기자 : 맥락이랄 것도 없습니다. JLA 생명 과학에서는 1회 치료당 2만

5000달러라는 어마어마한 금액을 매겼습니다. 약이 너무 비싸기 때문에 암 환자들이 고통받고 있고요. 이 점에 대해 말씀해 주시겠습니까?

조안 스미스 : 바이오잭스는 일부 환자들이 더 오래 살 수 있도록 돕고 있습니다. (천천히 말하며 개념 하나가 끝날 때마다 말을 멈춘다.) 일부 암의 성장세를 늦추고 재발의 위험성을 낮추기 때문이죠. 우리 회사의 도움의 손길 프로그램을 통해 최대한 많은 환자를 돕기 위해 최선을 다하고 있습니다. 환자들이 의원들에게 전화를 걸거나 편지를 써서 이 중요한 신약 구매 비용을 지원하라고 압력을 가하는 것이 무엇보다 중요합니다.

기자 : 지난해 JLA의 매출액과 수익은 어땠습니까?

조안 스미스 : 비상장 기업으로서 저희의 소득액은 비공개되어 있습니다. 다만 이건 말씀드릴 수 있습니다. (강조하며) 환자 중 40퍼센트가 사용하는 항암 치료제의 비용을 대기 위해 정부에 의존하고 있다고 말이죠. 지금으로서는 경제적 여유가 있거나 개인적으로 보험에 든 환자들만 바이오잭스를 쓸 수 있습니다. 개인 보험이 없는 암 환자들은 타이타닉호에 탄 승객이나 마찬가지입니다. 돈이 많은 승객만 구명보트에 탈 수 있는 셈이죠.

기자 : 회사가 홍보와 로비에 200만 달러를 쓰고 있다는 게 사실입니까?

조안 스미스 : 구체적인 예산은 일반적으로 공개하지 않습니다. 다만 전반적인 환자와의 소통 프로그램에 상당한 금액의 예산이 쓰이고 있다는 사실을 자랑스럽게 말씀드리고 싶습니다. 환자들에게 모든 치료 방법에 대해 자세히 알려 드리는 건 중요하니까요.

기자 : 더 하실 말씀 있나요?

조안 스미스 : 정부는 바이오잭스의 도움을 받을 수 있는 암 환자들을 경제적으로 지원해야 합니다. 바이오잭스를 필요로 하는 모든 환자가 그

약의 혜택을 받는 것이 우리의 희망입니다.

인터뷰가 끝난 뒤 중요한 메시지를 전달하는 동시에 기자의 질문에 잘 답변했다고 생각하느냐 내가 묻자 그녀는 단호히 그렇다고 대답했다. 그녀는 기자와의 만남을 성공적으로 끝냈고, 긍정적인 기사를 이끌어 낼 수 있을 것이라고 생각했다.

조안의 두 번째 인터뷰 기록을 읽고 나니 당신은 어떤 기분이 드는가? 그녀는 준비한 메시지를 잘 전달했는가? 전문가로서의 자신감이 실려 있었는가? 그렇다면 인터뷰 후 작성된 다음 기사를 보면서 그 답을 알아보자.

JLA의 높은 약값은 '높은 생산비 때문'
CEO, "우리도 이 치료제를 조금 더 저렴하게 내놓을 수 있으면 좋겠다."
최근 식품 의약국의 승인을 받은 항암 치료제 바이오잭스를 만든 제약 회사 JLA 생명 과학에 따르면 회당 2만 5000달러나 드는 비싼 약값은 높은 생산 비용 때문이라고 한다.

"우리도 이 치료제를 조금 더 저렴하게 내놓을 수 있으면 좋겠습니다."
이 생물 제제를 생산한 JLA의 CEO 조안 스미스의 말이다.

"바이오잭스의 가격이 높은 것은 생세포로 만든 약품의 높은 생산 비용 때문이니, 정부는 이 중요한 약품의 구매 비용을 지원하여 암 환자들을 도와야 합니다. 환자 중 40퍼센트가 항암 치료제의 비용을 대기 위해 정부에 의존하고 있습니다."

그의 말을 빌리면 개인 보험이 없는 암 환자들은 타이타닉호에 탄 승객이나 마찬가지고, 돈이 많은 승객만 구명보트에 탈 수 있다.

임상 실험에 참가한 암 환자 1800명 중 60퍼센트에서 암세포의 성장이 늦춰졌다.

"바이오잭스를 필요로 하는 모든 환자가 그 약의 혜택을 받는 것이 우리의 희망입니다."

그의 말이다.

그는 높은 약값 때문에 암 환자들이 고통받고 있다는 일부 비난에 대해서는 완강히 부인했다.

"우리 회사의 도움의 손길 프로그램을 통해 최대한 많은 환자를 돕기 위해 최선을 다하고 있습니다."

JLA의 매출 및 수익에 관한 질문에 대해서는 "비상장 기업이라 소득액은 비공개되어 있다"라는 답이 돌아왔다. 정부에 바이오잭스 약값 지원에 대한 압력을 넣기 위해 로비 비용으로 200만 달러를 썼다는 루머에 대해서는 "구체적인 예산은 일반적으로 공개하지 않지만 환자와의 소통 프로그램에 상당한 금액의 예산이 쓰이고 있다"라고 털어놓았다.

"환자들에게 모든 치료 방법에 대해 자세히 알려 드리는 건 중요하니까요."

조안의 노력과 준비는 그녀의 조직과 이해당사자 모두에게 혜택을 가져다줄 뉴스 기사라는 결과물로 나타났다. 기자는 JLA 생명 과학을 환자에게 무관심하고 탐욕스러운 회사가 아니라 환자의 아픔에 공감하는 윤리적인 기업으로 묘사했다. 기사는 조안의 메시지를 명확히 전달함으로써 바이오잭스의 효능을 선전하는 동시에 암 환자들과 그들의 가족이 긍정적 변화를 일으키는 데 필요한 정보를 제공했다.

6장 복습

- 예상치 못한 만남에 당황했다면 일단 숨을 쉬고 경청하고 문제를 이해하기 위해 애쓴 다음, 관심과 우려가 담긴 메시지를 전하라. 상대와 논쟁을 벌이거나 그 자리에서 어떤 조치를 취하려 애써선 안 된다.

- 업계나 부문 전반에 만연한 문제에 대처할 때는 공동 책임 공식을 써라. 두 부분으로 구성된 공동 책임 공식 중 첫 번째 부분에서는 만연하거나 공통된 문제를 지적하고, 두 번째 부분에서는 해결책을 제시하여 일종의 생색을 낸다.

- 특별히 어렵거나 적대적인 질문에 대해서는 당황 방지 전략을 써라. 4단계로 구성된 이 전략을 쓰면 기자로 하여금 문제의 의도에 대해 더 자세히 설명하게 하여 생각할 시간을 벌 수 있다. 이를 통해 질문을 긍정적으로 포장하는 동시에 중요한 메시지를 이용해 답변할 수 있다.

- 같은 질문이 반복되면 마무리 전략을 써라. 각 단계를 통해 점차 결론으로 가까워지면서, 핵심 메시지를 반복해 전달할 기회가 생긴다.

- 당황스러운 질문은 곧잘 끈질긴 질문으로 바뀐다. 이런 일이 발생할 경우 당황 방지 전략과 마무리 전략을 결합한 당황 방지 마무리 전략을 써라.

- 실수를 범했다면 진심 어린 사과로 그것을 인정하는 것이 가장 바람직하다. 진심을 전하려면 실패를 인정하고 책임을 밝히고 유감을 표시한 뒤, 행동의 변화를 보여주어야 한다.

이럴 땐 어떻게? 스무 가지 상황들

"말을 하되 어떤 것도 밝히지 말라는 주의를 들었다."
– 마크 트웨인 –

지금쯤이면 모두 깨달았겠지만 기자들은 인터뷰 상대를 속이는 기술이 매우 뛰어나다. 다른 주제로 이어지게 만드는 질문이나 무언가를 암시하는 질문, 딜레마를 이용한 함정 등은 그들이 쓰는 여러 술수 중 일부에 지나지 않는다. 기자들의 끈질긴 질문이나 공격적인 태도에 점점 화를 내다가 자기도 모르는 사이에 그들의 함정에 빠지는 것이야말로 가장 위험하다. 전투에서는 승리하지만 궁극적으로는 전쟁에서 패하고, 그 와중에 신뢰를 잃는 전형적인 경우인 것이다. 또한 인터뷰 요청을 받은 사람은 "질문을 미리 보고 싶다"라거나 "기사가 나가기 전에 미리 읽어 보고 싶다" 같은 말을 해선 안 된다. 이것은 일종의 선을 넘어서는 월권행위이기 때문이다. 따라서 홍보 담당자나 뉴스의 주인공은 상대를 조종하고 오도하려 드는 기자들의 인터뷰 테크닉에 만반의 대비를 갖춰야 한다.

기자로서 16년, 언론 컨설턴트로 22년간의 경험을 통해 홍보 담당자들을 가장 힘들게 하는 질문과 상황 스무 가지 그리고 이를 성공적으로 이겨 내는 효과적인 전략들을 추려 보았다.

뭐라고 해야 할지 모를 때

불안하게 말을 더듬으며 질문에 답하려 애를 쓰지만 적당한 표현을 찾을 수 없다. 이것은 모든 홍보 담당자들의 최악의 악몽이다. 말 그대로 때로 몰려든 기자들 앞에 선 채 꿀 먹은 벙어리처럼 말 한 마디 내뱉지 못하는 상황 말이다. 때로는 입에 잘 붙지 않는 통계 수치나 이해하기 힘든 세부적 내용이, 또 때로는 치고 빠지기식 질문이 애를 먹인다. 홍보 담당자라면 누구나 어느 시점에서든 할 말을 잃게 만드는 상황이나 질문에 직면하기 마련이다. 다음은 최고로 숙련된 홍보 담당자들도 당황하는 다섯 가지 상황과 각각에 대한 대책이다.

질문에 답하기 싫은데 무언가 말해야만 할 땐 어떻게 하나? 빌 게이츠가 마이크로소프트를 홍보하기 위해 중국을 찾았다. 회사 입장에서 맨 처음부터 난관이 끊이지 않은 곳이었다. 〈포춘 매거진〉의 데이비드 커크패트릭이 그에게 중국 정부가 인터넷상의 발언의 자유를 억압하고 인권을 존중하지 않는 것에 대해 어떻게 생각하는지 물었다. 커크패트릭은 다음과 같이 적었다.

"직전까지만 해도 물 흐르듯 흐르던 대화가 돌연 멈췄다. 그는 아무 말도 하지 않았다. 그의 침묵이 너무나도 오래 이어진 나머지 불편해진 내가 생각나는 대로 지껄이기 시작했다. '아주 의미심장한 침묵이군요'라고 내가 말했다."

보통 대화가 중단되면 무언가 말해야 할 것 같은 기분을 느끼는 것은 인터뷰를 당하는 쪽이다. 하지만 이 경우 침묵에 어색함을 느낀 건 오히려 기자인 커크패트릭이었다. 빌 게이츠는 한참 만에 입을 열더니 이렇게 대답했다.

"그것에 관해서라면 대답하고 싶지 않습니다."[1]

이런 상황에서는 어떤 대답을 하는 게 좋았을까?

"여기 중국에 온 것은 순전히 소프트웨어 생산과 마케팅, 유통에 집중하기 위해서니, 그 주제만 논하면 좋겠군요."

물론 커크패트릭이 원하는 답은 아니겠지만 이 정도라면 게이츠가 직접적인 답변을 삼가고 싶은 이유도 설명할 수 있을 것이다.

정직하고 투명하게 보이는 것도 좋지만 인터뷰는 고해 성사가 아니다. 어떤 질문에 답하기 싫거든 해당 질문에 답하기 꺼려지는 정당한 이유를 댄 다음, 그 대신 논하고 싶은 다른 주제가 있다고 알려 주어라. 빌 게이츠의 경우라면 정치나 사회적 문제를 이야기하기 위해서가 아니라 소프트웨어를 팔기 위해 중국에 온 것임을 명확히 밝히는 것이 되겠다. 이와 마찬가지로 대부분의 기업은 매출에 대해 밝히기를 꺼린다. 매출액을 밝혀 달라는 질문을 받으면 이렇게 대답하면 좋겠다.

"그 부분은 비공개된 수치입니다. 하지만 최근의 저희 마케팅 캠페인에 대해 궁금하신 점이 있다면 기꺼이 말씀드리겠습니다."

어떤 사고나 실수가 어떻게 벌어졌는지 모를 땐 어떻게 하나? 나쁜 뉴스가 들리면 사람들은 즉각 비난할 곳을 찾아 질문을 퍼붓는다. 누구의 잘못인가? 당신이 실수를 저지른 것인가? 과실이 있었나? 하지만 문제 발생 초기 단계에서는 그런 질문에 대한 답을 알 수 없는 것이 사실이다. 그러다 보니 홍보 담당자들이 "모르겠습니다", "여러분처럼 저희도 짐작에 그칠 뿐입니다" 같은 대답을 하게 되는 것이다. 이런 답변은 신뢰를 심어주기는커녕 당신이 이 이야기 속 '동네 바보'가 될 가능성만 높인다. 영업부 직원 누군가가 범죄 혐의로 기소되어 기자가 당신에게 연락해 왔다고 치자. 이 경우 그 기자는 당신이 모르는 사실들을 알고 있다. 이럴 때는 아무리 아는 것이 없다고 하더라도 "처음 듣는 이야깁니다" 같은 말을 해선 안 된다. 갖고 있지 않은 정보에 대한 질문을 받았다면 "최신 정보를 확인해 다시 연락드리겠습니다"라고 대답하라.

이번에는 생산 공장에서 사고가 발생한 상황이라고 치자. 기자들이 세부적인 내용을 알고 싶어 할 것이다. 이때는 OSHA(미국 직업 안전 위생 관리국)가 개입할 것이므로 답변이 더욱 쉬워진다. "모르겠다" 같은 대답 대신 "이 시점에서는 아무도 아는 바가 없다"라고 대답하는 편이 훨씬 낫다. '아무도'라는 표현을 씀으로써 자신만 모르는 것이 아님을 강조하는 한편, 상황의 불확실성을 확실히 표현할 수 있기 때문이다. "아무도 아는 바가 없다"라는 말은 진실일뿐더러, 문제의 답을 발견해야 하는 필요성을 더욱 대두시킬 수 있다.

명확한 수치를 대야 하는데 모를 땐 어떻게 하나? 데이터, 통계, 수치는 어떤 대화에서든 중요한 요소다. 때로는 메시지를 뒷받침하거나 의심의 눈으로 쳐다보는 이해당사자들을 설득하는 데 필요하기도 하다. 소득, 수입 대비 비용 비율, 손익 수치, 자금 지출, 이런 것을 모두 외우고 다니는 사람은 없다. 특히 스트레스가 심한 상황에서는 더욱 그렇다. 하지만 이렇게 구체적인 숫자에 대해 질문을 받았을 때 "모른다"라고 답하고 마는 건 당신에게도, 당신 조직에도 아무런 도움이 되지 않는다.

알려 줄 의무가 있거나 기꺼이 공유하고자 하는 수치나 통계에 대한 질문을 받았지만 잘 모를 때는 이렇게 말해라.

"확실하고 구체적인 정보를 제공하기 위해 정확한 데이터를 확인해 다시 알려 드리겠습니다."

'확실한', '구체적', '정확한' 같은 단어를 쓰면 그 질문을 진지하게 받아들였음을 알릴 수 있다. 단 한 가지 주의할 점은, 이런 답을 했을 때는 반드시 약속대로 정보를 제공해야 한다는 것이다. 그렇지 않으면 기자는 당신이 정보를 제공하겠다고 약속해 놓고 그렇게 하지 않았다고 보도할 것이다.

답을 모르는데 함께 있는 동료가 그것을 알 땐 어떻게 하나? 동료 한 명과 함께 기자 회견을 하고 있는 상황이라고 치자. 회견 도중 "지금 제안하는 법안의 주요 내용이 무엇입니까?"라는 질문을 받았다. 하지만 당황스럽게도 뭐라고 답하면 좋을지 잘 모르겠다. 이때는 곧장 동료에게 몸을 돌려 그 사람이 주목을 끌게 하는 행동은 피해야 한다. 왜일까? 그러면 그 동료가 크게 당황할 것이기 때문이다. 뭐라고 대답하면 좋을지 생각할 시간조차 없다.

그럴 때는 질문을 들으면서 동료 쪽을 힐끗 보고 그 사람이 이 이야기를 듣고 있는지, 직접 답변하고 싶어 하는지 표정과 보디랭귀지를 살펴라. 동료의 눈에서 자신감이 느껴진다면 "그 질문에 대해서는 제 동료에게 대신 답변을 부탁하겠습니다"라고 말해도 된다. 동료가 당신보다 답을 더 잘할 수 있긴 하지만 생각을 정리할 시간이 필요하다면 이렇게 말해라.

"잠시 뒤 제 동료 XXX가 그 법안의 주요 내용에 대해 대신 답변할 것입니다. 그 전에 법안을 작성하는 데 있어 다양한 변수를 고려했다는 것을 알려 드리고 싶습니다. 주요 내용 부분은 제 동료에게 답변을 넘기겠습니다."

이 간단한 몇 마디를 통해 방금 동료에게 생각을 정리할 시간을 벌어 준 셈이다.

말을 멈춰야 할 땐 어떻게 하나? 사람은 대부분 침묵을 불편해한다. 서로 어색한 순간이 없도록 대화를 이어 가야만 하는 일종의 의무감을 느끼는 것이다. 문제는 이럴 때 생각나는 대로 떠벌리다간 반드시 나중에 후회할 말을 한다는 점이다. 인터뷰 도중이나 질문에 답할 때, 필요한 모든 것을 다 이야기했다고 확신이 들면 그냥 침묵이 흐르게 놔둬도 괜찮다. 말을 멈추는 행위 자체에는 아무 문제가 없다. 인터뷰나 기자 회견은 사교 모임이 아니고, 기자와 마찬가지로 당신 역시 맡은 일을 하기 위해 그 자리에 있는 것이기 때문이다.

하지만 잠깐의 침묵이 어떻게 해석되느냐는 직전에 받은 질문의 어조에 따라 결정되니 주의해야 한다. 예를 들어 CEO가 회사의 미래에 대한 질문을 받고 잠시 말을 멈추었다면 기자는 이렇게 쓸 수 있다.

"대표는 말을 멈추고 잠시 회사의 미래에 관해 생각에 잠겼다."

하지만 질문이 이보다 어두운 어조, 즉 "회사 운영이 잘못된 것 아닙니까?" 같은 것이었는데 그 뒤로 긴 침묵이 이어졌다면 기자는 이렇게 쓸지도 모른다.

"대표는 회사의 운영 문제에 관한 질문을 받고 난감한 듯 말을 멈췄다."

장단점을 고려해 볼 때, 예전 고등학교 졸업 연감에 썼던 글귀를 여기에서도 인용하고 싶다.

"말을 아끼며 바보 취급을 받는 것이 입을 열어 낱낱이 설명하는 것보다 낫다."

절대 대답하지 말아야 할 때

기자는 단서를 취재하고, 애매모호한 상황을 밝히고, 새로운 기사를 찾아내며 하루하루를 보낸다. 참으로 힘든 일이 아닐 수 없다. 기삿거리를 찾다 보면 질문을 던져야 할 때가 많은데, 대부분은 타당한 질문이어서 홍보 담당자나 뉴스의 주인공은 이에 솔직하게 답변할 의무가 있다. 하지만 때로는 윤리적, 혹은 법률적 이유로 답변을 절대 하지 말아야 할 질문도 있다. 특히 약품, 법률, 종교, 심리학, 언론과 관련된 경우 더더욱 그렇다.

지금부터는 특정 상황이나 기밀 보호 규정 등으로 기자의 질문에 답하지 말아야 할 경우를 다루도록 하겠다.

정말로 할 말이 없을 땐 어떻게 하나? 남편을 도와 친여동생을 포함해 세 명의 여성을 살해한 혐의로 유죄 판결을 받은 칼라 호몰카가 가석방되었다. 석방 직전 교도소 안에서 가진 인터뷰에서 교도소를 나가면 가장 먼저 무엇을 하고 싶으냐고 기자가 물었다.

"바보처럼 들릴지 모르지만 아이스 카푸치노를 마시고 싶어요. 팀 호튼에서 파는 아이스 카푸치노요. 그걸 마시러 가고 싶어요."

자, 상상이 되겠지만 팀 호튼 본사에서는 난리법석이 났다. 캐나다는 물론 전 세계를 떠들썩하게 만든 살인자의 입에서 나온 이 말에 반응을 보여야 할까? 보인다면 뭐라고 해야 할까? 결국 팀 호튼은 이런 발표를 했다.

"고객 여러분께서는 지역 사회에 기여하는 저희 팀 호튼을 믿고 좋아하십니다. 물론 그녀와 저희 기업 사이에는 아무런 관계가 없다는 사실도 잘 아시리라 믿습니다."[2]

살인자와 거리를 두고 싶었다면 오히려 쓸데없는 짓을 한 셈이다. 터무니없거나 관련이 없거나 당신을 구렁텅이로 끌어들이려는 의도가 담긴 질문을 받았다면 절대 함정에 빠지지 마라. 이런 상황에서 내가 추천하는 말은 "할 말 없습니다"다. 이 표현에는 회사 이름이 등장하지 않고, 문제의 상황에 대한 어떤 언급도 담겨 있지 않다. 또한 이런 상황은 언급할 가치가 없다는 뜻도 명확히 전달한다. 이 밖에도 "답변을 사양하겠습니다"나 "그 문제에 대해서는 어떤 의견도 없습니다" 같은 표현도 좋다.

답변이 기밀이라면 어떻게 하나? 미국의 의료 정보 이동 및 관리 책임법(HIPAA)과 캐나다의 개인 정보 보호법에 따라 의료 종사자는 특정 환자와 연관된 세부 정보는 어떠한 경우에도 밝히지 않도록 되어 있다. 그렇다면 어떤 병원이 환자 보호나 치료가 엉성하다는 비난을 받았을 때 이에 대해 어떤 조치를 취할 수 있겠는가?

응급 치료를 기다리던 환자가 숨진 뒤 병원이 과실을 의심받고 있는 상황을 예로 들어 보자. 환자의 이름을 밝히거나 억울해하는 가족들을 인터뷰하는 데 있어서 언론은 아무런 제약을 받지 않는다. 하지만 병원 관계자들은 이 사건의 구체적인 부분에 대해서는 언급할 수가 없다. 이 상황에 대처하려면 병원 측 홍보 담당자는 병원의 시각이 언론에 정확히 보도되게 만들어야 한다. 이때 홍보 담당자가 해야 할 일은 병원의 메시지를 제대로 전달하는 동시에 죽은 환자의 프라이버시를 보호하는 것이다. 이런 상황이라면 홍보 담당자는 다음과 같이 말할 수 있다.

"저희는 환자 가족의 프라이버시뿐 아니라 기밀 보호 규정을 지켜야 하므로 이 문제에 대해 직접적으로 언급할 순 없습니다. 그저 모든 이야기에는 두 가지 측면이 있다는 사실을 말씀드리는 동시에 이 문제를 조속히 해결하기 위해 관련 기관에 최대한으로 협조하고 있다고 말씀드리고 싶습니다."

이때 홍보 담당자는 이 문제에 관한 구체적인 언급을 할 순 없지만 기밀 보호 규정을 설명하고 믿을 수 있는 제삼자(관련 기관)의 개입을 언급함으로써 병원의 이미지를 유지할 메시지를 전달할 수 있었다.

루머에 관한 질문을 받았을 땐 어떻게 하나? 오늘날 뉴스는 검증되지 않은 목격, 잘못된 정보, 인신공격, 계산된 조작 등 수많은 루머에 따라 움직인다. 인터넷과 각종 전자 기기를 통해 쉽게 확산되는 루머는 정치, 경제, 금융, 연예 분야에서 다양한 목적을 갖는다. 그래서 그 내용도 누가 누구와 사귄다더라 하는 잡다한 것에서부터 어디서 발견된 여행 가방이 사실은 폭탄이었다는 충격적인 것까지 다양하다.

이런 루머들은 대부분 무해하지만 홍보 담당자나 기업 중역, 혹은 정치인들이 그것을 사실처럼 취급하는 순간 심각한 영향력을 갖게 된다.

팔레스타인 해방 기구(PLO)의 수장 야세르 아라파트가 파리에서 임종하기 전에, 그가 죽었다는 소문이 돌았다. 물론 죽음의 문턱에 이르긴 했지만 여전히 그가 숨을 쉬고 있는 상태에서 부시 대통령이 그의 죽음에 대해 한마디 해 달라는 요청을 받았다. 부시는 "명복을 빈다"라고 대답했다. 그 말에 얼마나 진심이 담겨 있었는지는 중요하지 않다. 중요한 건 확실하지 않은 정보를 그대로 받아들이는 실수를 범했다는 것이다.

어떤 루머에 대해 논평해 달라는 요청을 받으면 언제나 루머가 아닌 사실에만 집중하고 있다고 대답하는 것이 최선의 길이다. 예를 들어 기자가 어떤 CEO에게 다른 기업을 인수할 것이라는 소문에 대해 한마디 해 달라고 요청했다면 다음과 같이 대답하는 것이 좋다.

"저희는 언제나 소문이 아닌 사실에만 집중합니다. 이 경우 명백한 사실은 이겁니다. 저희는 언제나 시장에서의 위치를 강화하고 경쟁 우위를 얻을 방법을 끊임없이 찾고 있다는 겁니다."

인사 관련 문제일 땐 어떻게 하나? 혼자 일하는 게 아니라면 당신이나 당신 조직은 언제든 인사 관련 문제를 겪게 되어 있다. 대부분은 뉴스로 다뤄질 정도가 아니지만 C-레벨(보통 C로 시작하여 O로 끝나는 세 글자의 약자를 쓰는 직급 Chief xxx Officer를 통틀어 이르는 말. 예를 들어 CEO, COO, CFO 등이 있음 - 옮긴이) 중역, 이사회 임원, 혹은 사회적으로 인지도 있는 사람이 관련된 경우라면 뉴스가 될 수 있으니 미리 대비해야 한다. 이런 상황은 법적 문제를 유발하거나 시장 내 큰 변화를 몰고 올 수 있으므로 특히 주의해야 한다.

예를 들어 당신의 CEO 빌 제임스가 급작스럽게 회사를 떠났다고 치

자. 회사 임원들은 빌의 퇴사 이유에 대해 함구하고 있지만 루머에 따르면 빌과 함께 영입한 COO(최고 운영 책임자)가 다른 회사의 CEO 자리를 제안받았다고 한다. 이 COO를 잃고 싶지 않았던 회사는 COO에게 CEO 자리를 내주기로 했고, 덕분에 빌은 갈 곳이 없어졌다.

이처럼 빌이 해고되었다는 루머가 무성한 가운데, 회사 임원들은 빌 제임스가 자의로 회사를 떠나기로 결심한 것이라고 말하라는 지시를 받았다. 기자들이 입만 열면 "빌 제임스가 해고된 겁니까?"라는 물음이 터져 나올 상황이다. 이런 경우라면 "빌 제임스는 유능한 기업인이고, 그에 대한 질문이 있다면 그에게 직접적으로 묻는 편이 나을 겁니다"라고 대답하는 것이 가장 좋다.

누군가의 인사 이력에 대해 부정적으로 이야기하면 법적 문제에 휘말릴 수도 있다. 누군가 정당한 이유로 해고되었다 하더라도 그 상황을 기자에게 자세히 설명한다면 당사자에게 고소를 당할 수 있으니 주의해야 한다. 이런 경우엔 언제나 최대한 말을 아끼는 것이 가장 좋은 길이다.

소송이나 매출 감소 등에 관한 질문을 받을 땐 어떻게 하나? 무언가 좋지 못한 일이 벌어졌을 때 소송, 매출 감소, 평판에 대한 영향 같은 것을 거론하는 건 적절치 못하다. 기자가 "소송에 대해 걱정하고 있습니까?"라고 물었다고 치자. 당신은 잠깐 생각한 뒤 "소송은 걱정하지 않습니다. 저희가 가장 우선으로 생각하는 것은 사고에 연루된 분들의 빠른 회복입니다"라고 대답했다. 괜찮지 않은가? 하지만 이때 기자가 "소송은 걱정하지 않습니다"만 인용해 기사를 쓰면 어떻게 하는가? 이 일에 별로 개의치 않는 것처럼 보이고, 소송을 당하면 어떡할지 미리 생각해 본 적이 있는 것처럼 들린다. 사고 피해자들을 걱정하는 말은 아예 신문에 실리지 않을지도 모른다. 앞에서 기자의 부정적인 질문은 그대로 반복하지 말라고 했던 게 기억나는가? 이럴 때는 주요 메시지부터 먼저 대답하는 것이 좋다. 앞에서 말한 것을 그대로 이용한다면 이때 당신의 응답은 "저희가 가장 우선으로 생각하는 것은 사고에 연루된 분들의 빠른 회복입니다"가 좋겠다.

이와 마찬가지로 돈과 관련된 질문 역시 답변하지 않는 것이 최고다. 이런 경우에는 해당 질문을 무시하고 질문의 방향을 다른 곳으로 이끄는 것이 낫다. 예를 들어 식품 회사의 중역이 이번 리콜로 피해가 얼마나 될 것이냐는 질문을 받았다면, 돈에 대한 언급을 피하고 다음과 같이 대답하는 것이 좋다.

"우리는 고객이 우리 제품을 신뢰하는 데 필요한 만반의 조치를 취할 것입니다."

대답할 때 조심해야 하는 경우

살다 보면 주의하고 조심해야 할 때가 많다. 길을 건널 때는 좌우를 살펴야 하고, 전기 도구를 만질 때는 감전에 유의해야 하며, 돈을 쓸 때나 먹을 걸 살 때도 신중해야 한다. 그리고 이쯤 되면 언론을 상대할 땐 항상 조심해야 한다는 것을 깨달았을 것이다. 이런 마음가짐을 갖고도 특별히 더욱 신중해야 할 때가 있다.

다음은 반드시 답변을 거부할 필요는 없지만 더욱 주의하여 답해야 할 질문들이다.

경쟁자에 관한 질문은 어떻게 하나? 다른 사람이나 기업에 대한 질문을 받으면 다음과 같은 일이 벌어질 수 있다. 신중하게 "우리 경쟁자는 좋은 품질의 제품을 만듭니다. 하지만 우리 제품에는 이보다 더 높은 품질과 함께 소비자를 위한 더 나은 혜택이 담겨 있습니다"라고 대답했다고 치자. 이때 기자가 첫 문장만 인용해 쓴다면 당신은 애써 남의 제품을 팔아 준 꼴이 된다. 반대로 경쟁자에 대해 안 좋은 말을 하면 쩨쩨해 보일 수 있다. 이럴 때는 기자의 말에 휘말리지 말고 "전 우리 회사의 입장에 대해서만 논할 수 있고 제가 할 수 있는 말은…"이라고 한 뒤 준비한 메시지로 넘어가면 된다. 아니면 "다른 회사에 대한 질문은 그쪽에 직접 하는 게 좋겠습니다. 제가 말씀드릴 수 있는 건…"이라고 하고 의도한 메시지로 방향을 틀면 된다.

구체적인 상황에 대한 일반적 질문이라면 어떻게 하나? 개인 정보 보호법에 따라 특정 부문의 홍보 담당자들은 기자에게 구체적인 사람이나 상황에 대해 이야기하는 것이 금지돼 있다. 은행은 개인 고객에 대해 이야기할 수 없고, 정부 기관은 일반인에 대해 말할 권리가 없다. 기자들 역시 이런 점을 잘 알지만 그것을 지킬 의무는 없다. 그래서 기자들은 지금의 구체적인 상황 대신 이런 성질의 문제 전반에 대해 이야기해 달라고 요청한다. 예를 들어 "이 특정 사건에 대해선 거론할 수 없는 것 압니다. 하지만 일반적인 상황이라면 이런 문제에 어떻게 접근합니까?"처럼 말이다. 이런 경우 기자는 일반적 의미에서 제시한 홍보 담당자의 답변을 그 구체적 상황에 적용시켜 기사를 쓰기 쉬우므로 조심할 필요가 있다.

구체적인 상황에 대해 일반적 논평을 해 달라는 질문을 받으면 전후 맥락을 잘라 인용하거나 오도하기 힘든 답변을 내놓는 것이 무엇보다 중요하다. 예를 들어 놀이 기구에서 떨어져 숨진 10세 소년이 있다고 치자. 이때 인터뷰 대상이 된 신경과 전문의는 이 사건에 대한 구체적인 언급은 거절하겠지만 머리 부상 시 일어날 수 있는 일반적인 문제에 대해서는 몇 가지 이야기를 할 수도 있다. "그다지 높지 않은 곳에서 떨어지더라도 혈종이나 타박상이 생겨 죽음으로 이어질 수도 있습니다"라고 답했다고 치자. 이때 기자는 이 말을 그 소년의 상황에 그대로 적용시켜 기사를 쓸 수 있다. 이런 일을 피하려면 다음과 같이 말하는 것이 좋다.

"일반적으로 말해서 그다지 높지 않은 곳에서 떨어지더라도, 그러니까 일반적인 상황에서, 혈종이나 타박상이 생겨 일반적으로는 죽음으로 이어질 수도 있습니다."

중언부언하는 것처럼 들릴 수 있지만 '일반적으로 말해서'라는 표현을 자주 쓰면 이 말이 그 소년에 대한 것인 양 기사가 쓰이는 것을 막을 수 있다.

질문의 표현이 불쾌할 땐 어떻게 하나? 공화당 경선 당시 존 매케인 상원 의원이 민주당 경선 후보였던 힐러리 클린턴에 관한 질문을 받은 적이 있었다. 청중석에 있던 한 사람이 "우리가 그년을 어떻게 물리치죠?"라고 물은 것이다. 그러자 매케인은 이렇게 대답했다.

"그거 참 훌륭한 질문입니다."

잠깐, 뭐라고? 다른 정당의 여성 대선 주자를 '그년'이라 부르는 것이 뭐가 훌륭하단 말인가? 이 질문에 그런 답변을 한 매케인은 자신 역시 질문자와 마찬가지로 힐러리 클린턴을 '그년'이라 생각한다는 것을 그대로 드러내고 말았다. 그 자리가 공개 토론회 회장이었음을 감안할 때 매케인은 상대의 불쾌한 표현을 눈감고 넘어가선 안 되었다. 이때 보일 수 있는 적절한 반응은 다음과 같다.

- "힐러리 클린턴은 존중받을 자격이 있습니다."
- "그런 표현은 부적절하군요."
- "힐러리 클린턴은 존경받는 상원 의원입니다."

그렇다고 누군가 불쾌한 표현으로 질문을 던질 때마다 발끈하여 싸움을 걸라는 말이 아니다. 어떤 경우는 그것도 함정이 될 수 있다. 예를 들어 인쇄 매체와의 인터뷰라든가 텔레비전이나 라디오의 녹화 인터뷰를 할 경우에는 기자의 질문이 편집될 수 있다. 그런 상황이라 치고 앞의 질문을 다시 생각해 보자.

"힐러리 클린턴 그년을 어떻게 물리칠 생각이십니까?"

"전 절대 힐러리 클린턴을 그년이라고 부른 적이 없습니다."

기분이 상한 당신이 당당히 이렇게 대꾸한다. 그렇게 질문을 정정한 뒤 승리를 위한 전략을 상세히 설명하기 시작한다. 자, 이제 인터뷰가 끝났다. 기자가 당신의 말 중에서 어떤 부분을 인용해 기사를 쓸지는 유명 대학의 언론학 박사가 아니더라도 다 알 것이다.

"전 절대 힐러리 클린턴을 그년이라고 부른 적이 없습니다."

이때 당신은 기자의 불쾌한 말을 정정함으로써 옳은 일을 했다고 생각하겠지만 질문의 표현을 그대로 이용함으로써 더 심각한 문제를 만들고 말았다.

이때는 위에서 소개한 세 가지 답변 중 하나를 골라 대답하는 편이 낫다.

매케인 의원은 얼마 뒤 다시 비슷한 상황에 처했다. 신시내티에서 열린 정당 대회에서 보수 성향의 라디오 진행자 빌 커닝엄이 초청 연사로 등장해 당시 민주당 후보였던 버락 오바마를 폄하하는 발언을 한 것이다. 그는 오바마의 집안이 이슬람인 것을 지적하며 그의 중간 이름인 후세인을 몇 차례나 들먹였다. 힐러리 클린턴 사건 당시 다친 상처가 아직 아물지 않았던 매케인은 커닝엄의 발언을 꾸짖으면서 오바마와 클린턴 의원에 대한 존경의 뜻을 표했다.

한 번 당하면 자기 탓이 아니지만 두 번 당하면 그땐 자기 탓이 되는 법이다.

개인적 의견을 말해 달라고 할 땐 어떻게 하나? 홍보 담당자의 생각이 그 조직의 방침과 정확히 일치하지 않는다면 입을 다무는 것이 상책이다. 미국 합동 참모 본부 의장인 피터 페이스 소장은 미군의 동성애 금기 규정인 "묻지도, 말하지도 말라(Don't ask, don't tell)"를 옹호하는 발언 도중 동성애를 비도덕적이라고 했다가 큰 논란에 휘말렸다. 그는 "내 개인적 시각보다는 이 규정에 대한 나의 지지 의견에 더 초점을 두었어야 했다"라고 말하며 후에 이 점을 시인했다.[3] 이런 발언 때문에 그는 수많은 주요 정치인들과 민간 자유주의자들에게 기탄을 받았다.

같은 질문을 받은 국방 장관 로버트 게이츠는 다음과 같이 잘 대처했다. "여기에는 제 사견이 끼어들 자리가 없다고 생각합니다."[4]

당신이 적합한 홍보 담당자가 아닐 땐 어떻게 하나? 많은 대기업이 제3의 국가에 생산 시설을 두거나 다른 국가에 투자하는 요즘 환경에서는 조직의 영향권 바깥에서 벌어지는 문제에 연루되는 경우가 종종 있다. 자 회사가 자행하는 환경 파괴라든가 동료 정치인의 입에서 나온 성적 농담까지 그 종류도 다양하다.

예를 들어 어떤 다국적 기업이 20억을 투자해 호주에 공장을 짓기로 했는데, 그 부지가 최근까지 호주 원주민의 소유였다고 치자. 기업의 편의를 봐주겠다며 수세대에 걸쳐 그 땅에 살아왔던 원주민을 내쫓은 호주 정부에 원성이 빗발친다. 또한 기업의 책임이 크다는 비판도 있다. 이 기업의 대외 관계 담당 부사장인 저스틴은 이 문제가 미국으로까지 번지길 바라지 않는다. 인터뷰 도중 저스틴은 "이 기업에 그곳 원주민을 강제로 이주시킨 책임이 있습니까?"라는 질문을 받았다. 이 경우 저스틴이 내놓을 수 있는 최고의 답은 다음과 같다.

"우리는 전 세계 원주민의 권리를 존중합니다. 호주에 관한 정보라면 그곳 본사에 연락을 취해 보시는 것이 가장 좋을 겁니다."

이렇게 하면 호주 상황에 대한 직접적인 언급을 피하는 동시에 회사에 비교적 긍정적인 이미지를 심어 줄 수 있다.

방금 한 말이 마음에 들지 않을 땐 어떻게 하나? 완벽한 문장을 만들어야 한다는 의무감 같은 건 느낄 필요가 없다. 생각에 잠겨서든, 잠시 정신이 딴 데 팔려서든 중간에 끊긴 문장을 반드시 완성해야 할 필요는 없다. 그냥 거기에서 멈추고 다시 시작하라. 기자라면 완벽히 정리된 다른 문장을 두고 굳이 중간에 끊긴 문장을 인용할 리 만무하다. 단, 앞에서 끊긴 문장의 의미가 뒤에 이어지는 문장과 정반대라면 이야기가 달라진다.

예를 들어 인터뷰 도중 당신이 "그때는 제가 무엇을 하는지 깨닫지…"라고 하다가 말을 멈췄다고 하자. 그러고는 "저는 언제나 법을 준수했습니다"라고 했다면 두 문장이 서로 들어맞지 않는 것을 알 수 있다. 첫 번째 문장에서는 모르고 한 짓이라고 말하려다가, 두 번째 문장에 가서 잘못한 것이 전혀 없다고 주장하는 셈이 아닌가. 두 번째 문장이 첫 번째 문장을 완전히 반박하고 있는 경우이므로 기자는 당연히 반쪽뿐인 앞 문장을 인용할 것이다.

어떤 말을 한 뒤 그것이 부적절했거나 의도대로 나오지 않았음을 깨달았다면 기자에게 "다시 말씀드리겠습니다. 조금 더 명확히 말해야 하는 건데요"라고 하고 의도한 이야기를 다시 시작하라. 하지만 그렇다고 기자가 처음 들은 말을 순순히 무시할 거라고 확신하는 건 금물이다. 특히 앞 문장이 자신의 기사 의도에 더 들어맞는 상황이라면 말이다.

질문에 함정이 도사리고 있을 때

함정이 있는 질문이란 인터뷰 상대를 궁지에 몰아넣거나, 헷갈리게 만들거나, 오도하려는 의도가 담긴 질문을 말한다. 더 구체적으로 이야기한다면 구린 구석을 노리다가 그것을 질문의 형태로 던짐으로써 상대의 답변에 제약을 가하는 것이다. "요즘도 아내를 때립니까?"가 전형적인 예다. 상대가 아내를 때린 적이 있다는 가정하에 이렇게 물으면, 긍정으로 대답하든("예, 여전히 때립니다"), 부정으로 대답하든("아니요, 요즘엔 때리지 않습니다") 그 질문에 숨겨진 의도를 인정하는 셈이 된다. 이 밖에도 사람들을 함정에 빠뜨리기 위해 기자들이 쓰는 방법이 많지만 여기에서는 그중 가장 대표적이고 가장 큰 피해를 입히는 것 세 가지를 소개하겠다.

"예, 아니면 아니요." 질문일 땐 어떻게 하나? 기자들은 '예' 아니면 '아니요'로 대답해야 하는 질문을 좋아한다. 양극성 질문이라고도 불리는 예/아니요 질문은 딱 잘라 긍정 아니면 부정의 답을 얻기 위한 의도를 지닌다. 곧장 정곡을 찌르는 것이다. 정직한 사람이라면 예/아니요 질문을 피할 이유가 없지 않은가. 물론 법정에서는 이런 질문이 반드시 필요하지만 일반적인 여론의 장에서는 언제나 예/아니요 질문으로 모든 사실을 알아낼 수 있는 것은 아니다. 상대에게 '예, 아니요'라는 답만 받아 내려 애쓰다 보면 본질적으로 회색인 문제를 흑백 논리로 단정 짓는 오류를 범할 수 있다.

먼저 '아니요'라는 단어를 살펴보자.

"당신 회사의 약품에 정말 치명적인 부작용이 있습니까? 예, 아니요로 대답해 주세요"라는 질문을 생각해 보자. 이에 대해 나올 수 있는 가장 그럴듯한 답변은 "아니요, 우리 약은 안전합니다"가 될 것이다. 하지만 이 답변만 가지고 기사를 작성한다면 "약품에 치명적인 부작용이 있느냐는 질문에 앤셀은 '아니요'라고 쏘아붙였다"라는 문장이 나올 가능성이 얼마든지 있다.

다시 한 번 말하지만 답변에 '아니요'라는 단어를 쓰면 질문의 의도를 받아들이고 그 질문에 신빙성을 심어 주니 주의해야 한다.

이렇듯 '아니요'가 문제가 된다면 '예'라는 말은 더욱 큰 부정적인 영향력을 지닐 수 있다. 예를 들어 기자가 이렇게 묻는다. "당신 회사의 약을 쓰면 유해한 부작용이 생길 수 있습니까? 예, 아니요로 대답해 주세요" 이때 정직하게 대답한다면 "예, 하지만 그럴 가능성은 거의 희박하거나 전혀 없습니다"라고 해야 할 것이다. 그러면 이때 기사는 어떤 식으로 쓰일까?

"약품에 유해한 부작용이 있을 수 있느냐는 물음에 제약 회사에서는 '예'라고 대답했다."

부작용이 있을 가능성이 희박하거나 전혀 없다는 부분은 대체 어디로 간 것인가? 그 부분이 편집 과정에서 사라져 버린 건 어쩌면 당연한 일인지도 모른다.

한 가지 예를 더 들자면, 허위 판매 전술을 썼다는 혐의를 받았지만 유죄 선고를 받진 않은 에너지 기업이 있었다. 이것이 문제라고 판단한 회사는 판매 전략을 대대적으로 수정하기로 했다. 그런데 그로부터 몇 년이 지난 뒤에도 기자들은 툭하면 과거의 그 문제를 끄집어냈다. 이미 몇 년 전에 다 해결된 것이므로 여태껏 그 문제에 대해 이야기할 필요가 전혀 없는데 말이다. 기자들은 여전히 "소비자를 기만하는 판매 행위로 유죄 판결을 받은 적이 있나요? 예, 아니요로 대답해 주십시오"라고 물었다. 이럴 때는 뭐라고 답하면 좋을까?

"그건 사실이 아닙니다."

이 답은 극구 부인하는 것보다 덜 방어적으로 들리는 동시에 "아니요"보다 기사화될 가능성이 적다.

"가능성이 있습니까?"라는 질문을 받을 땐 어떻게 하나? "가능성이 있습니까?"라는 질문은 회심의 한 방을 날리기 전에 쓰는 전형적인 준비 단계다. 기자가 핵 기술자에게 이런 질문을 한다고 치자.

"체르노빌 사태 같은 일이 이 지역 원자력 발전소에서 벌어질 가능성이 있습니까?"

기자의 질문을 문자 그대로 받아들이는 경향이 있는 기술자들은 당연히 "예, 가능성이 있습니다"라고 대답할 것이다. 그러면 당장이라도 발전소가 폭발할지 모른다는 인상을 주게 되고, 이해당사자들 사이에 대공황, 그게 아니라면 적어도 큰 우려를 낳을 것이다.

아니면 당신 회사에서 고객의 은행 계좌 내역, 주민 등록 번호, 그 밖의 민감한 개인 정보를 보관하고 있다고 치자.

기자 회견에서 한 기자가 "해커가 시스템에 침입해 고객 정보를 빼낼 가능성이 있습니까?"라고 물었다. 당신은 잠시 생각한 끝에 "가능합니다. 하지만 현재 저희가 취하고 있는 보안 조치하에서 고객 정보가 유출될 가능성은 매우 희박합니다"라고 대답했다.

자, 이제 어떻게 생각하는가? 보나마나 "정보 유출이 가능하다고 홍보 담당자가 인정했다" 같은 문장이 헤드라인을 장식할 것이다. 물론 답변 중 "가능하다"라고 한 부분은 솔직했지만 현재 취하고 있는 보안 조치에 대한 부분은 사라지고 만 것이다.

"가능성이 있습니까?"라는 질문에 뭐라고 답하든 돌아오는 대답은 뉴스감이 된다. "예"라고 하면 위와 같이 편집 과정을 거쳐 기자가 의도한 쪽으로 흘러가게 되고, "아니요"라고 하면 답변 자체의 신빙성이 떨어진다. "아니요, 정보 유출 가능성이 전혀 없습니다" 이 얼마나 상대를 기만하는 것처럼 들리는가.

그렇다면 어떻게 대답하면 좋을까?

먼저 준비한 메시지를 제시한다. 이 경우에는 "현재 저희가 취하고 있는 보안 조치하에서 고객 정보가 유출될 가능성은 매우 희박합니다"가 될 것이다. 기자가 이 말에 만족하지 못한다면 - 거의 분명 그럴 것이다 - 6장에서 설명한 마무리 전략을 쓰도록 한다.

기자 : 해커가 시스템에 침입해 고객 정보를 훔쳐 갈 가능성이 있습니까?

홍보 담당자 : 철저한 보안 장치로 고객의 개인 정보를 보호하고 있습니다.

기자 : 그렇겠죠. 하지만 해커가 시스템에 침입해 고객 정보를 훔쳐 가는 게 가능합니까?

홍보 담당자 : 말씀드렸다시피 저희의 보안 조치는 정보 보호가 철저합니다.

기자 : 대답을 회피하시는군요. 해커가 시스템에 침입해 고객 정보를 빼낼 가능성이 있습니까?

홍보 담당자 : 이 질문에 대해 두 번 대답한 것 같습니다. 원하신다면 마지막으로 한 번 더 답변하고 다음 질문으로 넘어가지요. 저희에게 보안은 매우 중요한 문제이므로 최고 수준의 정보 보호 조치를 취하고 있습니다.

이와 같은 반응은 기자가 원하는 말이 아닐 뿐이지 실제로는 질문에 대한 답을 하는 셈이다. 기자는 상대가 "가능하다" 혹은 "가능하지 않다"라는 말을 해 주기를 바란다. 그렇다고 기자를 납득시키기 위해 어물어물 "가능하다"라는 답을 들려주기엔 위험 부담이 너무 크다.

> **"예/아니요"와 "가능합니까?"의 예외 상황**
>
> '예/아니요'나 '가능성' 질문에 절대 답을 하지 말라는 것이 아니다. 본인이나 기업이 다음과 같은 문제에 휘말렸을 땐 이런 질문에도 반드시 답변을 해야 한다.
> - 쏟아지는 관심과 우려의 수위가 매우 높을 때

- 신뢰가 땅에 떨어졌을 때
- 본인이나 기업이 일상적 업무를 수행할 능력 자체가 심각히 저해됐을 때
- 기사가 1면 최상단에 실렸을 때
- 이 문제가 의회에서 논의되고 있을 때

"보장할 수 있습니까?"라는 질문을 받을 땐 어떻게 하나? 경계해야 할 또 다른 질문으로 "보장할 수 있습니까?"가 있다. 이 질문은 그 자체로 일종의 함정이 된다. 상대가 확답을 못할 가능성이 높기 때문이다.

홍보 담당자들은 사전에 나온 '보장'의 모든 동의어를 동원하며 이 질문을 피하려고 한다. "안심해도 된다"라거나 "약속한다" 같은 말을 늘어놓는 것이다. 하지만 '보장'이라는 단어를 피하는 것 자체가 수상쩍어 보이는 것이 사실이다. 그렇다면 어떻게 해야 할까?

독감 백신을 생산하는 제약 회사 대표가 이 약에 대한 알레르기 반응으로 사망하는 사람이 없을 것이라 보장할 수 있느냐는 질문을 받았다고 치자. 이때 나올 수 있는 반응은 다음과 같다.

- "예, 사망자가 없으리라 보장합니다." (보장은 불가능하다.)
- "아니요, 사망자가 없으리라 보장할 수 없습니다." (사람들이 불안에 떨 것이다.)
- "그런 보장을 할 수 있는 사람은 없습니다." (거의 변명처럼 들린다.)

위의 세 답변 중 어느 것도 이 백신이 사람을 살리고 지역 사회를 보호한다는 메시지를 전달하지 못한다. 과거 이 백신에 아무런 문제가 없었다

고 가정한다면, 이 '보장' 질문에 딱히 함정이 있다고 보기 어렵다. 따라서 이럴 때는 "제가 보장할 수 있는 건 저희 제품이 사람의 생명을 구하고, 여러분이 바라는 마음의 안정을 드릴 수 있다는 겁니다"라고 대답하는 것이 적절하다. '보장'이라는 단어를 씀으로써 질문에 더욱 적극적인 반응을 보이는 것이다. 반대로 여기에서 이 단어를 쓰지 않으면 사람들의 경계심을 높이고 답변을 회피하려 한다는 인상을 줄 수 있다.

중요한 것은 사실상 보장이 불가능한 이 상황을 피한 뒤 준비한 메시지를 통해 약속을 전달하는 것이다. 해커가 시스템에 침입해 고객 정보를 훔쳐 가지 않으리라고 보장할 수 있는가? 사실상 보장은 어렵다. 모든 컴퓨터 시스템에는 해킹 가능성이 도사리고 있기 때문이다. 이 경우 효과적인 답변은 다음과 같을 것이다.

"제가 보장할 수 있는 건 저희에게 있어 보안은 매우 중요하고, 그것을 위해 저희가 취한 조치는 최대한의 보호를 가능케 해 준다는 점입니다."

하지만 "보장할 수 있습니까?"라는 질문을 받아 마땅한 과거 전력이 있다면 답변 뒤에 이어져야 할 전략도 조금 달라진다. 예를 들어 과거에 당신의 백신에 심각한 알레르기 반응을 일으킨 사람들이 있었다고 치자. 이때 "보장할 수 있습니까?"라는 질문에 이어지는 답변은 분명 기사화될 가능성이 농후하다. 백신으로 사망 사고가 일어날 수 있느냐는 질문을 받으면 다음과 같이 대답하는 것이 좋다.

"저희가 보장할 수 있는 것은 제품을 안전하고 효과적으로 만들기 위해 최선을 다한다는 겁니다. 과거에 구체적으로 어떤 일이 벌어진 건지 밝히기 위해 보건 당국과 협조하고 있습니다."

위와 같은 답변은 다음 세 가지 중요 목표에 부합한다. 첫째, "장담 못하겠다"거나 "그걸 장담할 수 있는 사람은 없다" 같은 방어적 대답 대신 기자의 '보장' 질문에 직접적으로 답한다. 둘째, 안전한 제품 생산이라는 조치를 취하고 있음을 알려 준다. 그리고 마지막으로 지금 시점에서 이 회사보다 신뢰도가 높은 보건 당국과 협력하고 있음을 밝힌다.

방해를 받을 때

이런 일은 수시로 생긴다. 프레젠테이션 도중 기기에 결함이 생기거나 인터뷰 중간에 전화가 오는 등 의도하지 않은 사고가 생길 때가 있다. 하지만 어떤 것들은 상대를 당황하게 할 목적으로 쓰는 고도의 전술이니 주의할 필요가 있다.

대답 중간에 방해를 받을 땐 어떻게 하나? 답변을 잘 풀어 가고 있는데 기자가 말을 끊으면서 메시지 전달을 막는다면 어떻게 할 것인가? 첫 번째엔 그대로 넘어간다. 하지만 다시 한 번 그런다면 그땐 "죄송합니다만 하던 말을 끝내도 될까요?"라고 말한 뒤 문장 처음부터 다시 말을 시작한다. 그래야 메시지를 온전히 전달할 수 있다.

기자가 끊임없이 말을 자른다면 가볍게 그의 팔을 건드리는 것도 좋다. 사람은 누군가 예상치 못하게 자신을 만지면 말을 하다가 멈추게 되어 있다. 이 효과는 매우 뛰어나다. 친구나 지인들과 어울릴 기회가 있다면 한번 써 봐라. 얼마나 잘 통하는지 깨닫게 될 것이다. 그리고 난 뒤에도 끈질기게 말 중간에 끼어든다면 "질문을 하셨으니 답변할 수 있게 해 달라"

라고 말해라. 물론 당신이 질문에 대해 적극적이고도 흥미롭게 말하고 있다는 전제하에서다. 만약 그렇지 않다면 기자가 끼어드는 것도 당연한 이치다.

다음은 앞에서 나온 스무 가지 질문과 그에 대한 전략을 간추린 것이다.

이럴 땐 어떻게? 스무 가지 상황 요약

1. 질문에 답하기 싫은데 무언가 말해야만 할 때

그 질문에 답하기 싫은 정당한 이유를 댄 다음 그 대신 논하고 싶은 다른 주제가 있다고 말해라.

2. 어떤 사고나 실수가 어떻게 벌어졌는지 모를 때

"이 시점에서는 아무도 아는 바가 없다"라고 대답하라. '아무도'라는 표현을 씀으로써 자신만 모르는 것이 아님을 강조할 수 있다.

3. 명확한 수치를 대야 하는데 모를 때

"확실하고 구체적인 정보를 제공하기 위해 정확한 데이터를 확인해 다시 알려 주겠다"라고 설명해라. '확실한', '구체적', '정확한' 같은 단어를 쓰면 그 질문을 진지하게 받아들였음을 알릴 수 있다.

4. 답을 모르는데 함께 있는 동료가 그것을 알 때

동료가 이야기를 듣고 있는지, 답변하고 싶어 하는지 살피고 그렇다면 질문을 넘긴다. 동료가 시간을 필요로 하면 간단히 그 문제에 관해 이야기한 뒤 질문을 넘겨라.

5. 말을 멈춰야 할 때

필요한 모든 것을 다 이야기했다는 확신이 들면 침묵이 흐르게 놔둬도 괜찮다.

6. 정말로 할 말이 없을 때

터무니없거나 관련이 없거나 당신을 구렁텅이로 끌어들이려는 의도가 담긴 질문을 받았다면 "할 말 없습니다"라고 해라.

7. 답변이 기밀일 때

기밀 보호 규정을 준수해야 하므로 직접적으로 그 문제를 언급할 수 없다고 설명하라. 가능한 상황이라면 "이 문제를 조속히 해결하기 위해 관련 기관에 최대한으로 협조하고 있다"라고 덧붙여라.

8. 루머에 관한 질문을 받았을 때

루머에 대한 질문을 받았을 땐 답변하지 않는 것이 최선이다. 언제나 루머가 아닌 사실에만 집중하고 있다고 말해라.

9. 인사 관련 문제일 때

누군가의 인사 이력에 대해 부정적으로 이야기하면 법적 문제에 휘말릴 수 있으니 최대한 말을 아끼는 것이 가장 좋다.

10. 소송이나 매출 감소 등에 관한 질문을 받았을 때

'소송'이나 '매출' 같은 단어를 쓰지 말되, "저희가 가장 우선으로 생각하는 것은 관련된 분들의 안녕입니다"라고 해라.

11. 경쟁자에 관한 질문을 받았을 때

우리 회사에 관한 것만 이야기할 수 있다고 알리고 준비한 메시지로 넘어가라.

12. 구체적인 상황에 대한 일반적 질문을 받았을 때

'일반적으로 말해서'라는 표현을 자주 쓰면서 그 말을 해당 사건에 대한 것인 양 보도하지 못하게 막아라.

13. 질문의 표현이 불쾌할 때

해당 표현을 똑같이 쓰거나 반박하지 마라. 대신 그 질문으로 모욕받은 사람이나 단체에 존경심을 표하라. (물론 그 사람이나 단체가 존경받을 자격이 있다는 전제하에서다.)

14. 개인적 의견을 말해 달라고 할 때

개인의 생각이 조직의 방침과 정확히 일치하지 않는다면 입을 다무는 것이 상책이다.

15. 당신이 적합한 홍보 담당자가 아닐 때

그 문제를 직접적으로 언급하지 말고, 회사에 긍정적 이미지를 심어 줄 수 있는 답변으로 마무리하라.

16. 방금 한 말이 마음에 들지 않을 때

완벽한 문장을 만들어야 한다는 의무감 같은 건 느낄 필요가 없다. 그냥 거기에서 멈추고 다시 시작하라.

17. "예, 아니면 아니요." 질문일 때

기자가 뒷부분을 편집해 버릴 수 있으므로 '예'나 '아니요'로 답변을 시작하는 건 바람직하지 못하다. 질문이 심각한 문제나 땅에 떨어진 신뢰도와 관련된 경우가 아니라면 '예'나 '아니요'는 생략하고 준비한 메시지로 바로 들어간다.

18. **"가능성이 있습니까?"라는 질문을 받았을 때**

먼저 준비한 메시지를 전달한다. 기자가 그에 만족하지 못하면 6장에서 설명한 마무리 전략을 써라.

19. **"보장할 수 있습니까?"라는 질문을 받았을 때**

사실상 보장이 불가능한 질문을 피한 뒤 준비한 메시지를 통해 약속을 전달하라.

20. **대답 중간에 방해를 받았을 때**

첫 번째엔 그대로 넘어간다. 두 번째엔 말을 끝내게 해 달라고 부탁한다. 그래도 계속되면 기자의 팔을 가볍게 건드린다. 그래도 여전히 방해를 받으면 답변을 하게 해 달라고 정중하게 요구한다.

마무리하며

얼마 전 토론토에서 로스앤젤레스로 가는 비행기 안에서 우연히 옆자리에 앉은 배우 에디 그리핀과 이야기를 하게 되었다. 영화 '듀스 비갈로'와 '언더커버 브라더'로 잘 알려진 그는 최근 캘리포니아 경주로에서 150만 달러 상당의 페라리로 연습하던 중 사고를 내 이목을 끈 적이 있었다. 찌그러진 차에서 멀쩡히 걸어 나온 그는 기자들에게 이런 농담을 건넸다.

"언더커버 브라더는 가라테도 그렇고, 못하는 게 없지만 운전만큼은 꽝이네요."

내가 언론과의 소통에 관한 책을 쓰고 있다고 하자 그가 넌지시 자기 생각을 들려주었다.

"앤젤리나 졸리랑 브래드 피트가 아이를 하나 더 입양하러 어느 나라에 갔다는 건 뉴스가 아니죠. 도널드 트럼프(부동산 재벌)가 집을 한 채 더 샀다는 것도 뉴스가 아닙니다. 언론이 미국을 바보로 만들고 있어요. WMD, 대량 살상 무기가 아니라 대량 바보화 무기(weapons of mass distraction)인 거죠."

그의 말은 무척이나 재미있는 동시에 놀라울 만큼 예리하다. 객관적 보도는 선정주의, 자극적 소재, 편파적 시각에 설 자리를 내주고 말았다. 복잡다단한 개인을 단순한 등장인물로 둔갑시키고, 여러 톤의 회색을 흑백으로 바꿔 버린 보도 스타일 속에서 맥락과 의미는 그대로 희생되었다. 타협은 곧 '패배'고, 사상적으로 나와 다른 사람은 '악인'이 되었으며, 모든 의견 충돌은 '승자'와 '패자'가 이분되는 제로섬 게임이 되고 말았다. 여기에 성난 여론이라는 재료를 더해 만든 소통의 칵테일은 금방이라도 불이 붙을 듯 위험하다.

뉴스 보도란 이렇게나 불완전한 것이다. 하지만 전 미국 대통령 토머스 제퍼슨은 언론 없는 정부를 받아들이느니 정부가 빠진 언론을 택하겠다고 했다.[5] 자유 사회에 사는 우리는 자신의 시각을 표현할 기회가 있어야 하고 동시에 자신의 말이나 행동에 책임을 져야 한다.

정해 놓은 규범에 따라 진실하고 정직하게 활동하고 있음을 이해당사자들에게 보여 줄 수 있는 기업은 자사의 가치를 잘 전달할 수 있고, 그에 따라 실적도 더욱 높일 수 있다. 하지만 언론을 상대할 때는 치러야 할 대가가 있다. 기쁠 때뿐 아니라 슬프고 힘들 때도 기자들과 소통하며 신뢰를 쌓아야 한다는 점이다. 달리 말해, 홍보 담당자들은 긍정적 언론 홍보를 위해 부정적인 일에도 적극적으로 소통할 의지를 보여야 한다. 즉 CEO, 정치인, 홍보 전문가들은 급한 상황에서도 어려운 질문에 답하고, 정보를 제공하고, 잘못된 루머를 진압할 태세를 갖추어야 한다.

나쁜 뉴스가 터졌을 때 기업이나 홍보 담당자가 언론과의 전쟁에서 승리할 수 있는가? 꿈도 꾸지 마라. 기자들은 날카로운 펜과 어마어마한 양의 잉크로 이미 단단히 무장하고 있으니 말이다. 하지만 원하는 '승리'의 정의를 다시 내릴 수 있다면 가끔씩 몇 번의 전투에서 승리를 거둘 수 있을 것이다. 홍보 담당자나 조직이 대중의 우려를 인정하고, 합의점을 찾으려 진심으로 노력하며, 기본적인 예의와 상식에 따라 행동한다면 그것이 바로 승리다. 이런 종류의 진정한 승리는 위기 시점에서 '옳은 일을 하는' 홍보 담당자와 뉴스 주인공의 이야기를 통해 얻을 수 있다.

그러니 당신이 헤드라인을 장식할 때가 오면 부디 이 책에서 배운 것들을 적극 활용하기 바란다. 당당히 1면에 실리고, 필요하다면 질책을 받아들여라. 어차피 그 신문은 내일이 되면 누군가의 새장 바닥에 깔리는 신세가 될 테니 말이다.

부록 : 언론 메시지 작성 키트

여기에는 다양한 상황에 쓸 수 있는 효과적인 언론 메시지 작성에 필요한 모든 안내와 표현, 그 밖에도 재활용할 수 있는 견본이 포함되어 있다.

처음에는 가치관 나침반, 가치관 나침반 작성 요령, 가치관 나침반 용어 목록이 나와 있다.

2장에서 소개한 가치관 나침반을 이용하면 당신 조직이 내세우고자 하는 가치관과 이상이 무엇인지 알아낼 수 있다.

그 다음은 문제 해결책 공식을 이용한 메시지 작성에 필요한 문제 해결책 공식 견본이 나온다.

3장에서 소개한 문제 해결책 공식은 솔직히 문제점을 언급함과 동시에 해결책이 함께 기사화될 수 있게 도와주는 구조화된 답변이다.

그 다음으로 이어지는 것이 설득력 있는 메시지 작성 양식이며, 이것은 조직의 메시지를 적극적으로 제시할 수 있도록 기사화되기 쉬운 메시지를 작성하는 도구다. 서로 다른 유형의 메시지의 정의와 사례는 4장을 참고하기 바란다.

이 도구들은 필요에 따라 따로 사용할 수도 있지만 한데 합쳐 메시지가 조직의 가치와 부합하게 만드는 데도 쓸 수 있다.

각 도구별로 더 심도 있게 살펴보고 싶거나 예시를 원한다면 해당 장을 참조하기 바란다.

가치관 나침반

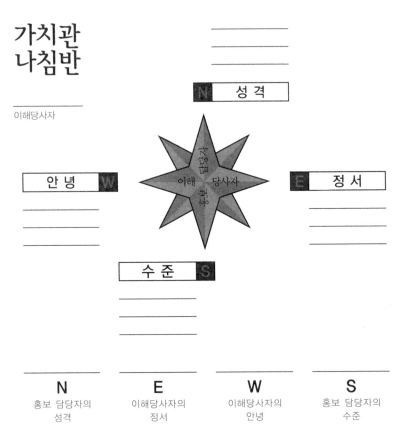

가치관
나침반

이해당사자

N 성 격

안 녕 W

이해 당사자
공감 존중 이해당사자

E 정 서

수 준 S

N	E	W	S
홍보 담당자의 성격	이해당사자의 정서	이해당사자의 안녕	홍보 담당자의 수준

© Jeff Ansell 2010

가치관 나침반 작성 요령

1단계 : 먼저 '이해당사자'란을 채운다. 당신의 뉴스에 가장 큰 영향을 받은 사람이나, 이 메시지를 통해 소통하고 싶은 대상을 뜻한다.

2단계 : 다음으로 남북을 가리키는 세로축을 채운다. 이것은 '성격'과 '수준'을 구성하고 있는 '홍보 담당자' 축이다. 먼저 '성격'부터 시작한다. 여기에서 성격이란 당신이 대중에게 보여 주고 싶은 사고방식이나 느낌 등을 포함한 특징을 뜻한다.

3단계 : 당신과 조직의 성격을 설명하는 단어 세 개를 골랐다면 이번에는 '수준' 칸으로 가자. 대략적으로 말해 수준이란 일련의 요건, 이상, 혹은 우수한 본보기를 뜻한다. 조금 더 구체적으로 말하자면 수준이란 당신이 대중에게 내보이고 싶은 훌륭한 원칙과 관행이어야 한다.

4단계 : 다음은 '이해당사자' 축 차례다. 가장 먼저 이해당사자들의 '정서'를 파악하라. 당신의 문제나 뉴스거리로 그들이 느낄 감정이나 반응을 상상해 보면 된다.

5단계 : 이해당사자들의 정서를 파악하고 난 다음에는 그들의 '안녕'을 추구하기 위해 무엇이 필요한지 살펴봐야 한다. 그들의 정서와 우려, 니즈를 충족시키기 위해 당신과 조직은 무엇을 할 수 있는가?

6단계 : 각 방향별로 단어를 세 개씩 적었다면 그중 당신이 원하는 이미지와 이해당사자들의 시각을 가장 잘 반영하는 단어를 하나씩 고른다. 이 과정은 처음 북남동서 순서로 했던 것과 달리 '성격'에서 시작해 '정서'로, 그런 다음 '안녕'에서 '수준'으로 마무리한다. 이제 이 네 단어로 'NEWS' 필터를 만들었으니 언론에 발표할 메시지를 만들 때 이용하면 된다.

가치관 나침반 용어

성격	정서	안녕	수준
진실한	애정	수용	책임지는
자애로운	분노	행동	말이 또렷한
배려하는	경멸	위로	유능한
자선의	실망	헌신	능력 있는
동정하는	낙담	자신	양심적인
관심 있는	혐오	만족	예의 바른
사려 깊은	불신	교육	신용 있는
공감하는	창피	성장	근면한
솔직한	부러움	건강	윤리적인
관대한	두려움	도움	정보를 갖춘
진정한	불만	희망	지식을 갖춘
정직한	낙관	정보	원칙 있는
겸손한	자부심	관여	전문적인
총명한	안도	실적	의지할 수 있는
친절한	회한	생산	존경할 수 있는
열린	슬픔	수익	책임감 있는
진심인	수치	보호	반응을 보이는
직설적인	충격	반응	양심적인
용인하는	놀라움	안전	믿을 만한
이해하는	걱정	안정	진실한

문제 해결책 공식

문제 해결책 공식 견본

문제 해결책 공식은 문제점과 해결책을 한 문장에 결합시키는 구조화된 답변이다. 대체로 '그리고', '그래서', '하지만' 같은 접속사로 연결된 두 문장이나 어구로 이뤄져 있다. 첫 번째 부분에서는 해당 문제를 밝히고, 두 번째 부분에서는 그 문제를 해소할 대책을 제시한다. 이 공식을 더 최적화하려면 메시지를 가치관 나침반으로 거르면 된다.

가치관 나침반 이해당사자들 : _____

가치관 나침반 용어 :

_____	_____	_____	_____
N	E	W	S

문제 해결책 공식으로 작성한 메시지가 당신의 가치관 나침반을 따라가게 하려면 다음 네 가지 원칙을 지켜 신뢰를 쌓아야 한다.

- 겸손하라.
- 솔직하게 답변하라.
- 대중의 불신을 인정하라.
- 적극적인 행동과 함께 관심을 보여라.

문제 : _____

_____

해결책 : _____

_____

문제 해결책 공식 메시지 : _____

_____

_____

주의할 점 :

- 작성한 문제 해결책 공식 메시지가 당신의 가치관 나침반 용어를 반영
  하며 이해당사자들에게 진심을 전달하는가?
- 작성한 문제 해결책 공식 메시지가 신뢰를 쌓기 위한 위의 네 가지 원칙
  과 일치하는가?
- 작성한 문제 해결책 공식 메시지가 언론의 편집 과정을 이겨 낼 수 있겠
  는가?

설득력 있는 메시지 작성 양식

설득력 있는 메시지 작성 양식 견본

뉴스는… _____

_____

가치관 나침반(2장)

| _____ | _____ | _____ | _____ |
| N | E | W | S |

문제 해결책 공식 메시지(3장) : " _____
_____ "

나의 뉴스는… " _____
_____ "

짧은 세 문장으로 당신의 이야기를 들려주어라 :

1. " _____ "

2. " _____ "

3. " _____ "

이해당사자들에게 뜻하는 바 메시지 : " _____
_____ "

세 가지 사실 메시지 :

1. " _____ "

2. " _____ "

3. " _____ "

맥락 채색 메시지 : " _____

_____ "

관심 채색 메시지 : " _____

_____ "

절대 채색 메시지 : " _____

_____ "

비유 채색 메시지 : " _____

_____ "

행동 촉구 메시지 : " _____

_____ "

질문을 받았을 때 메시지 :

질문 : " _____ "

답변 : " _____ "

머리말

1 워렌 버핏, "신뢰에 관한 명언 모음." http://trustispower.com/quotes/quotes. htm#biz_ldrs, 2009년.

PART 1. 뉴스란 무언인가

1 D. S. 브로더, 《1면 뒤에 숨겨진 이야기(Behind the Front Page : A Candid Look at How News is Made)》, 뉴욕 : 사이먼 & 슈스터, 1981년.

2 돈 헨리, I Can't Stand Still, 워너 채플, 1982년, LP.

3 W. 라즈베리, "미네소타 뉴스 의회 뉴스레터", 1994년 가을호, 5쪽.

4 K. 볼드윈, "블레어가 한때 온순하다 여겼던 언론을 '표독스럽다'고 비난하다" http://uk.reuters.com/article/idUKL1285070620070612, 2000년 6월.

5 "PR 위크/PR 뉴스와이어 미디어 조사", 〈PR 위크 매거진〉, 2009년 4월 6일자, 14-15쪽.

6 E. 숀펠트, "6개월 동안 600회의 포스팅 뒤… 블로깅과 언론의 세계가 (내 머

릿속에서) 충돌하다" http://www.techcrunch.com/2008/03/30/six-months-in-and-600-posts-later-the-worlds-of-blogging-and-journalism-collide-in-my-brain/, 2008년 3월.

7 A. M. 콕스, "매트 드러지", 〈타임 매거진〉, 2006년 5월 8일자, 97쪽.

8 P. 존슨, "블로거, 정당대회에서 주류로 자리매김하다" http://www.usatoday.com/life/columnist/mediamix/2004-07-13-media-mix_x.htm, 2004년 7월.

9 빌 모이어스 저널, 뉴욕 : WNET, 2009년 2월 6일.

10 J. 스택하우스, "사설", 〈글로브 앤드 메일〉, 2009년 5월 26일자, A3면.

11 I. 미트로프, 《위기를 겪고 더 강해지고 나아지는 기업》, 샌프란시스코 : AMACOM, 2005년.

12 P. 데이비스, J. 루블린, B. 마르티네스, J. 윌크, S. 그레이, K. 원스타인, H. 센더, 〈월 스트리트 저널〉, 2005년 6월 16일자, 1, A1, A3, B1, B7, C1면.

13 웨버 쉔드윅, "리스키 비즈니스 : 온라인 기업 평판" http://www.online-reputations.com/DLS/RiskyBusiness_WhitePaper_US.pdf, 2009년.

14 L. 게인스-로스, "평판을 보호하려면" http://www.webershandwick.com/resources/ws/misc/safe_rep_pp06.pdf, 2007년 3호.

15 K. 오브라이언, "에델만 신뢰도 지표" http://www.prweekus.com/edelman-trust-barometer-finds-ngos-are-the-most-trusted-organizations/article/51488/, 2005년 6월.

16 "2004년 PR 위크/버슨 마스텔러 CEO 조사" 버슨 마스텔러, 2004년 11월 8일.

17 M. 피처, "외부 이사들을 겨냥한 사베인스-옥슬리 법이 유명 CEO들의 연봉 인상에 기여할 가능성" 콜로라도 볼더, 리즈 경영대학원에서 발표한 논문, 2007년 11월.

18 D. 마틴, "오타와 홍보관들을 마음껏 공격할 시간"〈내셔널 포스트〉, 2008년 2월 1일자.

PART 2. 당신이 곧 기사다

1 J. 프레이저, "조심하라. 언론은 당신의 친구가 아니다"〈내셔널 포스트〉, 1999년 12월 23일자.

2 D. 홀러먼, "미국 광고비" http://www.emarketer.com/Reports/All/Emarketer_2000615.aspx, 2009년 12월.

3 "백서 : 소셜 미디어 입문" www.smashlab.com/media/white-papers/a-primer-in-social-media/, 2008년 3월.

4 N. 티쿠, "스캔들이 터질 때"〈Inc. 매거진〉, 2007년 8월, 26쪽.

5 "데어리 퀸 광고 중단만으로는 부족해" http://www.canada.com/story_print.html?id=bac25c1d-b517-42ff-815d-9a539d80c422&sponsor, 2007년 4월.

6 R. 라이스, "팀 호튼 광고에 대해 사과"〈뱅거 데일리 뉴스〉, 2005년 9월 16일자 1면.

7 C. 에른스트, "바이오젠의 높은 자리에서" http://www.businessweek.com/magazine/content/05_12/b3925109.htm, 2005년 3월.

PART 3. 나쁜 소식을 인정하는 법

1 J. 골든, H. A. 모이, A. 리온스, "협상 모델 : 개인 상해 소송에 대한 감정 이입 모델"〈하버드 협상법 리뷰〉, 2001년, 4(1-2), 236.

2 D. L. 페린, P. H. 김, C. D. 쿠퍼, K. T. 덕스, "침묵이 모든 것을 말한다 : 신뢰가 깨지는 경우 사과와 부인을 통해 본 침묵의 효과"〈응용 심리학 저널〉, 2007년, 92(4), 893-908.

3 M. 오스, "블랙 사고치다" http://www.vanityfair.com/politics/features/2007/02/black200702, 2007년 2월.

4 T. 테데스코, "블랙의 발언에 침묵이 이어지다 : 그가 입을 열수록 공동 피고인들은 입을 닫을 것이다" http://www.financialpost.com/scripts/story.html?id=48613be3-faa8-4f0e-92a0-1a1d71c45b20&k=37963&p=1, 2007년 5월.

5 A. 스턴, "전 홀링거 이사, 콘래드 블랙에게 겸손을 충고하다" http://www.reuters.com/article/idUSN2623462820070428, 2007년 4월.

6 P. 월디, "자애로운 블랙 경의 초상" http://v1.theglobeandmail.com/servlet/story/RTGAM.20071129.wblack29/BNStory/International/home, 2007년 11월.

7 "월마트, 대목 매출에서 경쟁력을 잃다"〈아프리칸 커넥션 뉴스페이퍼〉, 2004년 12월 1-15, 10면.

8 R. 맥나트, "크라이슬러 : 그리 동등하지 않았다"〈비즈니스 위크 매거진〉, 2000년 11월 13일, 14쪽.

9 D. 컨스 굿윈,《권력의 조건(Team of Rivals : The Political Genius of Abraham Lincoln)》, 뉴욕 : 사이먼 & 슈스터, 2005년.

10 M. 헨리, "기숙사 성폭행으로 충격에 빠진 요크 대학교" http://www.thestar.com/news/2007/09/09/dorm_rapes_stun_york_u.html, 2007년 9월.

11 K. 맥아더, "캐나다 주류 회사 몰슨의 합병 제안이 지지를 얻지 못하다" http://www.findarticles.com/p/articles/mi_m0EUY/is_34_10/ai_n12449528/?tag=content;coll, 2004년 9월.

12 D. 맥긴, "해결사 신부" http://www.newsweek.com/id/64499/page/1, 2002년 5월 13일.

PART 4. 설득력 있는 메시지를 만들어라

1 K. 위버, S. 가르시아, N. 슈워츠, D. 밀러, "의견의 친숙함에서 비롯되는 인기 : 반복적인 목소리는 합창처럼 들릴 수 있다"〈성격 및 사회 심리학 저널〉, 2007년, 92(5), 821-833.

2 "뭐라고요?" http://news.bbc.co.uk/2/hi/7138145.stm, 2007년 12월.

3 B. 솔리스, "커뮤니케이션 2.0-애플과 아이폰의 가격 폭탄" http://www.briansolis.com/2007/09/crisis-communications-20-apple-and/, 2007년 9월.

4 "최악의 버즈워드 13개" http://www.buzzwhack.com/inside/mostdreadful.htm, 2006년 12월.

5 "휘발유 가격과 석유의 경제적 사실" http://retail.petro-canada.ca/en/independent/2065.aspx.

6 J. 커비, K. 잉글하트, "루퍼트 머독 대 인터넷"〈매클린스 매거진〉, 2010년 1월 18일, 18쪽.

7 J. 지그먼드, "3분기에 7400만 명이 신문사 웹사이트를 다녀가다" http://www.naa.org/News-and-Media/Press-Center/Archives/2009/Newspaper-websites-attract-74-million-visitors-in-third-quarter.aspx, 2009년 10월.

8 O. 매튜스, "러시아의 마이티 마우스" http://www.newsweek.com/id/112769, 2008년 2월.

9 S. 토브, "앤더슨 직원들 던컨을 비난하다" http://www.cfo.com/article.

cfm/3003126, 2002년 1월.

10 J. 바이어스, "긴급한 경종" http://www.thestar.com/news/article/215292, 2007
년 5월.

11 K. Q. 실리, "버락 오바마, 흡입을 인정하다" http://www.nytimes.com/2006/10/
24/world/americas/24iht-dems.3272493.html, 2006년 10월 24일.

PART 5. 메시지 전달하기

1 R. 퍼거슨, "스미더먼, 사과하다" http://www.thestar.com/News/Ontario/
article/307727, 2005년 2월.

2 J. 테이버, "거북이 연설이 경주에서 승리한다" http://www.theglobeandmail.
com/life/article669604.ece, 2008년 2월.

3 A. 메라비언, M. 와이너, "모순적인 의사소통의 해석" 〈성격 및 사회 심리학 저
널〉, 1967, 6(1), 109-114.

4 S. 베글리, "머리 대 가슴이면 가슴이 이긴다" 〈뉴스위크〉, 2008년 2월 11일.

5 N. 링컨, "홍보의 기초 : 언론 인터뷰를 위한 핵심 메시지 만들기" http://www.
ereleases.com/prfuel/public-relations-basics-developing-key-messages-for-
media-interviews/, 2008년 12월.

6 H. 커츠, "주파수가 뭐예요?" http://www.washingtonpost.com/wp-dyn/
articles/A37827-2004Sep21.html, 2004년 9월.

7 L. 햄프턴, "나는 사기꾼이 아니다" http://www.speaktolead.com/2006/11/i_
am_not_a_croo.html, 2006년.

8 K. 위버, S. 가르시아, N. 슈워츠, D. 밀러, "의견의 친숙함에서 비롯되는 인기 :

반복적인 목소리는 합창처럼 들릴 수 있다"〈성격 및 사회 심리학 저널〉, 2007년, 92(5), 821-833.

9 "사과하기"〈하퍼스 매거진〉, 2001년 9월호, 29-30쪽.

PART 6. 상황이 힘들어질 때

1 "CBC 마켓플레이스" 캐나다 토론토 : 캐나다 공영 방송, 1998년 10월 6일.

2 "사과하기"〈하퍼스 매거진〉, 2001년 9월호, 29-30쪽.

3 "MPP, 사과 법안이 소송 줄일 것" http://www.thestar.com/News/Canada/article/414992, 2008년 4월.

4 "사과 법률" http://www.inc.com/magazine/20060601/handson-managing-sidebar.html, 2006년 6월.

5 J. 골든, H. A. 모이, A. 리온스, "협상 모델 : 개인 상해 소송에 대한 감정 이입 모델"〈하버드 협상법 리뷰〉, 2001년, 4(1-2), 236.

6 P. 필드, I, 무어, R. 도우, "사과, 분쟁 해결을 위한 도구?" http://www.epa.gov/ciconference/2009/download/presentations/ApologyJuly09.pdf, 2009년 7월.

7 동일 출처

8 H. 앨포드, "그저 유감일 뿐" http://www.nytimes.com/2007/10/14/opinion/14alford.html, 2007년 10월.

9 D. 애크먼, "브리지스톤의 오노의 탈출 시도" http://www.forbes.com/2000/10/10/1010topnews.html, 2000년 10월.

10 R. 헤르난데스, "보좌관의 새로운 약속, 내 탓이로소이다" http://www.nytimes.com/2002/02/06/nyregion/a-renewed-pledge-of-aid-and-a-meaculpa.html?pagewanted=1, 2002년 2월.

11   "깁슨, 난 반유대주의자가 아니다" http://www.cnn.com/2006/SHOWBIZ/
     Movies/07/31/gibson.dui/index.html, 2006년 8월.

12   M. 지, "마텔의 사과, 메이드 인 차이나" 〈글로브 앤드 메일〉, 2007년 9월 22
     일자, B8면.

13   S. 챈, "여러분께 사과드립니다" http://cityroom.blogs.nytimes.com/2008/03/10/
     i-apologize-to-the-public, 2008년 3월.

PART 7. 이럴 땐 어떻게? 스무 가지 상황들

1   D. 커크패트릭, "마이크로소프트는 어떻게 중국을 정복했는가" http://money.
    cnn.com/magazines/fortune/fortune_archive/2007/07/23/100134488/index2.
    htm, 2007년 7월.

2   P. 브렌트, "호튼, 살인자 발언에 냉담 반응" 〈내셔널 포스트〉, 2005년 7월 5일
    자, A1면.

3   M. 톰슨, "묻지도 말하지도 말라 정책 재점검" http://www.time.com/time/
    nation/article/0,8599,1598653,00.html, 2007년 3월.

4   J. 칼, "공화당, 페이스를 질책하다. 국방 장관은 '묻지 마라' 정책을 옹호하다"
    http://www.abcnews.go.com/politics/story?id=2947353&page=1, 2007년 3월.

5   T. 제퍼슨, http://www.brainyquote.com/quotes/quotes/t/thomasjeff101434.
    html, 2010년.